朱叶楠·著

朱子的学术交流方法论自觉

基于朱子书信的考察

ZHUZI DE XUESHUJIAOLIU FANGFALUNZIJUE

上海社会科学院出版社

目　录

绪论：学术交流与朱子的"学术角色" ………………………………… 1

第一章　学术交流的内在逻辑 …………………………………… 11

　第一节　学术交流的重要性 ……………………………………… 11
　　一、对学术交流的渴望 ………………………………………… 11
　　二、论学术交流之益处 ………………………………………… 13
　　三、欢迎对方主动发起的学术交流 …………………………… 17
　　四、感谢意见不合者及老而弥坚者 …………………………… 19

　第二节　学术交流的主要目的 …………………………………… 20
　　一、"得失分明，彼此有益" …………………………………… 20
　　二、欲"得失分明"，则不讳"好辩" …………………………… 22
　　三、论辩则须"分明去取，直截剖判" ………………………… 30

　第三节　学术交流的基本原则 …………………………………… 34
　　一、"下气虚心" ………………………………………………… 34
　　二、"恳恻严肃" ………………………………………………… 37
　　三、"疾徐适当" ………………………………………………… 40

　第四节　学术交流作用的有限性 ………………………………… 41
　　一、自己用功与师友讨论的分界 ……………………………… 41

二、对象难得 ·· 47
三、师友亦非完人 ·· 48
四、自己亦非完人 ·· 51

第二章 学术交流的完整过程 ································ 54
第一节 学术交流的持续 ·································· 54
一、持续讨论才能获得正确的认识 ····················· 54
二、面论与书信都应当持续 ······························ 57
三、特殊情形下的坚持 ···································· 58
四、感谢对方的坚持 ······································· 59
五、保持焦点的集中 ······································· 60
六、同意或拒绝为对方写文章 ···························· 62

第二节 学术交流的终止 ·································· 63
一、终止交流的各种情形 ································· 63
二、部分终止 ··· 67
三、无奈终止的矛盾心情 ································· 67

第三章 学术交流的两种特殊类型：学术批评与学术教育 ····· 70
第一节 学术批评的基本原则 ···························· 70
一、"自立门户"与"箴药病痛"两者并重 ············ 70
二、"拔本塞源"，推至其极 ····························· 73
三、学术批评应当"平允""宽宏" ····················· 74
四、措辞因人而异 ·· 76
五、"尽彼此之情" ·· 78
六、"平心静气" ··· 79

第二节 学术教育的基本原则 ···························· 82
一、论张栻和吕祖谦的教育活动 ························ 82

二、对其他人教育方法的指点 ………………………………… 84
　　三、对自己教学现状的描述 …………………………………… 87
　　四、论教育之难 ………………………………………………… 89
　　五、论对自己儿孙的教育 ……………………………………… 91
第三节　学术教育的主要形式：问答之道 ……………………… 92
　　一、鼓励别人向自己提出疑问 ………………………………… 92
　　二、提出问题的困难性 ………………………………………… 93
　　三、提问不当之原因 …………………………………………… 98
　　四、回答问题的选择 …………………………………………… 100
　　五、回答问题一定要谨慎 ……………………………………… 101
　　六、如何处理自己所不能回答的问题 ………………………… 105

第四章　学术交流的主要方式：面论和书信 …………………… 106
第一节　面论优于书信 …………………………………………… 106
　　一、面论独特的感受 …………………………………………… 106
　　二、不能面论的遗憾 …………………………………………… 108
　　三、面论不尽兴的遗憾 ………………………………………… 113
　　四、不能共同面论的遗憾 ……………………………………… 115
　　五、书信论学的局限性 ………………………………………… 116
　　六、书信写作的限制 …………………………………………… 123
　　七、书信往来的风险性 ………………………………………… 124
第二节　书信亦自有其价值 ……………………………………… 127
　　一、面论之前的预备 …………………………………………… 127
　　二、面论之后的深入探讨 ……………………………………… 131
　　三、不能面论时的替代 ………………………………………… 133
　　四、以书信指导其他学术交流活动 …………………………… 138
　　五、书信用以判断为学进境 …………………………………… 141

第三节 书信论学独有的原则 ················ 144
一、书信撰写的基本要求 ················ 144
二、保密的书信 ················ 147
三、公开或半公开的书信 ················ 154

结语：在边缘发现意义 ················ 162

附录1 ················ 165
朱子书信卷次数量统计表 ················ 165

附录2 ················ 169
朱子通信对象传略 ················ 169
致各通信对象书信数量表 ················ 265

后 记 ················ 269

绪论：学术交流与朱子的"学术角色"

让我们从"学术角色"谈起。现代知识社会学的奠基人，美国著名社会学家弗洛里安·兹纳涅茨基在其名著《知识人的社会角色》中提出："以'知识人'为研究对象，以角色演变为线索，以文化知识系统为背景，深入剖析了知识人的类别、行动模式以及所创造的知识形态。"[1] 该书的重点在于对"知识人"可能扮演的各种不同的社会角色所做的分类，由此而建立了进行角色的类型学研究的经典范式。

兹纳涅茨基所谓的"知识人"是一个颇为笼统的说法，在他的著作中，学者、科学家、知识分子、知识人等概念基本上是同义的。他将历史上知识人所扮演过的所有的社会角色分为四大类：技术顾问、圣哲、学者（狭义的，即某个学派的组成者）、知识的创造者（探索者）。罗伯特·默顿在一篇著名的书评中对这四类角色作了精到的总结[2]：1. 技术顾问。技术顾问又区分为技术专家和技术领导者。技术专家负责解释与当时情况相关的资料的基本成分及其内在联系，为有计划的集体工作提供理论基础，发挥参谋或顾问的功能；技术领导者负责对实际相关的不同的知识进行综合，在此基础上确定计划并选择实现该计划的方式方法。2. 圣哲。圣哲是为其团体、教派或阶层的集体倾向提供理智辩护的哲人。3. 狭义的

---

[1] 郑斌祥：《译后记》，兹纳涅茨基著，郑斌祥译：《知识人的社会角色》，译林出版社2012年版，第149页。
[2] 默顿：《兹纳涅茨基的〈知识人的社会角色〉》，兹纳涅茨基：《知识人的社会角色》，第126—128页。参见默顿著，鲁旭东等译：《科学社会学》，商务印书馆2003年版，第57—58页。

学者。作为某个学派的组成者的狭义的学者又可分为神学学者和世俗学者。神学学者通过准确而真实的再现宗教真理的符号表述，使宗教真理永世长存，以维持一种自足的、固定的、不会受到挑战的、不可改变的宗教真理体系；世俗学者又包含五种子类型，即真理的发现者、思想的组织者、思想的贡献者、捍卫真理的战士、知识的传播者。4. 知识的创造者。知识的创造者也分为两类：事实的发现者（事实寻找者），发现至今未知的和未曾预料的经验材料，主要作为现存知识系统之修正的基础；问题的发现者（归纳理论家），发现新的和未曾预料到的理论问题，需要进行新的理论建构才能加以解决。兹纳涅茨基不仅满足于描述知识人的各种社会角色以及相应的不同的行为模式和功能，还对角色之间分化和转化的发展道路进行了分析。另外我们还要知道，对社会角色进行的以上分类并不是对人的分类，每一个知识人都有可能兼任若干个这些从分析的意义上讲不同的角色。

兹纳涅茨基的论述是建立在对西方文化发展的历史考察基础上的，比如他特别强调了神学学者和世俗学者的区别，这一区别在欧洲基督教出现以来的历史中可以得到很好的证明。但他总结出的一些规律对于中国古代知识人的研究也有所启发，"世俗学者"的五种子类型尤其值得我们注意，这五种子类型具体的讲就是：1. 真理的发现者。真理的发现者创立思想学派，并且断言存在着可用一定的理性证据加以证明的"绝对真理"。2. 思想的组织者。从发现者已确定为自明的第一原则出发进行归纳或演绎，从而对某些领域现有的全部知识进行检验，并将其组织到一个具有逻辑一致性的体系之中。（在这里，"组织"一词有整理、组合、检验、融会贯通等丰富的意蕴。）3. 思想的贡献者。贡献者作出新的发现，或明或暗地希望提供新的证明，说明经验是与真理的发现者建立的系统相一致的；修正"不太令人满意的"归纳证据，直到能整合到系统中去或"可以证明为"应该加以拒斥。4. 捍卫真理的战士。这种角色在论战中使学者们相信，他所处的学派掌握了得到理性证据证明的正确主张，因而从逻辑上保证一个学派能够战胜另外一个学派;论战限制在一个特殊的范围之内,只有那些承认真理具有权威价值的人才能参加争论,因而真理的战士不同于圣哲。("真理战士希望他信为绝对真理的体系能在逻辑上取得胜利,而党派圣哲力争他及其群体所代表的行动趋势在社会上取得胜利,……对真正的学者来说,真理与谬误问题无条件地高居一切实际冲突之上。"①5. 知识的传播者。传播者又包含两种不同的子角色:一是在成年人中培养业余爱好,从而促使大众为学术研究提供支持的普及推广者;二是把理论知识作为非职业教育的一部分传授给年轻人的教师。

与知识人其他的社会角色相比,世俗学者的这五种子类型的划分,更多的是从学术发展本身规律的角度来进行的,因此可以称之为"学术角色"。每一个思想学派的诞生和发展,都需要其成员扮演这些不同的学术角色。而某些开宗立派的大思想家,更有可能会同时扮演其中几种甚至所有的角色。对于中国哲学史上异彩纷呈的诸多学派的研究,这一分析角度可能不是没有意义的。

从方法上看,中国哲学史研究最基本也最有意义的工作毫无疑问应当是哲学概念、命题的诠释和分析,从而勾勒出不同哲学家、哲学学派的思想体系。宋明理学的研究尤其如此,毕竟宋明理学本身就主张对哲学范畴进行深入推究,"牛毛茧丝无不辨析"②。哲学史需要"抽象","要探究哲学发生的脉络,凸显其本质,追溯其因缘,评估其影响。"③不过也有学者指出,"中国哲学史的研究方法固然要作哲学概念、命题的诠释及其体系化,但决不应仅限于此。"④因此作为补充,关注思想与环境互动的思想史或学术史的视角值得我们参考。哲学家的思想本来就受他所处的环境的影响,大家都认同此点,而且也都希望如此来呈现出哲学史。但把影响思

---

① 兹纳涅茨基:《知识人的社会角色》,译林出版社2012年版,第86页。
② 黄宗羲等:《明儒学案》,中华书局2008年版,第1页。
③ 刘述先语,转引自余英时:《朱熹的历史世界》,生活·读书·新知三联书店2004年版,第868页。
④ 何俊:《南宋儒学建构》,上海人民出版社2004年版,第3页。

想产生的环境因素放在当时历史时期的基本的经济政治文化现象的层面作描述,离哲学思考就太远也太含糊了,哲学家进行哲学创作的环境有很多层次,对哲学史研究而言,关注当代其他思想家的思想所构成的学术环境,是比较适合的。落实到宋明理学研究来说,虽然我们很难完全同意余英时先生的以下观点:

> 概括的说,现代哲学史家研究道学,正如金岳霖所说,首先"是把欧洲哲学的问题当做普通的哲学问题",其次则是将道学"当做发现于中国的哲学"。至于各家对道学的解释之间的重大分歧,则是由于研究者所采取的欧洲哲学传统,人各不同。在这一去取标准之下,哲学史家的研究必然集中在道学家关于"道体"的种种论辩,因为这是惟一通得过"哲学"尺度检查的部分。我们不妨说:"道体"是道学的最抽象的一端,而道学则是整个宋代儒学中最具创新的部分。哲学史家关于"道体"的现代诠释虽然加深了我们对于中国哲学传统的理解,但就宋代儒学的全体而言,至少已经历了两度抽离的过程:首先是将道学从儒学中抽离出来,其次再将"道体"从道学中抽离出来。至于道学家与他们的实际生活方式之间的关联则自始便未曾进入哲学史家的视野。①

但余先生最终提出的"道学家与他们的实际生活方式之间的关联",却对我们的研究极有启发。那种"关注思想与环境的互动,抽象的观念和实际的人生融为一体"的儒学史研究,可能确实是更加"有生命的""动态的。"②

朱子是宋明理学中继往开来、地位最为重要的哲学家,朱子学研究历来是宋明理学乃至中国哲学史研究的焦点和重心,因而朱子学研究的典

---

① 余英时:《朱熹的历史世界》,生活·读书·新知三联书店2004年版,第8页。
② 余英时:《序》,何俊:《南宋儒学建构》,上海人民出版社2004年版,第2页。

范性成果就特别具有方法论的意义。20世纪后半叶,朱子学研究的"四大名著"相继撰成。钱穆延续中国传统学术史研究的"学案体"方法写作《朱子新学案》,全书分58篇,在各篇章所论主题中详细考查思想学说的转折与发展,以宏观的角度全面而完整的展现了朱熹的学术思想体系。全书分为思想之部与学术之部,该书重要特征在于很重视思想史的研究方法,钱先生自言:"治一家之学,必当于其大传统处求,又必当于其大背景中求。""知人论世,自古所贵,治朱子学,则必求明朱熹其人及其时代。"① 陈来所著《朱子哲学研究》,也采取以问题为主的专题研究,"力求历史地、如实地阐明古代哲学的思想命题和范畴",同样也注重"对朱熹思想历史演变的考察"。② 其实这些特点都与钱穆的某些方法颇为相似,但对于问题的辨析、观点的反思和论述则有更加详尽的挖掘与分析。说到哲学问题的敏感和挖掘的深入,无出牟宗三之右者。牟宗三不仅精于哲学思考,而且对于各种文献进行了十分细密的分析和厘清,其所著《心体与性体》是新儒家诠释宋明理学义理及发展脉络的代表性著作。牟先生在此书中提出了他关于儒学自身发展演变特别是宋明儒学道统传承的独特看法,以自己的新四书学与朱熹四书学对照,既梳理了先秦儒学的发展脉络,又分判了宋明儒学的"大宗"与"旁枝",提出了著名的"三系说"和"朱熹继别为宗说"。牟先生主张会而通之,得其原委,从而达到理性之了解,因此他的著作特别彰显出义理系统的严谨与精密。束景南的《朱子大传》则是迄今最好的朱熹传记。他在该书《自序》中指出他的研究方法是"文化还原法",认为自己的著作是"一部心态研究之书,是用传记体的形式研究道学文化心态的著作","把朱熹这个'人'放到人、文化、社会的三维有机系统中加以考察,这样,对朱熹的文化心态的探讨可以在社会文化背景的宏观展现与心理结构的微观透视的统一上来进行",要"写出他道学心

---

① 钱穆:《朱子新学案(第一册)》(《钱宾四先生全集》第11册),台北联经出版事业公司1998年版,第262—263页。
② 陈来:《朱子哲学研究》,华东师范大学出版社2000年版,第8页。

态二极对立的全部复杂性",最终"通过步步展现朱熹的思想历程,把对他的心态系统的动态展现变为一种文化发生学、文化心理学与文化历史学三者合一的描述。"①

总结起来看,四部著作体现了两种不同的思路,一种是纯粹的哲学史研究;另一种是哲学史与思想史、学术史相结合的研究。前者是牟宗三和陈来的路数,这种思路认为哲学观念有其发展的独立性,因此可以超越时空和文化的背景限制,直面不分古今中外的真理本身,所以研究的着眼点在于哲学思想、概念、范畴发生发展的脉络,凸显其本质意义和精神价值。后者则是钱穆、束景南两位先生的方法,他们强调将朱子学放在理学传统中去认识,并进一步将理学的兴起与发展放在宋代学术文化的脉络中,乃至当时的社会历史环境中加以考察,同时又不放弃对哲学思想、概念、范畴的抽象分析。或许我们还可以举出刘述先的《朱子哲学思想的发展与完成》,这部研究朱熹哲学发展历程的著作在主要框架上受牟宗三影响很大,但也注意到了"把朱熹的抽象哲学思想还原到当时具体现实的历史系络之内,戳破了传统解释的烟霾而直指朱熹与现实政治之对立态度。"②两种研究思路并无优劣之分,不同的研究者可以从不同的学思背景出发,选择不同的立场进行诠释。但正如上引余英时之说,思想史与哲学史结合可能更鲜活,更有趣味,也更切近于古人的真实存在。不过余英时的《朱熹的历史世界》则离我们哲学史的研究有些距离,毕竟他自己也指出:"《朱熹的历史世界》包括三个互相关联而又彼此独立的部分:……上、下篇完稿在前,构成此书的主体,属于本格的史学领域。《绪说》则在上、下两篇的基础上,重新考察理学的起源和形成,并对于理学做了政治文化的解读。所以这一部分可以说是一种思想史的研究,与正文的上、下两篇性质有别。"③《朱熹的历史世界》终究还是一部史学著作,对我们来说,哲学

---

① 束景南:《自序》,束景南:《朱子大传》,福建教育出版社1992年版,第6—8页。
② 刘述先:《自序》,刘述先:《朱子哲学思想的发展与完成》,台湾学生书局1995年版,第3页。
③ 余英时:《朱熹的历史世界》,生活·读书·新知三联书店2004年版,第868页。

概念、命题的诠释仍然是要作为主要的问题被关注和研究,思想史研究的方法只是能帮助我们更好的体会和说明哲学家是如何创造并发展他的哲学体系的。

借助于"学术角色"的概念框架来进行中国哲学史的研究,也是思想史学术史和哲学史相结合方法的一种。兹纳涅茨基所论"世俗学者"的五种子类型的学术角色,各有其不同的学术行为模式和思维逻辑,从而发挥了不同的功能;角色之间的演变也有一定的动力机制可以探究。虽然他的分析建基于西方学术传统,但中国古代学者其实也在扮演同样的学术角色。

我们回来看朱熹,作为一个开宗立派的伟大思想家,他的一生显然扮演了前述所有的五种"学术角色"。简单的讲,青年中年时期朱熹凭借"成圣志向下的经典学习",通过"下学而上达思想道路的拣择",获得了"心性功夫之学的'自得'",以"中和新说"为标志,"平生学问进德大旨"得以确立。[①] 这一时期的朱熹所扮演的学术角色即是"真理的发现者",在这里所谓"真理"也就是朱熹执着追求的"儒学真精神"。朱熹通过文献整理与思想诠释,融会贯通二程、周敦颐、张载的哲学资源,使自己哲学体系的建立与对北宋四子哲学遗产的继承发挥相结合,进行这一工作的朱熹所扮演的学术角色即是"思想的组织者"。以"四书学"为主,其他经典研究为辅的"理学的经学"新经学范式[②]的建立,是朱熹作为"思想的贡献者"的主要学术活动。朱熹可以称得上是一个十分典型的"捍卫真理的战士"。"他先与以张栻为代表的湖湘学派展开了关于仁说的争论,……进而又和陆氏兄弟展开了关于为学路径的论战;而在吕祖谦去世后,他又开始对由吕祖谦兄弟所代表的浙东历史学派进行批评;直到晚年,他又同所谓浙东功利主义的代表人物陈亮展开了所谓王霸义利之辨。而在这四大论战中,

---

[①] 以上说法参考张勇博士的总结,见张勇:《朱熹理学思想的形成与演变》,西北大学博士论文,2008年。
[②] 关于"理学的经学"之所以为一种新的经学范式的讨论,见李秋莎:《理学的经学:朱子所立经学范式研究》,北京师范大学博士论文,2014年。

朱熹一方面表现出了极为顽强的理论品格,牟宗三所谓的'力敌千军',首先也就指朱熹在论战中对其立场的顽强坚持而言。"①讨论仁说时的朱熹是否扮演了真理战士的角色,尚有可议之处,而之后的三大论战都可以说是朱熹为了捍卫真理而进行的战斗。对儒学的普及推广和教育是贯穿朱熹整个学术生涯的重要工作,这点毋庸多言,因此朱熹几乎终生都在扮演"传播者"的角色。

  这五种学术角色基本上把朱熹的全部学术生命和学术活动的各个方面都包括了。如果我们再继续深入分析朱熹扮演每种角色时不同的行为模式和思维逻辑,以及角色之间演进的动力机制,毫无疑问将有助于理解朱熹哲学思想不断成长的根源,以及何以在不同的阶段进行不同的学术工作的内在理由。这里只是初步的做一个提示,进一步详细的分析是一个很大的工程,牵扯极广,是我们未来要努力的方向。一定要注意研究理论的内在逻辑发展,但理论毕竟是由人提出和完善的。所以当我们从"学术角色"的角度来重新观察朱熹的整个学术生涯时,也许就不仅是"在学理上说说朱熹而已",而是有可能"接近朱熹那种生成着、发展着的哲学视野","从现实人生的角度对其理论的形成、发展做出符合其人生存性格与心理心态的说明,从而对朱熹哲学进行一种发生学与形成学上的把握与诠释。"②在近年的一部朱子学研究大书中,丁为详这样说明他研究的目的。他自然已经取得了很不错的成绩,但我们仍不妨借用这种追求来要求自己,因为这是许多朱子学研究者共同的理想。

  当然,我们决不能生搬硬套,将兹纳涅茨基的理论机械地运用于朱子学的研究。原因有两点:第一,兹氏的体系本身就存在着一些不足,比如他的很多理论都是假说,尚须更加充分地验证和论述,又如他更多地注意到了角色功能的研究,但对角色之间的结构性关系注意不够,等等。西方社会学界受兹氏影响而进行的其他研究中,对这些缺点有不少指正,对他

---

① 丁为详:《学术性格与思想谱系》,人民出版社2012年版,第4页。
② 丁为详:《学术性格与思想谱系》,人民出版社2012年版,第4页。

的理论框架也有不少修订和发展。第二,兹氏毕竟是西方学者,虽然他对中国学术也有一定的了解,在《知识人的社会角色》一书中对中国古代知识分子的某些行为特征也作了分析,但终究有门外之嫌。中国古代知识人所扮演的学术角色,虽然与西方大致相仿,若深入细致到具体行为模式与角色演进动力方面去看,独特之处确实更多。兹氏的论说只是可供我们参考,为我们提供一个看问题的不同角度,通过对朱熹的学术角色的研究,或许不仅能让我们更好地理解朱熹哲学思想的内涵及发展,同时有助于建构有中国特色的"学术角色"理论。刘易斯·科塞说兹纳涅茨基"提供给了一个贮藏有建设性的分析途径与概念的仓库。兹纳涅茨基非常谦虚,他不像他的许多前辈,他并没有准备提供全部答案。他的书是具有开放目标的学术著作,而他本人的角色就是一位知识探索者而不是一位圣哲。他期待着未来的读者成为他的探索伙伴而不是他的门徒。"[1]我们很欣赏这种态度。

从"学术角色"的角度对朱熹的哲学生涯作出考察,要注重三大方面的问题:第一,扮演不同的"学术角色"时的行为模式和思维逻辑。第二,角色之间存在着转化和演变的现象,要考察其中的动力机制。第三,角色之间又存在着共存并互相影响的结构性关联,须揭示这种关联对学术研究和哲学思考的意义。

以朱熹为研究对象,进行这三个方面的整体性研究是一个庞大的课题,我们仅仅是提出这样一种研究的框架,本书仅从一个特殊的角度展开论述,以小见大,希望为这种研究框架的成立提供一些支持。朱子在扮演这五种不同的"学术角色"时,为了更好地完成每种角色所赋予的任务,一方面勤学苦读,以坚韧不拔的意志从事学术研究,另一方面也进行了大量的学术交流活动,通过与当时各界的学术交流,"发展真理""组织思想""贡献思想""捍卫真理""传播学术"。

---

[1] 科塞:《一九六八年版导言》,兹纳涅茨基:《知识人的社会角色》,译林出版社2012年版,第16页。

朱子的学术交流方法论自觉

学术交流对朱子思想的形成和传播起到了极为重要的作用,是朱子能够在五种角色上都有很大作为的关键性因素之一。朱熹早年受学于武夷三和李侗,奠定了坚实的儒学基础;中年时期通过与张栻、吕祖谦、汪应辰等学者的交往和论辩,整合了北宋以降洛学、关学、湖湘之学等思想资源,清算了佛学、道学、王安石新学、苏氏蜀学等异宗别派,基本完成了思想体系的建构,同时开始传播自己的思想学说,初步确立了自己在儒学群体中的领袖地位;之后随着思想体系的成熟,朱熹一方面与陈亮、陆九渊等为代表的不同学派进行论战,争夺道统,另一方面与非道学士大夫展开论争,为确立理学在政治上的正统地位而努力,这种在理学群体内外的学术交流,促进了朱子思想的进一步完善和理学正宗地位的形成。

总的来讲,他的交流对象既包括长辈师长、同辈学友、后辈门人,也包括朝野官员士大夫甚至论敌和政敌;交流方式则既有面对面的访问、同游,又有神交和书信往来。在进行这些学术交流活动的同时,朱熹对学术交流的内在逻辑、形式过程和基本原则等方法论内容有自觉地思考。特别是在他流传下来的将近 3 000 封书信中[①],除了讨论具体的学术问题,朱熹频繁强调学术交流的正确方法和原则,对学术交流的基本逻辑、完整过程、不同类型、主要方式等有大量论述。

事实上,朱子从实践和理论两个层面,建构起了中国古代学术交流的基本范式,使他能够很好的扮演各种不同的学术角色,为南宋儒学共同体的形成奠定了方法论基础。本书即以朱子书信中的相关论述为主要研究对象,通过梳理这些以往不很为人所重视的"边缘化"的内容,展现朱熹对学术交流方法论的自觉探索。

---

① 关于朱子书信之数量,详见本书附录1。

第一章 学术交流的内在逻辑

朱子极为重视学术交流,视为必不可少之事,只要有可能,就以各种方式同他人交换意见。在大量的学术交流活动中,朱子也逐渐明确了学术交流的内在逻辑。为什么要进行学术交流?交流时要注意哪些原则?交流所起的作用到底能有多大?所有这些关键问题,朱子都给出了明确答案。

当然,朱子并没有撰写以此为主题的著作或文章,他的看法主要集中在很多书信的开头和结尾。以往的研究者更注重书信对某些重要概念或命题的讨论,但本书以下所引这些处在书信"边缘"的部分,对我们完整准确地认识朱子的学术风格有不可替代的作用。

第一节 学术交流的重要性

朱子自觉地指出,自己之所以能取得一定的学术成就,与其他学者的交流是必不可少的条件。学术交流对于朱子思想的形成和完善具有关键性影响。

一、对学术交流的渴望

朱子曾生动地总结自己为学之经历,及愿得朋友请教之急迫心情,并

朱子的学术交流方法论自觉

论学术风气之坏、同道难得：

> 熹少而鲁钝，百事不及人，独幸稍知有意于古人为己之学，而求之不得其要。晚亲有道，粗得其绪余之一二，方幸有所向而为之焉，则又未及卒业而遽有山颓梁坏之叹，怅怅然如瞽之无目，擿埴索途，终日而莫知所适，以是窃有意于朋友之助。顾以鄙朴穷陋，既不获交天下之英俊以资其所长，而天下之士其聪明博达足以自立者，又往往流于词章记诵之习，少复留意于此。熹所以越趄于世，求辅仁之益，所得不过一二人而已。（《文集》40‐11：答何叔京）①

渴望学术交流之情溢于言表，当真正找到志同道合之人可堪"讲论"时，朱子的欣悦感也是无法抑制的：

> 所示《语》《孟》诸说，深见日来进学之力，别纸一一答去。更且加意，如此探讨不已，当有得耳。……孤陋无所用心，惟得朋友讲论，则欣然终日，千万有以慰此怀也。（《文集》41‐13：答程允夫）

如果一段时间内没有水平相当的对象进行交流，朱子就会十分失落，同时对学术交流的期望更加迫切：

> 熹去丧不死，痛慕亡穷，它无可言者，但尘务汩没，旧学芜废，思得从容，少资警益，而不可得。钦夫又一向不得书，怀想既深，忧惧亦甚，奈何。今以舅氏之葬当走尤溪，魏应仲来墓次，得以略闻动静，因

---

① 为方便计，本书用此形式标明所引用书信之位置。朱子之《晦庵先生朱文公文集》由《文集》《续集》《别集》三部分构成（朱杰人等主编：《朱子全书》，上海古籍出版社、安徽教育出版社2010年版，第20—25册），另外束景南先生著有《朱熹佚诗佚文全考》（《朱子全书》第26册），其中有《朱子遗集》。朱子书信主要就收录在这四部分之中。本书使用"文集"这一简称时，单指《续集》《别集》之外的《文集》部分。"40‐11"指该书信为"文集"部分卷四十的第十一封书信，"答何叔京"为该信标题。

其行附讯,匆匆不及究所欲言者。岁晚,愿言为道学自重。因便来时枉书,有以警策疲懦者不惮烦,深所愿望。(《文集》33-10:答吕伯恭)

熹自延平逝去,学问无分寸之进,汩汩度日,无朋友之助,未知终何所归宿。迩来虽病躯粗健,然心力凋弱,目前之事十忘八九,至于观书,全不复记。以此兀兀于致知格物之地,全无所发明,思见吾国材精笃之论而不可得,临书怳然也。(《文集》39-7:答柯国材)

所患绝无朋友之助,终日兀然,猛省提掇,仅免愦愦而已。一小懈则复惘然,此正天理人欲消长之几,不敢不著力。(《文集》40-13:答何叔京)

此间块处,有疑无所讲,殊觉愦愦。(《续集》1-5:答蔡季通)

某此碌碌如昨,无足言。但独学既不长进,而远近朋友亦未见超然有所造诣者,岁月如流,良可忧惧耳。择之、允川留几何时?所论何事?此亦久不得书矣,因便仔细报来。还家已来,为况又何如?日下作何工夫?亦可一一报及。(《别集》6-11:林择之)

苦于所居穷僻,无书可借,无人可问,疑义无与析。(《遗集》3-38:与杨廷秀)

即便处在艰难的时势中,朱子仍尽力通讯,无奈往往不能如意:

前日亦料从人不欲复过此,亟折简呼文卿令其往见,固欲寄声。昨日得报,乃云冬收方冗,未能自拔。(《续集》6-38:答储行之)

二、论学术交流之益处

如此渴望学术交流,主要是因为学术交流十分有益,自己为学毕竟不如互相促进,无论当面论学还是书信论学,都很有好处:

> 熹碌碌讲学亲旁,思索不敢废,但所见终未明了,动静语默之间疵吝山积,思见君子,图所以洒濯之者而未可得。今年却得一林同人在此相与讨论,其人操履甚谨,思索愈精,大有所益,不但胜己而已。钦夫亦时时得书,多所警发,所论日精诣,向以所示《遗说》数段寄之,得报如此,始亦疑其太过,及细思之,一一皆然,有智无智,岂止校三十里也。(《文集》40－18:答何叔京)

> 熹近来尤觉昏愦无进步处……今年有古田林君择之者在此,相与讲学,大有所益,区区稍知复加激厉,此公之力为多也。(《文集》40－19:答何叔京)

> 熹病倦,不敢极力观书,闲中玩养,颇觉粗有进处。恨相去远,不得朝夕款聚。亦幸有一二朋友在此,不废讲论,因事提掇,不为无助。不知正思能一来否?沙随程丈闻亦欲入闽,不知何时定成行也?闻其制度之学甚精,亦见其一二文字,恨未得面扣之耳。……离群索居,易得钝滞了人,甚可惧也。(《文集》50－35:答程正思)

交流对提升自己的效果还是非常明显的:

> 熹此月八日抵长沙,今半月矣。荷敬夫爱予甚笃,相与讲明其所未闻,日有问学之益,至幸至幸。敬夫学问愈高,所见卓然,议论出人意表。(《文集》24－12:与曹晋叔)

> 熹奉养粗安,旧学不敢废,得扩之朝夕议论,相助为多,幸甚。(《文集》43－24:答林择之)

> 熹杜门衰病如昔,但觉日前用力泛滥,不甚切己,方与一二学者力加鞭约,为克己求仁之功,亦粗有得力处也。(《文集》53－35:答胡季随)

学术研究,自己闭门造车,肯定不如与朋友讲论来得思路畅快:

熹碌碌讲学亲旁,思索不敢废,但所见终未明了,动静语默之间,疵咎山积,思见君子,图所以洒濯之者,而未可得。今年却得一林同人在此,相与讨论,其人操履甚谨,思索愈精,大有所益,不但胜已而已。(《文集》40-18：答何叔京)

学术交流有助于自己著作的改善：

"念念相逢,事事相续,无顷刻不如此",大意亦与前段相似,细推之可见。来喻所引乃旧本,后来思之,不能又生支节,转费分疏,故尝削去。然今得子合如此商量却好,不然则此意终不分明也。(《文集》49-11：答王子合)

此即向来所说之意,但《章句》《或问》说得都不分明,故读者不能晓。今得时可反复问辨,方说得到次第,两处皆须更定,此可并以示守约也。(《文集》55-20：答李时可)

《大学》归来不暇整理,盖此等多因朋友辨论间,彼此切磨,说得细密。今无事时自作文字,却有搜索不到处。(《文集》61-2：答林德久)

无人讨论时,著作往往不尽如人意,所以希望与人讨论：

《孟子》说向尝编集,虽已终篇,但苦无人商量。间因人或来问,检视之,辄有不满意处,未欲传出,以误后生也。或彼中有人看此书,讲说有疑处,令逐条抄出疑问之意,便中寄示,容检鄙论为答,有不当处却告驳难,即彼此有益。若全部写得,未必讲习,却无所用耳。(《别集》1-9：魏元履)

今年病中看性理文字不得,仅繙得一二小小文书,有未识来历处,欲质所疑而不可得,殊乡往也。(《别集》4-30：林井伯)

自己因身体原因等而无法深入探究某些问题时,可借助别人的力量改善自己的著作:

"孟子曰:'我不贯与小人乘'。贯,旧音惯,注曰,贯、习也。《集注》无音,亦曰'贯、习也',恐是不须音转亦可。"……贯若不音惯,不知读作何字,如有别音,即须补之,若依旧只是贯字,则自不须音也。此不暇检,可更详之,后便批来。(《文集》61-13:答欧阳希逊)

自己有误,便须别人指出:

芮老书中相告戒,切中拙病,荷其相爱之意,不敢忘也。(《文集》24-14:与魏元履书)

所论仁之体用,甚当甚当,以此意推之,古今圣贤之意历历可见,无一不合者,但其用力则不过克己之私,而私之难克,亦已甚矣。区区不敏,窃愿与长者各尽力于斯焉,犹恐堕废,不克自强,尚赖时有以警策之,幸甚幸甚。(《文集》42-21:答石子重)

《学记》深造自得之语,初亦觉其过,欲改之,则已刻石不及矣。以此知人心至灵,只自家不稳处,便须有人点检也。(《文集》33-32:答吕伯恭)

交流还能使心情变好:

去冬病臂,近方小愈,然犹未至脱体。呻吟之暇,翻阅旧书,亦有一二学者相与讨论,足以自乐。(《别集》4-11:向伯元)

不仅仅是纯学术的问题,学理之实践,如出处之道等重大问题,朱子往往与同道相商,尤其是早年间同张栻、吕祖谦的交流,多有此类情况。

比较典型的如下书论辞免事,详细地叙述了朱子与其他二人书疏往来的情形:

> 熹贱迹且尔,辞免未报为挠。不为已甚之戒,甚荷爱念,但坐邀礼命,有所未安,今且得力辞,冀蒙相舍。若其不获,又别相度耳。钦夫得书,观其语意,亦似不以为可受也。更望审思,复以见教,幸甚幸甚。(《文集》33-22:答吕伯恭)

三、欢迎对方主动发起的学术交流

学术交流如此重要,因此如有其他学者主动相交,朱子都会特别欢迎。对方如亲身来访,自不用多言,如以书信论学,朱子也一视同仁。对对方首次来信的回复,往往都体现出这种情绪,如:

> 熹讲闻隽誉,为日盖久,每恨未及际晤,以慰所怀。兹承不鄙,远贻诲帖,倾倒甚至。自顾凉薄,何以堪之,反复再三,有愧而已。……熹蚤获执侍先生君子之侧,粗知以问学为事,而躬行不力,老大无闻。顾省平生,第有愧恨,左右才高识明,所以自期盖已不浅,乃不知其如此而辱垂问焉,则已误矣。况所谓日用之间不放不乱者,又熹之所以早夜竭力而未能仿佛者,其何以有助于高明之万一乎。然先其所难而不计其获,圣贤所以示人为仁之方也。熹虽不敏,愿与贤者共勉焉。因风修报,未究所怀,继此有可以开警者,愿日闻之,幸甚幸甚。(《文集》46-28:答潘叔昌)

朱子愿与某人见面论学的心愿,曾传到此人处,引发此人来信论学:

> 熹衰懒杜门,少与人接,顷岁偶见足下省闱条对之文,爱其词气

议论之不凡,每恨无因缘相见,数为士友言之。兹辱惠书,乃知此意尝得彻闻,而又喜贤者之不予鄙也。(《文集》55-49:答康户曹)

能与水平相当之人交流,朱子就会缓解孤独之感:

诸谕一一具悉,比来同志虽不为无人,然更事既多,殊此道之孤,无可告语,居常郁,郁但每奉教喻,辄为心开目明耳。(《文集》32-2:答张敬夫)

对方主动表示愿来提问,朱子十分喜悦,还会顺便指点如何提问:

来喻许以所疑下询,幸甚。大抵圣贤之言已是明白真实,说尽道理,读者但能虚心一意,循序致详,使其句内无一字之不通,则其道理无一毫之不察矣,切不可为人大言相诳,如九方皋相马之说者,而妄意驰逐于言语之外也。(《文集》60-4:答周南仲)

如果朱子事先听说过此人,则更愿与其交流,对方又首先来信,朱子自然更加兴奋:

间者窃闻执事家学渊源之正,而才资敏锐,绝出等夷,其深造默识,固有超然非诵说见闻之所及也,而其口讲心潜、躬行力践,已非一日之积,是以尝欲一见执事而有谒焉。……而贫病之故,不能赢粮数舍,求就正之益,以慰凤心而承厚意。自惟薄陋,声迹本疏,又不敢率然奉咫尺之书以烦隶人,而为异日承教之渐。惟是瞻仰不能一日而忘,而且愧且恨亦未尝不一日往来于心也。不谓执事不鄙其愚,一日惠然辱贶以书。意者高明抱道独立,亦病夫世之末学外骛不可告语,于是有取乎熹之钝愚静退,以为臭味之或同,而不尽责其余耳。(《文

集》40-11：答何叔京)

> 熹从士友间得足下之名,而愿交焉,为日久矣。衰病屏伏,无从际会,每以为恨,而听于往来之言,亦知足下之不鄙我,而将有以辱况之也。年岁以来,私家多故,不获以声问先自通于隶人,兹承枉书,感愧亡量。……窜伏穷山,未知见日,继此书疏之往来,犹足以见区区也。余惟藏器勉学,慰此遐想。(《文集》54-15：答陈抑之)

> 去岁薛象先过此,极道左右贤德令闻之美,甚恨跧伏,无因缘相见,今者乃承惠书一通,反复读之,益见所以求道乡学之意,深以为幸。(《文集》60-9：答许生)

自己有所听闻,来不及相识,而对方已逝去,那就留下了难以弥补的遗憾：

> 闻薛士龙物故,可骇可叹,且恨竟不识斯人也。(《文集》33-19：答吕伯恭)

> 得婺州报,云薛士龙物故,甚可伤。而不及识之,尤可恨也。(《别集》6-11：林择之)

四、感谢意见不合者及老而弥坚者

虽然意见屡屡不合,但对方仍然坚持交流,朱子便会表现出由衷的感谢：

> 因复慨念乡里朋友清素朴实,刻意读书,无世间种种病痛,未有如德功者,所以平日私心尝窃爱慕,思有以补万分者,亦荷德功不鄙,三数年来,虽所论不合,加以鄙性浅狭,讥诮排斥无所不至,而下问之意愈勤不懈,此在他人,亦岂能及?(《文集》44-58：答江德功)

问学之热情,老而弥坚者,朱子尤其赞赏：

> 正思之来,辱手书两通,意厚礼勤,有非区区浅陋所敢当者,然足以见好学之笃,虽老而不忘也。……熹犬马之齿虽在贤者之后,然今亦是老境,平生为学非不究心,然未有大得力处,三复来诲,皆其力之所未能及者,而何足以少助于高明,但荷意之勤,亦不敢隐其固陋耳。(《文集》54－53:答汪子卿)

第二节 学术交流的主要目的

学术交流对双方都有促进作用,因此朱子以"得失分明、彼此有益"作为学术交流的主要目的。

一、"得失分明,彼此有益"

讲论双方都能在交流中获益,只要以公心从事,就能准确分辨不同观点的对错:

> 却望吾友更深思之,仍将此书遍呈诸同志,相与反复商确,不可又似向来说先觉之义,更不与徐柯二丈见也。朋友商论,正要得失分明,彼此有益,何必于此掩覆。只此是私意根株,若不拔去,使之廓然大公,何缘见得义理真实处耶。所论好善优于天下,只是一个公字,此等处何不公之甚也。(《文集》39－23:答许顺之)

"得失分明,彼此有益",换一种说法,便是"畅彼此之怀,合异同之趣":

> 诲示之勤,尤荷不鄙。然尝谓人之为学,若从平实地上循序加功,则其目前虽未见日计之益,而积累功夫渐见端绪,自然不假用意

装点，不待用力支撑，而圣贤之心义理之实必皆有以见其确然而不可易者。至于讲论之际，心即是口，口即是心，岂容别生计较，依违迁就，以为谐俗自便之计耶？今人为学既已过高而伤巧，是以其说常至于依违迁就而无所分别。盖其胸中未能无纤芥之疑有以致然，非独以避咎之故而后诡于词也。若熹之愚，自信已笃。向来之辩虽至于遭谇取辱，然至于今日，此心耿耿，犹恨其言之未尽，不足以畅彼此之怀，合异同之趣，而不敢以为悔也。不识高明何以教之，惟尽言无隐，使得反复其说，千万幸甚。老病幽忧，死亡无日。念此一大事，非一人私说、一朝浅计，而终无面写之期，是以冒致愚悃。（《文集》38-41：答陈君举）

朱子曾描述自己对学术交流所获成果的期望：

惟其称道太过，责望太深，乃熹所欲请于左右者，而急缓不敏，反为执事所先，此则不能不以为愧。然道之在天下，天地古今而已矣。其是非可否之不齐，决于公而已矣。然则熹之所望于执事而执事之所以责于熹者，又岂有彼此先后之间哉。继自今以往，执事有以见教，而熹有以求教，愿悉屏去形迹之私，商订辨析，务以求合乎至当之归，庶几有以致广大尽精微，而不滞于一偏之见，则熹之幸也，执事之赐也。（《文集》40-11：答何叔京）

也曾真挚地建议对方与别人进行学术交流，从而取得进步：

潘丈之政为闽中第一，其爱民好士，近世诚少比，恨未识之耳。端叔向见钦夫称之，恭叔昨在建宁得一见，匆匆不能款，然知其惑于世俗高妙之虚谈矣。……择之既从其招致，要当有以开之，使决然无惑于彼，乃为不负其相向之意。然择之向来亦颇有好奇自是之弊，今更当虚心下意,向平实处加潜玩浸灌之功,不令小有自主张之意,则自益益人之功,庶乎其两进矣。(《文集》43-35:答林择之)

这种益处是实实在在的:

为学十分要自己著力,然亦不可不资朋友之助,要在审取之耳。(《文集》58-10:答李子能)

今世徇俗为人之学,固不足道其稍知用心于内者,往往又以骛于高远而失之,是可叹也。来喻之云,似已察于此者,但常专心致志,思绎践行,有疑则与同志讲而明之,则庶乎其有得矣。(《文集》62-28:答胡文叔)

义理之间诚当明辨,然非有格物致知与敬以直内之功,则亦难明而易失。……伯起旧游,每病其不以此事为急,今乃能勇猛精进如此,人固未易量也,计左提右挈长者之力为多,异时归老田间,复得此一益友为幸甚矣。(《文集》62-30:答奚仲渊)

然感左右见顾之重,若以为可语此者,故聊复言之,恐或可以少助百尺竿头更进一步之势也。(《文集》64-4:答巩仲至)

反之,不进行学术讨论,就可能会出现问题:

大抵彼中朋友立说过高、立心太迫,不肯相聚讨论,只欲闭门剧读,以必其自得,故人自为学,而或不免蔽于一己之私见,此亦殊非小病耳。(《文集》47-19:答吕子约)

二、欲"得失分明",则不讳"好辩"

学术乃天下之公器,真理愈辩愈明:

> 仰恃知照,不鄙其愚,引与商论,以求至当之归,敢不罄竭所怀,以求博约。盖天下公理非一家之私,傥不有益于执事之高明,则必有警乎熹之浅陋矣。(《文集》42-5:答胡广仲)

> 夫道在生人日用之间,而著于圣贤方册之内,固非先知先觉者所独得,而后来者无所与也。又非先知先觉者所能专,而使后来者不得闻也。患在学者不能虚心循序反复沉潜,而妄意躐等,自谓有见。讲论之际,则又不过欲人之知己,而不求其益;欲人之同己,而不求其正。一有不合,则遂发愤肆骂而无所不至,此所以求之愈迫而愈不近也。(《文集》58-49:答丁宾臣)

要"得失分明",就不能怕"好辩"之讥。学术论辩是极其必要的,为了明辨是非:

> 来书云:"浙间后生贻书见规,以为吾二人者所习各已成熟,终不能以相为,莫若置之勿论,以俟天下后世之自择。鄙哉言乎,此辈凡陋,沉溺俗学,悖戾如此,亦可怜也。"熹谓天下之理有是有非,正学者所当明辨,或者之说诚为未当。(《文集》36-11:答陆子静)

> 来喻谆复,益见谦光,又愧向来妄论之率尔也。然是非得失之间,正当精察而明辨,或者内实安于旧习,而阳为是言,则非熹之愚所望于高明也。(《文集》56-37:答李周翰)

对异端邪说之批判,义不容辞,孔孟以来之儒者皆是如此,"做好自己、不须辩论"之说,不足为训:

> 来教又谓吾道无对,不当与世俗较胜负,此说美则美矣,而亦非鄙意之所安也。夫道固无对者也,然其中却著不得许多异端邪说,直须一一剔拨出后,方晓然见得个精明纯粹底无对之道。若和泥合水,

便只着个无对包了,窃恐此无对中却多藏得病痛也。孟子言杨墨之道不熄,孔子之道不著,而《大易》于君子小人之际,其较量胜负,尤为详密,岂其未知无对之道邪?盖无对之中有阴则有阳,有善则有恶,阳消则阴长,君子进则小人退,循环无穷,而初不害其为无对也。况熹前说已自云,"非欲较两家已往之胜负,乃欲审学者今日趋向之邪正"此意尤分明也。(《文集》33-4:答吕伯恭)

《西铭后题》是去年未离家时所题,后来不能去得。然此是道理所系,我且直之,固不容有所避也。仁仲所说,因书报及,漫欲知耳。所云"不必置辨",今时流俗例为此说。乃是自见道理不明,才有此说,便有此说之害。如许行之并耕、白圭之治水、二十取一,若似今人所见,则孟子亦何用与之辨耶?(《文集》49-27:答陈肤仲)

所喻"世岂能人人同己、人人知己,在我者明莹无瑕,所益多矣",此等言语殊不似圣贤意思。无乃近日亦为异论渐染,自私自利,作此见解耶?不知圣贤辨异论、辟邪说如此之严者,是为欲人人同己、人人知己而发耶?抑亦在我未能无瑕,而犹有待于言语辨说耶?今者纷纷,正为论《易》《西铭》而发,虽未免为失言之过,然未尝以此为悔也。临川近说愈肆,荆舒祠记曾见之否?此等议论皆学问偏枯、见识昏昧之故,而私意又从而激之。若公度之说行,则此等事都无人管,恣意横流矣,试思之如何?(《文集》53-2:答刘公度)

学者有义务帮助同道改过迁善:

学术不正,使人心颇僻如此,甚可忧惧。不知老兄曾见此论否?闻其托于宾馆,必尝相与讲学者,幸有以警之,毋使东莱宗旨转而为权谋机变之学也。(《文集》46-36:答潘叔昌)

闻洪适在会稽尽取张子韶经解板行,此祸甚酷,不在洪水夷狄猛兽之下,令人寒心。人微学浅,又未有以遏之,惟益思自勉,更求朋友

之助,庶有以追踪圣徒,稍为后人指出邪径,俾不至全然陷溺,亦一事耳。(《文集》42-24:答石子重)

项掾果如何?若果有志,当痛与说,恐颓波之中救得一个半个,亦非细事也。(《别集》6-6:林择之)

朱子曾描述过自己一次成功的学术论辩,使得对方改过迁善,弃佛归儒:

此有李伯间者,旧尝学佛,自以为有所见,论辩累年,不肯少屈。近尝来访,复理前语,熹因问之:"天命之谓性,公以此句为空无一法耶,为万理毕具耶?若空则浮屠胜,果实则儒者是,此亦不待两言而决矣。"渠虽以为实而犹恋著前见,则请因前所谓空者而讲学以实之。熹又告之曰:"此实理也,而以为空,则前日之见误矣。今欲真穷实理,亦何藉于前日已误之空见,而为此二三耶?"渠遂脱然肯捐旧习而从事于此。此人气质甚美,内行修饬,守官亦不苟,得其回头,吾道殊有赖也。(《文集》31-2:答张敬夫)

毕竟,没有师友的督促,容易堕落:

逸居独学,无师友之益,不知不觉,过失日滋,功夫无由长进,不可忽也。(《文集》62-18:答王晋辅)

所以朱子听到某些观点,觉得对另一人有益处,一定转告:

归来又得伯恭书云,学者须是专心致志,绝利一源,凝聚停蓄,方始收拾得上。此言甚当,不敢不以告也。(《续集》2-64:答蔡季通)

自己有所得,想到某同道也可能出现同样的问题,马上就想告知对方:

> 某自罹祸罚,号慕之余,无复事事,稍得温习旧学。苦淡寂寥之中,时有丝发之见,乃知前日所谓学问者极为草草,而欲以此仰希圣贤、下脱尘俗,亦以难矣。方作书为钦夫言之,想其未免于此也。(《别集》4-1:刘共甫)

如果自己没有进步,也会羞愧于去见朋友:

> 熹杜门窃食,贫病不足言,但操存玩索之功虽不敢废,而未见有以进于前日,以是忧愧,殆无以见朋友也。(《文集》52-37:答李叔文)

有时自己不方便,也要请别人前去相劝。朱子拳拳之心,溢于言表:

> 叔度忽为佛学,私窃忧之。前尝因书扣之,今此书来,不答所问。……叔度所见不应如此,盖不欲人之议己而设此以峻却之耳。区区虽欲再进其说,而已觉难于发口,然鄙意犹有未能已者,愿子约从容自以已意言之,劝其且读《论语》,看诸先生说而深思之,以求圣人之意。……此区区所以深惜叔度平日之用心,而不欲其陷于此也。(《文集》47-19:答吕子约)

往大处讲,朱子亦曾明确的表示,自己之所以好辨,乃是激于当世学风之陋。自治之功诚然重要,但讨贼之事亦不可废。朱子的担当意识及抱负在此表露无遗:

示喻曲折，深所望于左右，顾其间有未契处，不得不极论以求至当之归。至于立彼我、较胜负之嫌，则熹虽甚陋，岂复以此疑于左右者哉？持养敛藏之诲，敢不服膺。然有所不得已者，世衰道微，邪诐交作，其他纷纷者，固所不论，而贤如吾伯恭者，亦尚安于习熟见闻之地，见人之诡经诬圣、肆为异说，而不甚以为非，则如熹者诚亦何心安于独善，而不为极言核论以晓一世之昏昏也？使世有任其责者，熹亦何苦而謇讟若是耶？设使颜子之时上无孔子，则彼其所以明道而救世者，亦必有道，决不退然安坐陋巷之中，以独善其身而已。故孟子言禹稷颜子易地则皆然，惟孟子见此道理，如扬子云之徒，盖未免将颜子只做个块然自守底好人看。若近世，则又甚焉，其所论颜子者，几于释老之空寂矣。熹窃谓学者固当学颜子者，如克己复礼、不迁怒贰过、不伐善施劳之类，造次颠沛，所不可忘。但亦须审时措之宜，使体用兼举，无所偏废，乃为尽善。若用有所不周，则所谓体者乃是块然死物而已，岂真所谓体哉。……此义与近世论内修外攘之说者亦相贯，夫吾之所以自治者，虽或有所未足，然岂可以是而遂废其讨贼之心哉？（《文集》33-5：答吕伯恭）

答子静书无人写得，闻其已誊本四出久矣。此正不欲暴其短，渠乃自如此，可叹可叹。然得渠如此，亦甚省力，且得四方学者略知前贤立言本旨，不为无益。不必深辨之云，似未知圣贤任道之心也。（《文集》50-44：答程正思）

朱子详尽描述过自己心路历程的转换：

所论时学之弊甚善，但所谓冷淡生活者，亦恐反逆而祸大耳。孟子所以舍申商而距杨墨者，正为此也。向来正以吾党孤弱，不欲于中自为矛盾，亦厌缴纷竞辨若可羞者，故一切容忍，不能极论。近乃深觉其弊，全然不曾略见天理仿佛，一味只将私意东作西捺，做出许多

> 诐淫邪遁之说,又且空腹高心,妄自尊大,俯视圣贤,蔑弃礼法,只此一节尤为学者心术之害。故不免直截与之说破,渠辈家计已成,决不肯舍,然此说既明,庶几后来者免堕邪见坑中,亦是一事耳。(《文集》54-54:答赵几道)

> 圣远道湮,人心颇僻,险词怪说杂然并起,不惮于诬天罔圣、诡经破义,而务以适其利欲之私,自非刚健明哲之才,确然以胜私复理为己任者,鲜不惑焉。率兽食人,人将相食,其兆已见于此,甚可惧也。(《文集》60-12:答杜叔高)

学术论辩就像是一场战争,朱子曾经邀请别人,与自己一起开展针对另外一人的学术批评。

> 伯谏来此已两三日,初欲来日归,因与商量,约左右一来相聚。今专遣此人相挽,渠亦遣人归戒徒御,少缓一两日来矣。千万即命驾,其所论极不争多,孤城悉拔,合军并力,一鼓可克也。(《文集》44-8:答蔡季通)

关系到现实问题时,朱子也曾指出,只要自己的出发点是大公无私的,就不怕争论:

> 又谓熹不能有所养,而于此未能自克,此则中其病。但熹所争乃公家事,无毫发私意于其间,此固官长之所深知,而其戒熹敢不思也。(《文集》24-3:答陈宰)

当然,辩论本身不是目的,有所改正,有所提高才是目的:

> 此举错枉直之间所以难明,非有道以照之,则所自谓公正者,未

必非私意之尤也。区区不喜自辩，又于老兄不可有隐情，故久不知所以为报，今偶有便，信笔及之，非欲较比是非，亦欲老兄深察于公私名实之间，而真得其所谓本心之正耳。(《文集》26-19：答黄教授)

只想着在学术论辩中取胜，是没用的：

> 但今所论无极二字，熹固已谓不言不为少，言之不为多矣。若以为非，则且置之，其于事实亦未有害，而贤昆仲不见古人旨意，乃独无故于此创为浮辨，累数百言，三四往返而不能已，其为湮芜亦已甚矣。而细考其间，紧要节目并无酬酢，只是一味谩骂虚喝，必欲取胜，未论颜曾气象，只子贡恐亦不肯如此，恐未可遽以此而轻彼也。(《文集》36-11：答陆子静)

> 然自项至今，为日愈久而所执愈坚、所见愈僻，孜孜矻矻，日夜穷忙，不暇平心和气，参合彼已异同之说，反复论难，以求至当之归，而专徇己意，竞出新奇，以求己说之胜，以至于展转支离日益乖张而不悟，不知用心错误何故至此？使人更不可晓，但窃叹恨而已。(《文集》44-58：答江德功)

即使非学术问题，在讨论政事时，朱子也持同样的态度：

> 李君又自谓本无欲胜人之心，止是推车欲前耳。异哉，李君之欲前其车也，独不思夫郡县之学本一车耶？……又谓四分钱乃郡县学通得用，熹既留其二，而归其二于郡学矣，尚何言？……推此言之，前李君所自谓无胜人之心者，熹不信也。又谓郡学泉州学也，同安学同安县学也，各尽力于其中耳，此又不然。熹前疏所陈云云者，非以自高，乃所以极论究心一二而求见哀于李君耳。岂有一州之教官，上为丞相所自择用，下与大府部刺史分庭抗礼，而熹铨曹所拟一县小吏，

而敢有胜之之心乎？今李君所云，无乃与熹之私指谬也。(《文集》24－3：答陈宰书)

也需要注意无知妄作与勇猛有为的关系：

所谕惩创后生妄作之弊，甚善。然亦不可以此而缓于穷理，但勿好异求新、非人是己，则知识益明而无穿穴之害矣。若因陋畜疑，不为勇决之计，又非所以矫气质之偏而进乎日新也。(《文集》41－2：答冯作肃)

三、论辩则须"分明去取，直截剖判"

论辩时应当清楚的表明自己的观点，无论是当面论学还是书信论学，如果对方有意保留，不畅所欲言，朱子会表示不满，并且还会向对方指出，在当前这种形势下，决不能糊涂说话，彻底的学术讨论是必须的：

愚意讲论义理，只是大家商量，寻个是处，初无彼此之间，不容更似世俗遮掩回护、爱惜人情，才有异同，便成嫌隙也，如何如何？(《文集》54－6：答诸葛诚之)

向来相见之日甚浅，而荷相与之意甚深。中间寓舍并坐移晷，观左右之意，若欲有所言者，而竟嗫嚅不能出口。前后书疏往来，虽复少见锋颖，而亦未能彼此倾倒，以求实是之归，但见士子传诵所著书及答问书尺，类多笼罩包藏之语，不唯他人所不解，意者左右亦自未能晓然于心而无所疑也。世衰道微，以学为讳，上下相徇，识见议论日益卑下。彼既不足言矣，而吾党之为学者又皆草率苟简，未曾略识道理规模、功夫次第，便以己见抟量凑合，撰出一般说话，高自标置，下视古人。及考其实，则全是含糊影响之言，不敢分明道着实处。窃料其心岂无所疑,只是已作如此声势,不可复谓有所不知,遂不免一向自瞒,强作撑柱,且要如此鹘突将去,究竟成就得何事业? 未论后世,只今日旁观,便须有人识破,未论他人,只自家方寸如何得安稳耶?……中间得君举书,亦深以讲究辨切为不然。此盖无他,只是自家不曾见得亲切端的,不容有毫厘之差处,故作此见耳。欲得会面,相与剧谈,庶几彼此尽情吐露,寻一个是处。大家讲究到底,大开眼看觑,大开口说话,分明去取,直截剖判,不须得如此遮前掩后,似说不说,做三日新妇子模样,不亦快哉。(《文集》56 - 16:答叶正则)

崇礼诸人书信,皆以颔胡状。(《遗集》2 - 56:答石天民书)

朱子历来反对议论"含糊":

近时一种议论出于正人之口,而含糊鹘突,听之使人愦愦。似此气象规模,如何抵当得?(《文集》24 - 9:与魏元履书)

而这是当时学者通病,其弊可至耽误人主:

养源小批如此,而遂竟去,何耶? 熹看得今日之事,只是士大夫不肯索性尽底里说话,不可专咎人主。柳子厚曰:"食君之禄畏不厚兮,悼得位之不昌。退自服以默默兮,曰吾言之不行。"今人多是此般见识也。(《文集》24 - 13:与魏元履书)

前辈之说也不是不可以批评的:

近日说经多有此弊,盖已是看得本指不曾分明,又著一尊畏前辈、不敢违异之心,便觉左右顾瞻,动皆窒碍,只得曲意周旋,更不复敢著实理会义理是非、文意当否矣。夫尊畏前辈谦逊长厚,岂非美

事,然此处才有偏重,便成病痛,学者不可不知也。(《文集》47-26:答吕子约)(《文集》53-57:答沈叔晦)①

公开表明自己的观点没有什么好怕的,不可有掩耳盗铃之行为:

今承见语,欲成书而不出姓名,以避近名之讥。此与掩耳偷铃之见何异?不知贤者所见何故日见邪僻,至于如此。夫天下之理,惟其是而已。若是,则出名何害?若不是,则不出名何益?(《文集》44-57:答江德功)

学术交流不应先抱定某种偏见,以为绝对不会产生共识:

理到之言,不得不服也。(《文集》36-3:答陆子美)
义理,天下之公,而人之所见有未能尽同者,正当虚心平气,相与熟讲而徐究之,以归于是,乃是吾党之责。(《文集》54-5:答诸葛诚之)
所示《中庸》《大学》诸论,固足以见用功之勤者,然足下不以仆为愚,方且千里移书以开讲学之端,而先有以胁之曰,"是不可同,同即且为荆舒以祸天下",则仆尚何言哉。姑诵其所闻如前者,足下傥有意而往复焉,则犹将继此以进也。(《文集》63-25:答余正甫)

在交流中产生共识,朱子会比较欣慰:

来喻一一皆契鄙怀,足见精敏,固知前此心期之不谬也。其间尚一二未合,亦非大故。属此客中冗冗,未及一二条对,更愿益加辨学之功,所见当渐真实也。(《文集》45-25:答廖子晦)

---

① 此信在朱子文集中一信两见,内容一致。

但朱子也曾指出,要获得确定的结论,也不是很容易的:

> 立论相高,吾人固无此疑,然只要得是当,亦良不易耳。(《文集》33-12:答吕伯恭)
>
> 钦夫屡得书,有少反复议论,未及录去。其大概曲折亦非面未易布也,力行固不易,而讲论要得是当,亦复如此之难,可叹可惧。(《别集》6-7:林择之)

朱子提到过认为自己观点正确的三个标准:

> 前书妄论,想荷不鄙,然亦未知果中理否?但所闻于师友者如此,验之圣贤之言又如此,窃独安之,不敢自弃以徇流俗耳。(《文集》64-60:答或人)

学术论辩是要有结果的,即使没有明确的输赢,也要让双方的观点明确的展示出来,为后世学者考虑,亦应如此,以避免误解:

> 高明之学超出方外,固未易以世间言语论量、意见测度,今且以愚见执方论之,则其未合有如前所陈者,亦欲奉报,又恐徒为纷纷,重使世俗观笑。既而思之,若遂不言,则恐学者终无所取正。较是二者,宁可见笑于今人,不可得罪于后世。是以终不获已,而竟陈之,不识老兄以为如何。(《文集》36-10:答陆子静)
>
> 所示诸书,甚善甚善。但临川之辨,当时似少商量,徒然合闹,无益于事也。其书近日方答之,所说不过如所示者而稍加详耳。此亦不获已而答,恐后学不知为惑耳,渠则必然不肯回也。(《文集》50-43:答程正思)

第三节　学术交流的基本原则

学术交流要取得好的结果,必须遵守一定的原则。朱子认为,随意进行的学术交流虚耗气力,事倍功半,为此,他提出了几项基本原则。

一、"下气虚心"

不固执己见,才有可能长进:

> 若犹有迹,便是未能无愧于屋漏矣。此段说得愈更支离,若只管如此缠绕固执,则只己见便为至当之论,亦不须更讲论矣。前书写去已极分明,只是不曾仔细看,先横着一个人我之见在胸中,于己说则只寻是处,虽有不是,亦瞒过了。于人说则只寻不是处,吹毛求疵,多方驳难。如此则只长得私见,岂有长进之理?此亦便是论司马迁底心也。今更不能再说得,只请将旧本再看,将此两节虚心体认,只求其分,勿求其合,认来认去,直到认得成两段了,方是到头。如其未然,更不须再见喻也。(《文集》48-17:答吕子约)

> 朋友论议不同,不能下气虚心,以求实是,此深可忧。(《文集》54-9:答项平父)

> 所喻别纸奉报,幸更思之,有所未安,复以见告。讲论不厌精审,方见义理之真,然亦须是虚心平气,方能精审。若以一时粗浅之见便自主张,即无由有进处也。(《文集》59-69:答余方叔)

自信过度,别人就没法交流了:

> 示喻为学之意,自信不疑如此,他人尚复何说?(《文集》55-32:

答包详道）

　　承喻粗心浮气,剥落向尽,闲居意味殊不浅,自许如此,他人复何所道,区区但觉欲寡其过而未能耳。(《文集》55-35：答包敏道)

　　然三复来示,盖已自谓所得之深而自信不疑矣,复何取于老拙之无闻而勤恳若是耶？以为见教,则仆未尝有请于吾子；以为求知于仆,则易简理得、可久可大之君子,似不应若是其汲汲也。且仆于吾子初未相识,问之来使,则知吾子之齿甚少,而家有严君之尊焉。今书及诗序等,乃皆觝岸倨肆,若老成人之为者,至于卒然以物馈其所不当馈之人,而不称其父兄之命,则于爱亲敬长之良知良能又若不相似也。吾子自谓已得是心而明是理,仆不知吾子之所谓心者果何心,所谓理者果何理也。夫颜子之乐未尝自道,曾皙之志非夫子扣之再三而不置,亦未尝肯遽以告人也,岂若是其高自誉道而惟恐人之不我知也哉？……所惠纸简砚墨,受之无说,不敢发封,复以授来使矣。吾子其于圣贤小学之教少加意焉,则其进有序,而终亦无所不至矣。(《文集》55-47：答安仁吴生)

　　来喻缕缕,备见雅志,然于读书穷理、所得所疑未有以见教者,而较短量长、非人是己之意实多。若果有得于义理之归,恐不应更有此病也。明者思之以为如何,苟有取焉,则愿置此而姑相与实讲所疑,乃千万之幸也。(《文集》60-36：答王才臣)

自视太过的毛病不仅仅体现在个别人身上,在当时具有普遍性：

　　尝观当世儒先论学,初非甚异,止缘自视太过,必谓他人所论一无可取,遂致各立门庭,互相非毁,使学者观听惶惑,不知所从。窃意莫若平视彼己,公听并观,兼取众长以为己善,择其切于己者先次用力,而于其所未及者姑置而两存之,俟所用力果有一入头处,然后以次推究,纤悉详尽,不使或有一事之遗,然后可谓善学。不可遽是此

而非彼,入主而出奴也。(《文集》49-20：答林叔和)

而向来讲论之际,见诸贤往往皆有立我自是之意,厉色忿词,如对仇敌,无复长少之节、礼逊之容,盖常窃笑,以为正使真是仇敌,亦何至此？但观诸贤之气方盛,未可遽以片辞取信,因默不言,至今常不满也。今因来喻辄复陈之,不审明者以为如何耳？(《文集》54-5：答诸葛诚之)

近来吕、陆门人互相排斥,此由各徇所见之偏,而不能公天下之心以观天下之理,甚觉不满人意。(《文集》54-23：答周叔谨)

这种不虚心的风气的危害是很大的,足以导致"吾道之衰"：

陆学固有似禅,处然鄙意近觉婺州朋友专事闻见,而于自己身心全无功夫,所以每劝学者兼取其善,要得身心稍稍端静,方于义理知所抉择,非欲其兀然无作,以冀于一旦豁然大悟也。吾道之衰,正坐学者各守己偏,不能兼取众善,所以终有不明不行之弊,非是细事。(《文集》49-24：答陈肤仲)

朱子自己确实是很虚心的,经常自谦：

熹求道不力,衰晚无闻,辱问之勤,不知所以为报。然少尝闻之,天下有正理,唯博学、审问、慎思、明辨,不先自主于一偏之说,而虚心以察众理之是非。……此天下之至言也,愿明者以是思之。(《文集》59-76：答赵咏道)

但虚心不是自卑自贱,如果自己确实是对的,也应当有足够的自信：

荆门之讣,闻之惨怛。……来喻又谓恨不及见其与熹论辨有所底止,此尤可笑。盖老拙之学虽极浅近,然其求之甚艰,而察之甚审,视世之道听途说于佛老之余,而遽自谓有得者,盖尝笑其陋而讥其僭,岂今垂老,而肯以其千金易人之弊帚者哉。(《文集》55-48:答赵然道)

朱子曾明确向对方指出,自己书信中有值得注意的关键内容,要求对方注意,不可忽略:

前书鄙论,更望熟究,其说虽陋,然却是三四十年身所亲历,今日粗于文义不至大段差错之效,恐非一旦卒然立论所可破也。若如来谕,不能俟其彻头彻尾,乃是欲速好径之尤,此不可不深省而痛革之也。(《文集》53-36:答胡季随)

二、"恳恻严肃"

朱子指出,学术交流发表观点时要严肃,不可马虎:

所圈出"思"字,初看即疑恐当作"知"字,而寻旧本未见,不知当时的是何字。又恐或是笔误,方欲再请旧本来看,仔细剖析奉报,偶复寻得旧本,果是知字。不知来谕何故如此错误?岂旧本脱漏此一节邪?如其不然,则此等处尚尔疏略,又安能得其精微之意邪?元本两行今再录去,可更详之……再看来书,他处所说已有"知"字,即是旧本元无脱漏,是直看得潦草,将知字、思字作一样看耳。(《文集》48-17:答吕子约)

朱子自己就是表率,虽然已经忘了给对方信中的内容,但看到对方来信,觉得肯定有所误解,朱子希望对方把自己的书信寄回来,自己再回复:

> 来书谯责不少置，不记前书云何，何所得罪，一味惶恐而已。但来书既云"镌责谆切"，其后又谓"不教而弃之"殊不可晓。如前书尚在，望令小吏录以见寄，当一一供答，以听裁处。(《文集》45-18：答杨子直)

通过书信往来，发现自己以前有所误解，直接就承认：

> 克己复礼，前说已得之，却是看得不仔细，误答了，今承再喻，愈详密无疑矣。(《文集》47-26：答吕子约)(《文集》53-57：答沈叔晦)①

> 昨承寄及文字，意谓一时思索偶有所未至，故率易报去，今承示喻，乃平日所深体而实见者，甚愧轻发。(《文集》56-1：答赵子钦)

自己以前所说有错误，也及时指出：

> 示喻所疑，足见探讨不倦之意，前时所报，实有错误，已令直卿仔细报去矣。熹向于《中庸章句》中尝著其说，今并录去，可见前说之误也。(《文集》59-40：答辅汉卿)

自己以前的回答有不周到的地方，也直接指出：

> 所喻杜征南语，此固切论，然今日之事恐异于此。盖彼以强大兼人之国，故其计谋规画不得不然；今以弱小自守而义当有为，乃其义理事势不得不尔。……前日答书，思虑偶不及此，见来书又言之，聊发其愚，不知老兄以为如何也。(《文集》24-16：答魏元履书)

---

① 此信一信两见，内容一致。

自己语气不对，也作出自我批评：

> 某春首之书词气粗率，既发即知悔之，然已不及矣。(《遗集》3-1：与陆子静)

对方理解有误，也明确指出：

> 来喻缕缕，似未悉前后鄙意者。(《文集》54-46：答郭希吕)
> 示喻讷言敏行之意，甚善，然前书鄙论亦非谓都不讲究而专务力行也。(《文集》56-2：答赵子钦)
> 前此来喻，乃深讥其以兄弟子妇而同于众子妇为倒置人伦，而不察其实乃以众子妇而同于兄弟子之妇也。熹前所考固有未详，所疑固有未尽，而今承来喻又如此，亦非熹所以致疑之意也，幸更详之。(《文集》63-27：答余正甫)

因病不能多言，也加以说明：

> 所示《论语》数条，备见别来玩索功夫，偶以病中意思昏愦，未暇细观，不敢草草奉报。(《文集》56-48：答郑子上)

因故未能详论，也加以说明：

> 所记鄙语亦有小小差误处，便中未暇详报，并所改书亦未暇写寄。(《文集》59-42：答辅汉卿)
> 节次示及诸说皆善，但不已其功，久之见处渐分明矣。其间虽有小未通处，今亦不暇一一条析奉报也，致道归，草草附此，作书多不能详细。(《文集》62-26：答杜贯道)

发现别人回答另一人的问题有误,也明确指出:

  公济山头日用工夫之问,见季通未有端的应答。彼说虽偏,然吾辈之所以自治者如此之卤莽,几何其不为不如稊稗之五谷耶?两日欲奉扣,因循不暇,亦苦疲惫,无好意思,遂不能及。今试请加省察,果以何地为进德之基也?(《续集》2-64:答蔡季通)

朱子曾反思自己的过失:

  四明颇通问否?曾见其读《西铭》说否?全然不识文理,便敢妄议前辈,令人不平,然亦甚可笑也。向来辨论,理非不直,所自愧者初无恳恻之意,而以戏侮之心出之,所以召怨而起闹也。(《文集》49-26:答陈肤仲)

三、"疾徐适当"

学术交流要有紧迫感,不能虚度时日,要抓紧时间:

  子约书来,必盛称无疑之为人,但不知中间相聚,所与切磨诵说者果为何事?计于紧要亲切处,亦未必能尽所怀尔。日月逝矣,岁不我与,丈夫有志者,岂当为此悠悠泛泛,徘徊犹豫,以老其身乎。(《文集》60-31:答曾无疑)

  每念仁里诸贤相与甚至,而未得与之痛相切磨,悠悠岁月,日益晚暮,良以为恨。(《文集》62-18:答王晋辅)

不可太急躁,也不可太磨蹭:

> 与人论辨,惟无欲速,又无蓄疑,先后疾徐适当其可,则日进而不穷矣。(《别集》5‑27:丁仲澄)

第四节 学术交流作用的有限性

朱子客观地指出,学术交流不是万能的,它能起到的作用受各种因素的制约,往往达不到预期的目的。

一、自己用功与师友讨论的分界

朱子根据自己的经验,区分了需要自己用功和需要师友讨论的不同功夫:

> 某比来温习,略见日前所未到一二大节,自颇觉省力。但昏弱之资,执之不固,尤悔日积,计有甚于吾友之所患者。乃承访以所疑,使将何辞以对耶?然以所闻质之,则似不可不两进也。程子曰:"涵养须是敬,进学则在致知。"此二言者体用本末无不该备,诚用一日之功,当得其趣。不然空抱疑悔,不惟无益,反有害矣。夫涵养之功则非他人所得与,在贤者加之意而已。若致知事,则正须友朋讲习之助,庶有发明。不知今见读何书,作何究索?(《别集》4‑27:丁仲澄)

很多时候还是要靠自己,交流不能替代自己的用功:

> 诲谕缕缕,甚荷不鄙,但区区愚见,前书固已尽之矣,细读来谕,愈觉费力。正如孙子荆"洗耳砺齿"之云,非不雄辨敏捷,然枕流漱石,终是不可行也。已往是非不足深较,如今日计,但当穷理修身,学

取圣贤事业,使穷而有以独善其身,达而有以兼善天下,则庶几不枉为一世人耳。(《文集》36-21:答陈同甫)

去冬走湖湘,讲论之益不少。然此事须是自做工夫于日用间行住坐卧处,方自有见处,然后从此操存以至于极,方为己物尔。(《文集》41-13:答程允夫)

凡此皆亦粗举其端,其曲折则有非笔舌所能尽者。幸并前两说而参考熟思之,其必有得矣。若未能遽通,即且置之,姑即夫理之切近而平易者,实下穷格工夫,使其积累而贯通焉,则于此自当晓解,不必别作一道理求也。但恐固守旧说,不肯如此下工,则拙者虽复多言,终亦无所补耳。(《文集》45-24:答廖子晦)

然亦觉得意思有粗疏处,辨论工夫胜却玩索意思,故气象间有喧闹急迫之病,而少从容自得之意,此为未满人意耳。(《文集》50-43:答程正思)

前此所示别纸条目虽多,然其大概只是不曾实持得敬,不曾实穷得理,不曾实信得性善,不曾实求得放心,而乃缘文生义,虚费说词,其说愈长,其失愈远,此是莫大之病。……若果是实曾下得工夫,即此等处自无可疑。纵有商量,亦须有着实病痛,不应如此泛泛矣。……似此等处,且须虚心涵泳,未要生说,却且就日用间实下持敬工夫,求取放心,然后却看自家本性元是善与不善,自家与尧舜元是同与不同。若信得及,意思自然开明,持守亦不费力矣。(《文集》50-51:答周舜弼)

荆门之讣,闻之惨怛。……来喻又谓恨不及见其与熹论辨有所底止,此尤可笑。……又况贤者之烛理似未甚精,其立心似未甚定,窃意且当虚心择善,求至当之归,以自善其身,自此之外,盖不惟有所不暇,而亦非所当预也。(《文集》55-48:答赵然道)

衰朽益甚,思与朋友反复讲论,而外事纷扰,不能如愿。如履之者又相去之远,不得早晚相见为恨。然此事全在当人自家著力,虽日亲师友,亦须自做功夫,不令间断,方有入处。得个入处,却随时游心,自不相妨,虽应科举,亦自不为科举所累也。(《文集》59-28:答刘履之)

辱书,备知学问之志,甚善甚幸。杜门独学与周旋师友之间,学之难易固不同矣,然其用力实在于我,非他人所能代也。(《文集》60-42:答潘子善)

向见前辈有志于学而性犹豫者,其内省甚深,下问甚切,然不肯沛然用力于日用间,是以终身抱不决之疑,此为可戒,而不可为法也。(《别集》5-27:丁仲澄)

形诸文字有时也不是必要的,还是自己作功夫最重要:

又论今昔用功之异,此固晓然,但不知今日之有、昔日之无,是同是别,是相妨是不相妨,更须他日款曲面论,今未敢悬断可否也。二铭意甚佳,然亦皆有未安处,如"天理既循人欲自克"、"彼己既融万物同体"等语,亦当俟面讲之。但此等文字非有不得已者,亦不必作,不若默存此理于胸中,而验之行事之实也。(《文集》44-53:答江德功)

《易》说知颇改更,甚善。然学者以玩索践履为先,不当汲汲于著述,既妨日用切己工夫,而所说又未必是,徒费精力,此区区前日之病,今始自悔,故不愿贤者之为之也。(《文集》44-56:答江德功)

有疑问也应当多自己思考,不能完全指望向别人求教:

所示课程及日用功夫甚善,但有疑虽当识以俟问,然亦不可不时时提起闲看,倘或相值,殊胜问而后通也。(《文集》55-7:答李守约)

有的时候根本不需要多提疑问:

闻向道之意甚勤，向所喻义利之间，诚有难择者。但意所疑以为近利者，即便舍去可也。……见陆丈回书，其言明当，且就此持守，自见功效，不须多疑多问，却转迷惑也。(《文集》55-38：答符复仲)

自己功夫到了，辟异端之事并不紧要，应当去做更紧要的事情：

异端之蔽，自是己分上差却，入路欠却功夫。其迷溺者固无足道，其慨然以攘斥为己任者，又未免有外贪内虚之患，亦徒为謷謷而已，若之何而能喻诸人哉？幸更思之，若于己分上真实下得切己功夫，则于此等亦有所不暇矣。(《文集》61-24：答曾景建)

知道某论错误，就不须争辩了，自己用功即可：

所问两条三省事，鄙意正如此，后段之云亦可谓怪论矣。今既知其缪，便直置之，不须与辨，且自理会己分功夫可也。(《文集》61-26：答曾景建)

很多时候不可轻易与论敌开战，以和为上：

愚意比来深欲劝同志者兼取两家之长，不可轻相诋訾，就有未合，亦且置勿论，而姑勉力于吾之所急。不谓乃以曹表之故，反有所激，如来喻之云也，不敏之故，深以自咎。(《文集》54-5：答诸葛诚之)

自己功夫不到，却与别人争短长，乃是玩物丧志，十分可惜：

读所寄文字，切切然有与世俗争较曲直之意，窃谓不必如此，若讲学功夫实有所到，自然见得圣人所谓不知不愠不是虚语，今却只为学人弄故纸，要得似他不俗，过了光阴，所以于此都无实得力处。又且心知其为玩物丧志而不能决然舍弃，此为深可惜者。且既谓之玩物丧志，便与河南数珠不同，彼其为此，正是恐丧志耳。（《文集》35-17：答刘子澄）

但如仲升，则又堕在支离昏惰之域，而所以攻彼者，未必皆当于理，彼等所以不服，亦不可不自警省，更就自己身心上做功夫。（《文集》53-7：答刘仲升）

示喻已悉，但如此安排布置，都是病痛。又如必欲缪札安立标榜，尤是大病。……不须深议他人得失，政恐未免反为彼所笑也。（《文集》55-43：答陈超宗）

要谦虚，学颜子：

示喻功夫长进，深所欲闻，但恐只此便是病痛。须他人见得自家长进，自家却只见得欠阙，始是真长进耳。又觉得寻常点检他人颇甚峻刻，略无假借，而未必实中其人之病，此意亦太轻率，不知曾如此觉察否？此两事只是一病，恐须过捺，见得颜子以能问于不能、以多问于寡，不是故意姑且如此，始有进步处耳。（《文集》52-31：答汪长孺）

穿凿附会之学术讨论，根本没有必要：

兹辱枉书，并寄两论，词意奇伟，则所以知足下者益以深矣。顾念顷与仁里诸贤屡讲此事，尚多未契，足下必已闻之。若以愚言为是，则固无今日之辨；若以为非，则又何以见语为哉。圣远道湮，人心颇僻，险词怪说杂然并起，不惮于诬天罔圣、诡经破义，而务以适其利欲之私，自非刚健明哲之才，确然以胜私复理为己任者，鲜不惑焉。率兽食人，人将相食，其兆已见于此，甚可惧也。足下试以愚言思之，反诸其身而验以圣贤之明训，必有以得其本心之，正然后可以烛理搓事，而无不合，毋徒苦心劳力，为此附会穿凿，而卒以陷溺其良心也。（《文集》60-12：答杜叔高）

自己努力，有时也会有不错的效果：

敬子每称贤者志业之美，甚恨无由相见，然天所赋予，不外此心，而圣贤遗训，具在方册，苟能厉志，而悉力以从事焉，亦不异乎合堂同席而居矣，千万勉旃。（《文集》63-5：答李继善）

但区区本欲一走前路谒见，少偿夙昔之愿，已托徐丞遣人见报，日今未至，而来使及门，则云台旆已从东路而上矣，……失此一见之便，台坐径跻华要，而贱迹跧伏穷山，出处不齐，何由复遂鄙愿。所冀益懋德业，有以振起末俗衰懦之气，使吾党之士与有光焉，则亦不必同堂合席然后为相见也。（《别集》5-21：林子方）

朱子曾经以自己的经验告诫对方，没有必要的学术论辩是无益于事的：

异论纷纭，不必深辨，且于自家存养讲学处朝夕点检，是切身之急务。朋友相信得及者，密加评订，自不可废。切不可于稠人广坐论说是非，著书立言，肆意排击，徒为竞辨之端，无益于事。向来盖尝如此，今乃悔之，故不愿贤者之为之耳。（《文集》50-36：答程正思）

立之所疑太极之说甚当，此恐未易以口舌争也。（《文集》51-27：答曹立之）

上策莫如自治：

　　近似之说,固应辨析,以晓未悟,然须自见得己分上道理极分明,然后可以任此责。如其未然,而欲以口舌校胜负,恐徒起纷竞之端,而卒无益于道术之明暗也。孟子论乡原乱德之害,而卒以君子反经为说,此所谓上策莫如自治者。况异端邪说,日增月益,其出无穷,近年尤甚。盖有不可胜排者,惟吾学既明则彼自灭熄耳,此学者所当勉,而不可以外求者也。(《文集》58-33：答宋容之)

　　范碑曲折,……程纠所编年谱,是终身看得此事不透,深可怜悯。……吾友今亦未须理会此等,且理会自家着紧切身要用底道理,久之见识渐明,履践渐实,自不被人瞒,亦不须与人辨论纷争也。(《文集》62-18：答王晋辅)

即使是面对吕祖谦这个无比熟悉的友人,朱子也曾指出自己为学的好处：

　　谢遣学徒,杜门自治,深为得策,所造诣想日深矣,恨未有承教之期,为怅恨耳。(《文集》33-17：答吕伯恭)

　　杜门进学,所造想日深。(《文集》33-38：答吕伯恭)

更何况,学术交流终究比不上正式的文本,尤其是要刻之金石的：

　　盖此刻之金石,传之无穷,不比一时之间为一两人东说西话,随宜说法,应病与药也。(《文集》33-31：与东莱论白鹿书院记)

二、对象难得

学术交流没有取得预期效果,很重要的一个原因是找不到同等水平

的交流对象,交流往往不能尽兴:

> 昨在玉山学中与诸生说话,司马宰令人录来,当时无人剧论,说得不痛快。归来偶与一朋友说,因其未喻,反复晓譬,却说得详尽。(《文集》61-2:答林德久)

当没有条件与同道交流时,便更要自己注意了:

> 荆州闻极荒凉,无贤士大夫可奉谈燕。人心至危,恐久流放,难复收拾。愿日取古圣贤书,熟读深思,以祛物欲之蔽,幸甚。(《别集》4-1:刘共甫)
>
> 暇日亦当有观书味道之乐,但僻远难得师友,此正在自著。(《别集》5-40:余景思)

三、师友亦非完人

有的时候,参与讨论的师友的意见本身就是错误的,难以起到积极的作用。尤其是在没有意识到自己的错误的情形下:

> 示喻前此盖尝博求师友,而至今未能有得,足见求道恳切之意。以熹观之,此殆师友之间所以相告者,未必尽循圣门学者入德之序,使贤者未有亲切用力之处而然耳。(《文集》49-19:答林伯和)
>
> 大抵科举之学误人知见、坏人心术,其技愈精,其害愈甚,正恐前日所从师友多是只得此流,今以上来诸说求之,则比所闻于石鼓者,恐亦未免于此也。(《文集》58-34:答宋容之)

所以一定要注意互相激励,以促进共同进步。

第一章　学术交流的内在逻辑

  讲学持守,不懈益勤,深慰所望。又闻颇有朋友之助,当此岁寒,不改其操,尤不易得也。更愿相与磨厉,以造其极,毋使徒得虚名以取实祸,乃为佳耳。(《文集》50-57:答周舜弼)

以某一个错误的观点为核心展开讨论,又不分主次,这样的学术交流是没有意义的:

  示及诸说,亦未暇细观。但觉子融之说全无伦理,而诸友反为其所牵,亦复扰乱。又不且整理其大病根原,而计较苛细,展转向枝叶上辨论,所以言虽多而道理转不分明。今只合且放下许多闲争竞,而自家理会诚之一字是甚道理。看得精切分明后,却合众说而剖判之,当自见得不如此费分疏也。(《文集》52-7:答吴伯丰)

学术交流过程中如果对明显的错误都未能纠正,则说明师长教导之责任、友朋劝导之义务,均有不足:

  归来想诸况仍旧,然凡百亦宜痛自收敛、此事合说多时,不当至今日。迟顿不及事,固为可罪,然观老兄平时自处于法度之外,不乐闻儒生礼法之论,虽朋友之贤如伯恭者,亦以法度之外相处,不敢进其逆耳之论,每有规讽,必宛转回互,巧为之说,然后敢发。平日狂妄深窃疑之,以为爱老兄者似不当如此,方欲俟后会从容面罄其说,不意罢逐之遽,不及尽此怀也。(《文集》36-15:与陈同甫)

  伯恭平时亦尝说及此否,此公今日何处得来,然其于朋友不肯尽情,亦使人不能无遗恨也。(《文集》36-22:答陈同甫)

  叔度忽为佛学,私窃忧之。……熹恐伯恭亦不得不任其责,不知其闻此消息以为如何。然熹之愚,犹窃有疑于伯恭词气之间,恐其未免有阴主释氏之意。(《文集》47-19:答吕子约)

同父事解后得书,亦甚呶呶。前此盖已作书慰劳之,劝其因此一洗旧辙,敛就绳墨。若能相信,失马却未必不为福耳。此事向来朋友畏其辩博,不究其是非,而信奉其说,遂无一言及于儆戒切磋之意,所以使渠至此,盖有不得不任其责者。子约既敬之,于此恐不可不尽情也。(《文集》47-24:答吕子约)

抑观来书词气之间轻扬傲诞,殊无谨厚笃实之意,意者吾子于下学之功有未尝加之意者。不知往年见张陆二君子,其所以相告者果何事也。又闻不念身体发肤之重、天叙天秩之隆,方将毁冠裂冕以从夷狄之教,则又深为悯然。不意吾子知尊敬夫而所趋者若是,岂亦所谓统宗会元者之为祟,而使吾子至于此耶?显道不能谏止,已失朋友之职。节夫更有助缘,尤非君子爱人之意也。闻已得祠曹牒,髡剃有期,急作此附递奉报。愿吾子于此更入思虑,或意已决,亦且更与子静谋之,必无异论而后为之,似亦未晚。(《文集》55-45:答颜子坚)

相望之远,不知吾子师友渊源之所自,恐其所以相告者未得圣贤穷理修身之实,而徒以空言相误,使吾子陷于狂妄恣睢之域,而不自知其非也。(《文集》55-47:答安仁吴生)

季通书来,亦谓正卿甚进,不知乃有异论如此,此正是渠病处,盖不先其在己,而欲广求于外,所以向里不甚得力。又不察学者才识之高下,而概欲其无所不知,所以误得他人亦多驰骛于外。吾人当识其好处,而略其所偏也。(《文集》59-1:答林正卿)

季宏之来,只是要求跋尾,全然不曾讲学,却须曾理会作文。大率彼间士人多是如此,乡外走作,不曾乡里思量,论其渊源,盖有不得不任其责者矣,甚可叹也。(《文集》60-35:答曾择之)

同父才雄一世,勇追千古,但疾之者既不复取长,而爱之者又不能救其短,此区区不能无遗恨于伯恭,而所以爱同父者,独有异于众人之爱同父也。(《遗集》2-56:答石天民)

四、自己亦非完人

朱子指出,自己也曾未尽到责任,"为人谋而不忠",朱子的这种自我反思,对自己当时心理活动的记载,读来使人动容:

> 昨见编集《春秋》,盖尝奉劝此等得暇为之,不可以此而妨吾涵养之务,正为此耳。但当时又见所编功绪已成,精密可爱,他人决做不得,遂亦心利其成,不欲一向说杀。以今观之,则所谓为人谋而不忠者,无大于此,乃始惕然自悔自咎,盖不独为贤者惜之也。(《文集》54-39:答路德章)

朱子也曾经反思过,自己没有把握好什么该回答,什么不该回答,以致后患:

> 有性无性之说,殊不可晓。当时方叔于此本自不曾理会,率然躐等,拣难底问。熹若照管得到,则于此自合不答,且只教他仔细熟读圣贤明白平易切实之言,就己分上依次第做功夫,方有益于彼,而我亦不为失言。却不合随其所问率然答之,致渠一向如此狂妄,此熹之罪也。驷不及舌,虽悔莫追。(《文集》58-25:答徐子融)

遇到合适的交流对象,但自己却没能从中获得应有的正确的认识,那就是自己的不对了:

> 来书讯项平父出入师友之间,不为不久,而无所得,愚亦恐贤者之不见其睫也。日月逝矣,岁不我与,愿深省察,且将《大学》《论语》《孟子》《中庸》《近思》等书仔细玩味,逐句逐字不可放过,久之须见头

绪,不可为人所诳,虚度光阴也。(《文集》53-46:答胡季随)

示喻缕缕备悉,然其大概皆自恕之辞。……此亦从前师友与有责焉,而自家受病比之他人尤更重害,此又姿禀不美而无以洗涤变化之罪也。今日正当痛自循省,向里消磨,庶几晚节救得一半。……来谕每谓熹有相弃之意,此亦尤人之论,区区所以苦口相告,正为不忍相弃耳,若已相弃,便可相忘于江湖,何至如此忉怛,愈增贤者忿怼不平之气耶?……向见伯恭说少时性气粗暴,嫌饮食不如意,便敢打破家事,后因久病,只将一册《论语早》晚闲看,忽然觉得意思一时平了,遂终身无暴怒,此可为变化气质之法。不知平时曾与朋友说及此事否?德章从学之久,不应不闻,如何全不学得些子,是可谓不善学矣。(《文集》54-40:答路德章)

抑观来书词气之间轻扬傲诞,殊无谨厚笃实之意,意者吾子于下学之功有未尝加之意者。不知往年见张陆二君子,其所以相告者果何事也。又闻不念身体发肤之重、天叙天秩之隆,方将毁冠裂冕以从夷狄之教,则又深为悯然。不意吾子知尊敬夫而所趋者若是,岂亦所谓统宗会元者之为祟,而使吾子至于此耶?……愿吾子于此更入思虑,或意已决,亦且更与子静谋之,必无异论而后为之,似亦未晚。(《文集》55-45:答颜子坚)

择友不慎,也不可自恕:

所谕向来解纷之意,固是如此,然亦平日持己不严,故择交不审,而责善之道又有所不至,故其末流之弊至于如此。此当深自悔责而速改之,详味来辞,似未有此意,恐更当反复酃言,毋以前说自恕也。(《别集》3-8:程允夫)

自己本应扶持却没有帮助别人进步,也是不应该的:

第一章 学术交流的内在逻辑

罗守之贤如此,与之同官相好,乃不能补其所不足,而反益其所有余,又从而自陷焉,亦独何哉。数年来此道不幸,朋旧凋丧,区区所望以共扶此道者,尚赖吾子澄耳,今乃如此,令人悼心失图,怅然累日,不知所以为怀。不审子澄能俯听愚言而改之乎,不然则已矣,无复有望于此世矣,奈何奈何。(《文集》35-17:答刘子澄)

示及得朋进学之盛,深慰鄙怀。然二包、定夫书来,皆躐等好高之论,殊不可晓。显道本领只是旧闻,正苦其未能猛舍,不谓已见绝于旦评也。(《文集》54-31:答傅子渊)

别人未尽到朋友之责,朱子也批评之:

向与深卿书,乃附剑浦刘亲,不谓留滞至今。欲捡稿本再录去,又思择之所以告语之者,必已甚悉而不能回。则此书虽达,亦未必有效耳。今且烦致意,但信得孔、孟、程子说话,及时试将许多诐淫邪遁说话权行倚阁一两年,却就自家这下实做工夫,看须有些巴鼻也。……又如前书所论冯道、吕舜徒事,此尤害理,曾与之剧论否?此等处不理会,则朋友之职废矣。(《别集》6-6:林择之)

自己本身有误,却还想帮助别人,更是有问题的:

学者病痛诚如所谕,但亦须自家见得平正深密,方能药人之病,若自不免于一偏,恐医来医去,反能益其病也。(《文集》36-9:答陆子静)

第二章 学术交流的完整过程

学术交流的基本程序由三个环节构成：开始、持续与终止。关于学术交流的开始，我们在第一章中已经知道，朱子对各种类型的学术交流都是很欢迎的，因此，学术交流的开始几乎没有什么要求和条件。所以，本章我们主要关注朱子对学术交流的持续和终止的看法。

第一节 学术交流的持续

当学术交流开始以后，如何维持下去便成为一个重要的问题，朱子对维持的必要性以及如何维持都有自己独到的体认。

一、持续讨论才能获得正确的认识

当对方未能准确完整地表达观点时，朱子曾明确要求对方继续讨论：

> 所示诸说皆甚精，然鄙意有未安者，别纸具之，扩之亦有说，当自封去。因来幸反复之，以归至当，计此所校亦不多，但却是不容小差处，望速垂报也。（《别集》6-6：林择之）

讨论问题要彻底,不能才有所见就满足,一定要日益深入:

  《遗说》向来草草具禀,其间极有浅陋疏脱处,都不蒙一掊击,何耶?……大率吾曹之病皆在浅急处,于道理上才有一说,似打得过,便草草打过,以故为说不难而造理日浅。今方欲痛自惩革,然思虑昏窒已甚,不知能复有所进否。左提右挈之所助,深不能无望于尊兄也。(《文集》40-19:答何叔京)

道理无穷,学术讨论也是无穷尽的:

  金声玉振,不知当时写去者云何?近尝思索,更定其说,始亦以为无疑矣。比再阅之,又觉有碍,更望相与探讨,异时各出其说以相参验,亦进学之一方也。道理无穷,思索见闻有限,圣人之言正在无穷处,而吾以其有限者窥之,关锁重重,未知何日透得尽耳。(《文集》40-20:答何叔京)

有时候所要讨论的问题很复杂,但朱子有一种义务感,为了对方的进步,一定要把讨论进行下去,不管是书信还是面论:

  所示四条,其前二义虽有小差,然犹不至难辨,各已略报去矣。至于未发、浩气二义,则皆杂乱胶葛,不可爬梳,恐非一朝之辨所能决。本欲置而不论,以俟贤者之自悟,又恐安于旧说,未肯致疑,不免略启其端,千万虚心垂听,不可一向支蔓固执,只要弥缝前人阙误,不知却碍自家端的见处也。(《文集》48-11:答吕子约)

  熹今年之病发作虽轻,而日月甚久,又气体衰乏,精神昏耗,大与常年不同。亦是年纪催促,理应如此,不足为怪,但恨平生功夫只到此地头,前面地步有余,而日月有限,又不得与朋友之贤者相聚,旦夕

切磋，恐此意思一旦断绝，更为后贤之忧耳。(《文集》53-20：答刘季章)

尤其当学术讨论关涉到自己的不足，或某些观点需要改进时，朱子往往会强调指出，请对方继续提出意见：

前书所扣，未蒙开示。然愚悃之未能尽发于言者亦多，每恨无由得遂倾倒，以求镌切。近曹器之来访，乃得为道曲折。计其复趋函丈，必以布露。敢丐高明少垂采择，其未然者痛掊击之，庶有以得其真是之归，上不失列圣传授之统，下使天下之为道术者得定于一，非细事也，惟执事图之。(《文集》38-42：答陈君举)

熹前此书中所请教者，于尊意云何。窃意其说不过如此，但持之不力，恐言语间不容无病，深望指诲，得以自警而改之，幸也。(《文集》40-19：答何叔京)

奉亲遣日如昔，但学不加进，鄙吝日滋，思见君子以求切磋之益，而不可得，日以愦愦，未知所济也。向来妄论持敬之说，亦不自记其云何，但因其良心发见之微，猛省提撕，使心不昧，则是做工夫底本领。本领既立，自然下学而上达矣。若不察于良心发见处，即渺渺茫茫，恐无下手处也。中间一书论必有事焉之说，却尽有病，殊不蒙辨诘，何耶。(《文集》40-21：答何叔京)

有时交流的双方可能对对方的观点有所误解，或理解得不透彻，这时不应轻易放弃，应尽量继续下去，直到清楚表明双方的观点，这样对双方都有益：

前此屡辱贻书，有所讲论，每窃怪其语之不伦，而未能深晓其故，只据一时鄙见所未安处，草草奉答，往往只是说得皮肤，不能切中其病,所以贤者亦未深悉而犹有今日之论也,此虽微陋疏率之罪,然因此却得左右明辨力扣,敷述详明,然后乃能识得前后所说之本意,而区区愚见,亦因得以自竭,非小补也。(《文集》45-40:答廖子晦)

二、面论与书信都应当持续

朱子认为,当面的学术交流不易,如有机会,自当一鼓作气,不应半途而废,否则就会留下遗憾。十分典型的,是鹅湖之会之后朱子对吕祖谦所说的一番话:

> 昨承枉过,得两月之款,警诲之深,感发多矣。别去匆匆两月,向仰不少忘。便中奉告,承已税驾,欣慰之剧。信后秋气已清,伏惟尊候万福。熹还家数日,始登庐山之顶,清旷非复人境,但过清难久居耳。至彼与季通方议丹丘之行,忽得来教,为之悯然,却悔前日不且挽留,或更自鹅湖追逐入怀玉深山,坐数日也。(《文集》33-40:答吕伯恭)

书信论学也不能半途而废,应尽量尽兴到底,此类说法甚多,有时朱子会在书信中主动提出继续讨论的话题,要求对方就某个问题或领域继续来信讨论。这在朱子书信中几乎是满坑满谷,略举数例,以见一端:

> 别纸诲示,开发良多,太伯夷齐事,鄙见偶亦如此也,复有少反复,更望垂诲。(《文集》33-40:答吕伯恭)
> 群居终日,别作何工夫,便中千万示及一二,苟有未安,不惮献所疑以求益也。(《文集》39-9:答柯国材)
> 向闻与齐仲在净隐,不知得多少时,看何文字,如何作工夫,今岁复相聚否。所有发明,条示数端,得反复焉,亦胜空书往来耳。(《文

集》39-17：答许顺之）

　　向示心说，初看颇合鄙意，细观乃复有疑。亦尝窃与朋友论之，而未及奉报。今得所论，益知向所疑者之不谬也。……近与一朋友论此，录以奉呈，幸试思之，复以见告。（《文集》47-16：答吕子约）

　　两卷所论，皆精义也。其间亦有鄙意未合处，具之别纸，幸更思之，或犹未安，却更反复极论，以归至当乃佳耳。（《文集》47-25：答吕子约）

　　所喻心性分别，不知后来见得如何？（《文集》55-1：答潘谦之）

　　衲说向尝细考，……顷年陆子寿兄弟亲丧，亦来问此，……今钱君之论虽无子静之薄，而其所疑亦非也，不知味道看得如何，幸更与钱讲之，复以见告也。（《文集》58-39：答叶味道）

　　目盲，作此数纸已极费力，未能尽鄙意。如更有疑，递中附数字来，仔细反复，此处正好剧论也。（《文集》61-3：答林德久）

三、特殊情形下的坚持

大问题已经解决，小问题也不能忽视：

　　熹伏承示及先知后行之说，反复详明，引据精密，警发多矣。所未能无疑者，方欲求教，又得南轩寄来书稿读之，则凡熹之所欲言者盖皆已先得之矣，特其曲折之间小有未备，请得而细论之。（《文集》42-15：答吴晦叔）

即使对方未能理解自己的观点，自己该说的都已经说了，但对方还要继续讨论，则自当奉陪到底：

　　伏承别纸诲谕谆悉，及示新论，尤荷不鄙，但区区之说，前此已悉陈之,而前后累蒙排摈挥斥,亦已不遗余力矣。今复下喻,使罄其说,顾亦何以异于前日耶,然既辱开之使言,则又不敢嘿嘿,然其大者未易遽论,姑即来教一二浅者质之。(《文集》38－4：答袁机仲)

即使对方态度很不好,朱子也尽其所能使讨论继续下去：

来教累纸,纵横奇伟,神怪百出,不可正视。虽使孟子复生,亦无所容其喙,况于愚昧蹇劣,又老兄所谓贱儒者,复安能措一词于其间哉？然于鄙意实有所未安者,不敢雷同,曲相阿徇,请复陈其一二,而明者听之也。(《文集》36－19：答陈同甫)

朱子对于书信论学,是抱着严肃认真的态度的,如果由于时间久远或者对方所述不清,以致自己不能确切了解对方的观点,朱子会明确指出,请对方详细说明,自己一定会竭尽所能进行论辩：

示喻缕缕,备见本末。但原说之辨,岁月浸久,不复记忆,独仿佛其间颇有阳尊孔子而阴主瞿、聃之意耳。今乃承有未全伏罪之言,又恐当时看得不仔细也。所谓终焉位天地、育万物、厚人伦者乃吾道之正,亦未见其上文,不知盛意之微果何所寄,未容遽陈鄙见,便中幸复有以教之,则虽自顾无关可抽、无钥可启,然亦不敢不披露胸臆以求订证也。(《文集》56－38：答李周翰)

四、感谢对方的坚持

身份或辈分比自己高的人,面对自己的直接去信不以为怪,继续论学,朱子则感到十分荣幸：

别纸谆诲,良荷不鄙,自顷致书之后,方窃悚惧,以俟谴诃,岂意高明不以为罪而虚受之,此真熹所敬服叹慕而不能已者,幸甚幸甚。(《文集》30-5:答汪尚书)

自己有所误解,对方不以为忤,继续讨论,朱子很感谢:

昨辱枉书,为报不谨,方以自愧,兹被再告,良荷不忘之意。(《文集》64-52:答朱岑)

对方持续不断地进行学术交流,朱子会真挚的表示感激:

伏辱坠教,所以训督孜孜不倦,有加于昔,顾惟庸昧,重劳提耳,既感且愧,不知所以为谢也。(《续集》6-8:答江隐君)

五、保持焦点的集中

在持续进行学术交流时,不紧要的和错误的内容不要继续:

垂谕《易》说,又见讲学不倦、下问不能之盛美,尤窃钦仰。已悉鄙意,别纸具呈矣。此但《易》中卦画阴阳之分位耳,未是吾人切身之事。万一愚见未合盛意,可且置之,而更别向里寻求,恐合自有紧切用功处也。(《文集》38-6:答袁机仲)

要之封建郡县互有利害,但其理,则当以封建为公耳。此类且徐讲之,非今日所急也。(《文集》58-45:答邓卫老)

《尔雅》未暇细看,然此等亦未须闲费日力也。(《文集》61-26:答曾景建)

征苗之说甚新,但恐其他无此比数。兼若如此,则禹自当班师,

不待伯益赞之而后决矣。此等无所考据,不若姑置之,而涵泳于义理之实之为得也。(《文集》61-29:答曾景建)

墓祭不可考,……又坟墓非如古人之族葬,……此等不若随俗各祭之为便也,其他阙文数处,或是或否,皆非讲学之急务,况《集注》中又已有说甚明,自可观考,不必问也。……范碑曲折,……程纠所编年谱,是终身看得此事不透,深可怜悯。……吾友今亦未须理会此等,且理会自家着紧切身要用底道理,久之见识渐明,履践渐实,自不被人瞒,亦不须与人辨论纷争也。(《文集》62-18:答王晋辅)

学术交流应当保持讨论焦点的集中,不要让不相干的问题掺杂进来:

龟山"人欲非性"之语自好,昨来胡氏深非之,近因广仲来问,熹答之云云。此与广仲书随其所问而答之,故与今所谕者不相似,不能尽录。(《文集》40-40:答何叔京)

程丈诸说,亦有鄙意所未安者,以未参识,不欲剧论。但未知立之见得"宥辟未发"等语如何,若已无疑,即不须论矣。(《文集》51-27:答曹立之)

为此朱子有化繁为简之方法:

盖今所论,虽累数百言之多,然于《中庸》,但欲守程门问者之说,谓未发时耳无闻、目无见而已。于浩气之说,但欲谓此气元是配合道义而成,无道义则气为之馁而已。其他援引之失,皆缘此文以生异义,自为繁冗。若一一究析,往复不已,则其说愈繁,其义愈汩,而未必有益。故今奉劝不若只取子思孟子之言,虚心平看,且勿遽增他说,只以训诂字义随句略解,然后反求诸心,以验其本体之实为如何,则其是非可以立判。(《文集》48-11:答吕子约)

对方提问了很多问题,朱子指出,先把关键的解决掉:

> 其他所论时习、率性、鸢鱼等说,今皆未暇论。论得亦未有益,可且理会此"配义与道"令分明,便中早报及也。(《文集》62-6:答张元德)

六、同意或拒绝为对方写文章

在学术交流过程中,会遇到对方请求写文章的情形,朱子对此有不同的处理方式。有时虽不应其所请做文章,但又将要说的话在书信中说出来,并指出这是不可不说的,请其注意,并请其提出意见,其实和做文章也差不多了:

> 所需恶语,尤荷不鄙,此于吾人岂有所爱,但近年此等一切废置。向已许为放翁作《老学斋铭》,后亦不复敢著语,高明应已默解,不待缕缕自辨数也。抑又闻之,古之圣贤所以教人,不过使之讲明天下之义理,以开发其心之知识,然后力行固守以终其身,而凡其见之言论措之事业者,莫不由是以出。初非此外别有岐路可施功力,以致文字之华靡、事业之恢宏也。……今或者以修辞名左右之斋,吾固未知其所谓然。……鄙意于此深有所不能无疑者,今虽不敢承命以为记,然念此事于人所关不细,有不可以不之讲者,故敢私以为请,幸试思之,而还以一言判其是非焉。(《文集》64-4:答巩仲至)

即使给对方写文章,也一定要对方明白自己为的是什么:

> 所要文字,正冗未暇致思。斋铭亦已忘记,又无草本,要不必尔,但得识之于心而见诸行事,则为有以发于愚言矣。祠阁二记皆不成

文字,但欲略见此义理,故不得而辞,来喻之云,非所望于亲友间也。(《别集》3-8:程允夫)

第二节　学术交流的终止

如果继续下去已经没有意义,学术交流则应当中止。

一、终止交流的各种情形

"绝交信"是典型的中止学术交流与论辩的方式。朱子书信中有"绝交信"意味的,有如下数通。

有的是因为对方的行为令自己"痛心疾首":

> 然丞相以宗枝入辅王室,而无故轻纳鄙人之妄议,毁撤祖宗之庙,以快其私,其不祥亦甚矣,欲望神灵降歆,垂休锡羡,以永国祚于无穷,其可得乎,言及于此,令人痛心疾首,不如无生,丞相其亦念之,熹自此不敢复通记府之问矣。(《文集》29-16:与赵丞相书)

对方要停止,朱子也觉得没什么好说的了:

> 示谕缕缕,备悉雅意,不可则止,正当谨如来教,不敢复有尘渎也。偶至武夷,匆匆布叙,不能尽所欲言。然大者已不敢言,则亦无可言者矣。(《文集》36-5:答陆子美)

> 示喻已悉,但既曰各勉其志以自立,而有待于岁寒,则何必为此缕缕,而烦执礼之恭哉。衰病比剧,舜功遣人行速,布此不及详,然亦无以详为矣。(《文集》55-41:答黄几先)

也有这样的情形,自己该说的都说了,对方仍不明白,自己也就不再继续了:

> 来书之意,所以见教者甚至,而其末乃有"若犹有疑不惮下教"之言,熹固不敢当此,然区区鄙见,亦不敢不为老兄倾倒也,不审尊意以为如何。如曰未然,则我日斯迈而月斯征,各尊所闻,各行所知,亦可矣,无复可望于必同也。言及于此,悚息之深,千万幸察。(《文集》36-11:答陆子静)

> 传序鄙意不欲如此,昨因《论语小传》之作,已罄鄙怀,不蒙领略,遂更不敢复言,今所惠书,反谓有所爱于言,何耶。(《文集》39-8:答柯国材)

> 病起倦甚,怀不能已,略此奉报,千万详之。若以为是,幸即加功;若以为非,即此书不烦见答,今后亦不须更下喻矣。(《文集》44-58:答江德功)

对方有明显的错误,或做不应该之事,自己已经指出,如果对方未能改过,则自然不用继续下去了:

> 《易》说已悉,若只如此,则熹固已深晓,不待谆谆之告矣。所以致疑,正恐高明之见有所未尽而费力穿凿,……今既未蒙省察,执之愈坚,则区区之愚尚复何说。窃意两家之论,各自为家,公之不能使我为公,犹我之不能使公为我也。不若自此闭口不谈,各守其说,以俟义、文之出而质正焉。然以高明之见、自信之笃,窃恐羲、文复出,亦未肯信其说也。(《文集》38-9:答袁机仲)

> 示及《易说》等书,实不晓所谓,不敢开卷,累承喻及,必欲见强,使同其说,隐之于心,有未能安者,遂不敢奉报。今承见语,欲成书而不出姓名,以避近名之讥,此与掩耳偷铃之见何异?……元书谨用封

纳,拙直之言,尽于此书,今后不复敢闻命矣,千万见察。(《文集》44-57:答江德功)

孟子两言"其为气也",即当以气字为主,而以下文天地道义等字为客,方是文意。今却硬将文义扭转,以道义为主而气为客,又将熹说亦添入一"来"字,则区区所见虽谬,决不至如此之颠倒也。前书之言已尽,今更不能说得,只请且依此意捩转旧来话头,依《孟子》本文主客形势排龊,教成行道,有归著,直候将来见得旧说全然不是,方是究竟。如其不然,不若忘言之为愈也。(《文集》48-17:答吕子约)

闻已得祠曹牒,髡剃有期,急作此附递奉报。愿吾子于此更入思虑,或意已决,亦且更与子静谋之,必无异论而后为之,似亦未晚。如曰不然,则道不同不相为谋,仆不知所以为子计矣。(《文集》55-45:答颜子坚)

朱子觉得继续讨论也不会形成共识,没有继续下去的意义,不如各做自己的功夫去:

诲谕勤勤,深荷不鄙。然人之为学各有所见,岂能必于尽同?亦各信其所信而勉焉耳。今高明所造日深日远,而愚蒙底滞,不能变其初心,窃意必无可达之理。来书乃欲曲加镌诲,期之异日,虽荷眷旧之私,然恐亦徒为竞辨,而无补于进修之实也。谨此少谢厚意之辱,伏幸裁照。(《文集》43-19:答李伯谏)

所论《诗序》之疑,旧尝有此论,而朋友多不谓然,亦不能与之力争,姑著吾说,以俟后之知者而已。《关雎》序文之失固然,……是则不可不察也,然此等处姑默识之,不须遽与人辨。(《文集》49-24:答陈肤仲)

保持必要的礼貌就好,学术交流就算了:

所喻已悉,但道既不同,不相为谋,不必更纷纷,今后但以故人相处,问讯往来足矣。(《文集》55-36:答包敏道)

对方不能虚心改正,不能接受别人的意见,继续讨论也就没什么意义了:

详道资禀笃实,诚所爱重,前书云云,非以苟相悦也。但观所与显道讲论,窃恐却与去岁未相见时所见一般,盖熟处难忘,所骤闻者未能遽入而复失之耳。《大学》鄙说,近看尚有未安处,却是未甚平正,方略窜定,恨未得奉呈。然使贤者见之,愈未必信,大抵如熹所见愈退而愈平,贤者所见愈进而愈险,彼此不同,终未易合。且当置之,各信其所信者,即看久远如何耳。显道根本处亦且是从前所见,但添得此中些说话。如敏道令弟,则立论又甚高,尤非熹之所敢知耳。(《文集》55-31:答包详道)

杨敬仲其人简淡诚悫,自可爱敬,而其论议见识自是一般,又自信已笃,不可复与辨论,正不必徒为哓哓也。(《文集》60-47:答潘子善)

某些非学术问题,对方不接受自己的意见,自己也不再坚持:

过崇安日,首诣三里,视彦集所开地,冈峦形势目前无大亏缺,而水泉涌溢,殊不可晓。问之邑人,亦无一人能言其所以为病者,但谓开扩太深使然。……然留彼三日,三往谛观,亦觉形势有可疑处,所以致水盖非偶然。顾高明未必信,故不复白,直论日前所处曲折耳,想闻此亦深轸念也。(《别集》4-4:答刘共甫)

朱子又曾让对方来面论,把问题从根本上解决,至于这种泛泛而论,可以终止了:

故熹窃以为今日与其自辨以求合,枉费言语、枉费心力,不若一切放下,便依此说,且将《大学》《论语》反复熟读,而因程子之言与其门人数公之说,以求圣贤之旨意所在。句句而讲,字字而思,使无毫发不通透处,则自不须如此妄自拘束,强作主张也。无疑试更思之,恐或可信。则一两月间天气差暖,或能乘兴一来,面罄其说,庶几彼此殚尽,免至如此担阁,虚费光阴也。(《文集》60-30:答曾无疑)

二、部分终止

有一种特殊的情形,朱子认为某些问题不宜继续讨论,但并不是说所有的交流都要停止:

穷居且尔,忧苦之余,无复仕进意,杜门修身,以毕此生而已,累书所问,缘多出入,无人收拾,往往散落,以此不及奉报。然其大略,只是要做文字、应科举、夸世俗而已,年来懒废,于此尤悉弃置,不能有所可否于其间也。(《文集》39-41:答王近思)

《易》说大概多与《启蒙》相出入,但后数条旁通众说,亦有功,俟更徐考奉报。然既知其无取,自不必深究,王辅嗣所谓"纵或复值而义无所取",此一言切中事理。(《文集》61-2:答林德久)

三、无奈终止的矛盾心情

朱子亦曾描述过是否继续学术交流的矛盾心情,朱子实在太喜欢交流与论辩了:

比两辱书,良以为慰,又深愧感。尤异登闻,士友咸喜,修涂逸驾,自此其可量耶。累书下问勤恳,顾何爱于一言,但欲以其所以自信自守者为献，则误贤者于迂阔而不可行之地，欲舍其所以自信自守者为说，则又不知所以言也。是以久而不知所以对，惟高明之有以择焉，于此二柄其必有所处矣。(《文集》49－51：答廖季硕)

朱子也从不讳言不能继续讨论所带来的遗憾：

窃意两家之论，各自为家，公之不能使我为公，犹我之不能使公为我也，不若自此闭口不谈，各守其说。……世间事，吾人身在闲处，言之无益，此正好从容讲论，以慰穷愁，而枘凿之不合又如此，是亦深可叹者，而信乎其道之穷矣。(《文集》38－9：答袁机仲)

在某些特殊的场合，出现了持续与终止同时出现的情形，朱子指出，本来应该停止的讨论，由于自己的原因，继续下去了，那就一定要有个结果，但自己该说的都说了，以后没什么可说的了：

有性无性之说，殊不可晓。当时方叔于此本自不曾理会，率然躐等，拣难底问。熹若照管得到，则于此自合不答，且只教他仔细熟读圣贤明白平易切实之言，就己分上依次第做功夫，方有益于彼，而我亦不为失言。却不合随其所问率然答之，致渠一向如此狂妄，此熹之罪也。驷不及舌，虽悔莫追。然既有此话头，又不容不结末，今试更为诸君言之。若犹未以为然，则亦可以忘言矣。(《文集》58－25：答徐子融)

另有一次，朱子原想停止交流，但对方要求继续，其间还有面论，自己也答应继续交流，但对方态度却不好，以致两人关系疏远，现在朱子再次明确观点，对方如果接受，交流还可继续，否则就算了：

顷幸接承,便辱垂问。虽喜用意之高远,然窃观容止之间未甚和粹,意其未似圣门学者气象,而所问又太多而不切,有不容以一词相反复者,用是默默,不知所对。及承访,逮至于再三,而不免少露鄙怀,则足下已艴然于色而不欲闻矣。自是以来,彼此之怀终不相悉。而今者承书,遂有督过之意,三复以还,愧怍亡已。夫道在生人日用之间,而著于圣贤方册之内,固非先知先觉者所独得,而后来者无所与也。又非先知先觉者所能专,而使后来者不得闻也。患在学者不能虚心循序反复沈潜,而妄意躐等,自谓有见。讲论之际,则又不过欲人之知己,而不求其益;欲人之同己,而不求其正。一有不合,则遂发愤肆骂而无所不至,此所以求之愈迫而愈不近也。足下诚以是而深思之,则熹之前日所以告足下者已悉矣。足下之学,其是非得失亦明矣。如以为然,继此见问,敢不敬对。如曰不然,则高明之蕴,必有非愚昧所及知者,幸宽其咎,而姑自信其说焉可也。(《文集》58-49:答丁宾臣)

此类情形,都可看出朱子的无奈。

第三章 学术交流的两种特殊类型：学术批评与学术教育

在学术交流的各种不同类型中，朱子特别重视学术批评和学术教育，留下了不少相关论述。学术批评和学术教育都是朱子传播自己的思想体系、扩大影响力的重要手段，"捍卫真理的战士"和"思想的传播者"是朱子所有学术角色中最引人注目的，之所以能扮演好这样的角色，显然和朱子对学术批评与学术教育的自觉强调密切相关。

第一节 学术批评的基本原则

对他人进行学术上的批评，前提是自己已经形成了可信而稳固的思想体系，因此，朱子对学术批评最重要的要求，就是以"自立门户"为前提，在此基础上对其他学者提出意见。

一、"自立门户"与"箴药病痛"两者并重

学术批评首先要"立定门户"，其次要"随其病痛而箴药"，两者均不可或缺，而且均应直截了当：

第三章　学术交流的两种特殊类型：学术批评与学术教育

所录示二书甚善，但所谓不可以一说片言立定门户，则圣贤之教未尝不有一定之门户以示众人。至于逐人分上各随其病痛而箴药之，则又自有曲折，然亦分明直截，无所隐秘回互，令人理会不得也。（《文集》51-27：答曹立之）

要对某些人、某些学说作出批评，自己的学养先要到一定的程度，不可轻易从事：

《知言》之书用意精切，但其气象急迫，终少和平，又数大节目亦皆差误。……顷与钦夫、伯恭论之甚详，亦皆有反复，虽有小小未合，然其大概亦略同矣。文字颇多，未能写去，又有掎摭前辈之嫌，亦不欲其流传也。然此等文字且未须看，俟自家于《论》《孟》诸经平易明白处，见得分明无疑，然后可以逐一考究，判其是否，固未可尽以为是，亦未易轻以为非也。（《文集》35-12：答刘子澄）

自己程度达不到，胡乱批评，就很有问题：

伏承示谕《太极》《西铭》之失，备悉指意。然二书之说，从前不敢轻议，非是从人脚根、依他门户，却是反复看来道理实是如此，别未有开口处，所以信之不疑，而妄以己见辄为之说，正恐未能尽发其奥而反以累之，岂敢自谓有扶掖之功哉。今详来教及省从前所论，却恐长者从初便忽其言，不曾致思，只以自家所见道理为是，不知却原来未到他地位，而便以己见轻肆抵排也。（《文集》36-3：答陆子美）

邵氏先天之说，以鄙见窥之，如井蛙之议沧海，而高明直以不知而作斥之，则小大之不同量，有不可同年而语者。……况其高深阀阔，精密微妙，又有非熹之所能言者。今不之察，而遽以不知而作诋之，熹恐后之议今，犹今之议昔，是以窃为门下惜之，而不自知其言之

僭易也。(《文集》37-25：答林黄中)

张元德训道为行,固为疏阔,子约非之是也。然其所说行字亦不为全无来历,今不就此与之剖析,而别引程子冲漠气象者以告之,故觉得有堕于窈冥恍惚之病。而所以破其说者,又似彼东我西,不相领略。此乃吾之所见自未透彻,未免臆度笼罩而强言之,所以支离浮泛,而不能有所发明也。(《文集》48-12：答吕子约)

元德所说之病,前书尽之,如来喻之云,却攻他不着,恐是只见自家底是,于鄙论却未深考也。(《文集》48-13：答吕子约)

《遗书》说释氏有直内无方外者,是游定夫所记,恐有差误。《东见录》中别有一段,说既无方外则其直内者岂有是也,语意始圆,可细考之。未可如此逞快,率然批判也。(《文集》53-47：答胡季随)

即便不是批评,而是支持或者维护对方,也要自己先有正确的见解：

幸深思之,且以自己分上明理致知为急,不须汲汲以救护前辈为事。盖其言之得失,白黑判然,已不可掩,救之无及,又况自家身心义理不曾分明,正如方在水中,未能自拔,又何暇救他人之溺乎?(《文集》48-11：答吕子约)

讨论中要勇于承认错误,不可为自己找理由开脱：

再辱垂谕,具悉尊旨,然细观本末,初无所争,只因武陵旧图仁义两字偶失照管,致有交互,其失甚微。后来既觉仁字去西北方不得,义字去东南方不得,即当就此分明改正,便无一事。顾乃护其所短,而欲多方作计,移换阴阳刚柔四字以尽其失,所以竞辨纷纭,以至于今而不能定也。……是则非惟不足以救旧图一时之失,而其耻过作非,故为穿凿之咎,反有甚于前日者,窃恐高明于此急于求胜,未及深

致思也。(《文集》38-7：答袁机仲)

所喻已悉，但所谓语句偶尔而实却不然者，只此分疏便是旧病未除。所谓诚于中形于外此，又何可讳耶？(《文集》53-26：答刘季章)

二、"拔本塞源"，推至其极

要达到"箴药病痛"的效果，学术批评一定要秉公而行，不可徇情，一定要"拔本塞源"，推至其极，不仅要考虑动机，还要考虑结果，朱子曾于与汪应辰论苏轼之学与王安石之学之危害时，引《尚书》及《孟子》语，畅发此论。虽是评价历史上的学说，不是当代学者之间的辩论，但对学术交流而言有普遍性的意义：

《书》曰："天讨有罪，五刑五用哉。"此刑法之本意也，若天理不明，无所准则，而屑屑焉惟原情之为务，则无乃徇情废法，而纵恶以启奸乎？杨朱学为义者也而偏于为我，墨翟学为仁者也而流于兼爱，本其设心，岂有邪哉，皆以善而为之耳，特于本原之际微有毫厘之差，是以孟子推言其祸，以为无父无君而陷于禽兽，辞而辟之，不少假借。孟子亦岂不原其情，而过为是刻核之论哉？诚以其贼天理害人心于几微之间，使人陷溺而不自知，非若刑名狙诈之术，其祸浅切而易见也。是以拔本塞源，不得不如是之力。《书》曰："予畏上帝，不敢不正。"又曰："予弗顺天，厥罪惟均。"孟子之心亦若是而已尔。以此论之，今日之事，王氏仅足为申韩仪衍，而苏氏学不正而言成理，又非杨墨之比。愚恐孟子复生，则其取舍先后必将有在，而非如来教之云也。区区僭越，辨论不置。非敢自谓工诃古人而取必于然诺，实以为古人致知格物之学有在于是，既以求益，而亦意其未必无补于高明也。(《文集》30-5：答汪尚书)

学术批评不可有"依违",要防微杜渐。朱子与吕祖谦讨论儒释之辨问题时对此有过论述:

> 儒释之辨诚如所喻,盖正所当极论明辨处,若小有依违,便是阴有党助之意,使人不能不致疑。而不知者遂以迷于向背,非小病也。自今切望留意于此,岂可退托以废任道之实,幸其衰熄而忽防微之戒哉!(《文集》33-49:答吕伯恭)

三、学术批评应当"平允""宽宏"

批评不可过分,一定要"平允""宽宏",不可"刻核过当",朱子在与张栻讨论秦汉诸儒之学问题时提出过这一点。同样,对于一般的学术交流,也有普遍的意义:

> 秦汉诸儒,解释文义虽未尽当,然所得亦多,今且就分数多处论之,则以为得其言而不得其意,与夺之际似已平允。若更于此一向刻核过当,却恐意思迫窄而议论偏颇,反不足以服彼之心,如向来所论《知言》不当言释氏欲仁之病矣。大率议论要得气象宽宏,而其中自有精密透漏不得处,方有余味。如《易传序》中说秦汉以来儒者之弊,及令人看王弼、胡安定、王介甫《易》之类,亦可见矣。(《文集》31-9:答张敬夫)

> 钦夫屡得书,有少反复,……渠所论如云《论》《孟》序中不当言汉儒得其言而不得其意,盖汉儒虽言亦不得也,不知择之以为如何?某则绝不爱此等说话,前辈议论气象宽宏,而其中自有截然不容透漏处,岂若是之迫切耶?(《别集》6-7:林择之)

与吕祖谦讨论历史人物评价时,也有过类似的说法,指出不可有伤

第三章 学术交流的两种特殊类型：学术批评与学术教育

"浑厚之气"：

> 其曰"区区浚之"者，又恐卑之已甚，有伤上文浑厚之气，如马伏波之论杜季良也。兼此役本为发明先朝劝学之意，初不专为浚之，今但得多说此边意思出来，而略带续其风声之意，则事理自明，不必如此骂破也。(《文集》34-31：与东莱论白鹿书院记)

朱子对自己的学术批评也有过这样的总结：

> 《知言》之书用意精切，但其气象急迫，终少和平，又数大节目亦皆差误。……顷与钦夫、伯恭论之甚详，亦皆有反复，虽有小小未合，然其大概亦略同矣。文字颇多，未能写去，又有掎摭前辈之嫌，亦不欲其流传也(《文集》35-12：答刘子澄)
>
> 《知言》中议论多病，近疏所疑，与敬夫、伯恭议论，有小往复。文多，未能录寄，亦惧颇有摭掎前辈之嫌。(《文集》39-68：答范伯崇)
>
> 来书所喻程门议论，鄙意正谓如此此，《或问》之书所为作也。但掎摭前贤，深负不题之罪耳。(《文集》47-18：答吕子约)

朱子曾批评陆子静有此问题：

> 熹谓天下之理有是有非，正学者所当明辨。或者之说诚为未当，然凡辨论者，亦须平心和气，仔细消详，反复商量，务求实是，乃有归著。如不能然，而但于匆遽急迫之中肆支蔓躁率之词，以逞其忿怼不平之气，则恐反不若或者之言安静和平，宽洪悠久，犹有君子长者之遗意也。(《文集》36-11：答陆子静)

朱子强调，即如孟子之辟杨墨，亦非"因激增怒"，而是分内之事：

75

注中改字,两说皆有之。盖其初正是失于契勘凡例,后来却因汪丈之说,更欲正名以破其惑耳。然谓之因激增怒则不可,且如孟子平时论杨墨,亦平平耳,及公都子一为好辩之问,则遂极言之以至于禽兽。盖彼之惑既愈深,则此之辩当愈力,其禽纵低昂自有准则,盖亦不期然而然。然禽兽之云,乃其分内,非因激而增之也。(《文集》33-4:答吕伯恭)

四、措辞因人而异

进行学术批评时,要注意正确的态度。一般的讲,比较直白的学术批评应当是针对较为熟悉的人的,对于比较陌生的人,应当客气一些:

昨承寄示赵仓《易》《论语》说,足浣愁疾。……昨于乾坤二卦略记所疑之一二,今谩录呈,幸为详之,试因话次以盛意扣之,看有何说,却以见报。熹与之未相识,不欲遽相辩难,千万不必云熹所说也。《论语》说有意古人为己之学,意亦甚正,但觉看得张无垢文字太熟,用意太切,立说太高,反致失却圣人本指处,多今亦未欲遽论。二说谩往,并烦扣之,亦勿云熹所寄也。(《文集》45-2:答虞士朋)

但既然是学术交流,就要以真理为上,不能太顾及表面上的礼貌。朱子某次批驳别人的问目,曾经这样说:

昨齐仲寄疑义来,乃不知是石丞者,妄意批凿,非所施于素昧平生之人。然渠既以此道相期,必不相怪,但在熹有僭率之咎耳。(《文集》39-7:答柯国材)

也曾直言不讳指出对方缺点,并请对方体谅自己的苦心:

今观来喻,似于义理未有实见而强言之,所以谈经则多出于新奇,立意则或流于偏荡,而辞气之间又觉其无温厚和平、敛退笃实之意。是固未论其说之是非,而此数端者已可疑矣。……若熹之愚,无以及此,然荷不鄙,不敢不尽其愚,而又不敢摘一辞之未达、一义之未安,以浼高明之听也。区区拙直,言不能文,恕其僭率,千万之幸。(《文集》59-35:答吴仲耾)

朱子也希望对方不要过于礼貌,还是要进行实质性的学术交流:

跧伏之踪,未由承教于前,徒切叹仰。傥不弃外,时得惠音,以鞭策之,实为万幸。而来教之云,倒置已甚,读之愧汗踧踖,不知所以自容。万望矜察,自此书来,存访死生之外,削去虚文,直以道义启告诱掖,此真区区所望于门下者。鄙怀倥倥,亦得无所惭惮而悉布之,以求药石之诲,不审尊意能容而听之否。(《文集》38-26:答薛士龙)

熹迟钝之资,总角闻道,终躬求之,未有得也。贤者误听,以为可与言者,诲谕详悉,皆非熹所敢当也。(《文集》59-35:答吴仲耾)

朱子甚至专门就别人对他的称呼提出过意见:

石丈惠书,以"夫子"见谓。详此二字,古人用之本非尊称,……然以孔门弟子称仲尼以此,故后之人往往避其号。盖不惟不敢使人以是加诸己,亦不敢以是加诸人也。熹初通书,不欲纷纭及此,幸为一言,继此惠音,削去二字,乃所愿望,不然不敢拜而受也。告为深陈之,至恳至恳。且既以道相知,凡百礼文之过其宜者,恐亦有可刊落者,得并及之,幸甚幸甚。(《文集》39-19:答许顺之)

但必要的礼貌也是不可缺少的:

> 而向来讲论之际,见诸贤往往皆有立我自是之意,厉色忿词,如对仇敌,无复长少之节、礼逊之容,盖常窃笑,以为正使真是仇敌,亦何至此?但观诸贤之气方盛,未可遽以片辞取信,因默不言,至今常不满也。今因来喻辄复陈之,不审明者以为如何耳?(《文集》54-5:答诸葛诚之)

> 至于《易》之说,又别是一事。……此等若理会不得,亦未妨事,且阙所疑而徐思之,不当便如此咆哮无礼也。(《文集》58-25:答徐子融)

五、"尽彼此之情"

之所以对态度问题如此强调,是因为在朱子看来,只有端正态度,才能让双方都亮明观点,并能互相了解对方的意见,此事关系颇大:

> 录示子纳往还书,如所谓"五气之盛衰,犹足为义理之消长",亦是前辈自有此说,今所援引,乃是举轻以明重,无不可者,不知子约何所疑也。恐是不曾仔细看上下文,便只就此两句上论得失。讲论最怕如此,不尽彼此之情,而虚为是譊譊也。(《文集》52-22:答吴伯丰)

> 天地虽大,要是有形之物,其与人物之生,虽有先后,然以形而上下分之,则方君之言亦未大失也。而长孺亦非之,过矣大。抵长孺之性失于太快,故多不尽彼此之情,而语气粗率,无和平温厚之意,此又非但言语枝叶之小病也。……知方君流动发生之端为非,而不自知仁义礼智为四端之失,何其工于知人而拙于察己耶。……凡此更当深玩而徐究析之,未可容易轻肆排抵也。(《文集》52-30:答汪长孺)

朱子特别指出,批评时一定要注意弄明白对方的意思究竟是什么,不能把自己的理解强加到对方头上：

> 前书示谕《太极》《西铭》之说，反复详尽，然此恐未必生于气习之偏，但是急迫看人文字，未及尽彼之情而欲遽申己意，是以轻于立论，徒为多说，而未必果当于理尔。且如《太极》之说，熹谓周先生之意，恐学者错认太极别为一物，故著无极二字以明之，此是推原前贤立言之本意，所以不厌重复，盖有深指。而来谕便谓熹以太极下同一物，是则非惟不尽周先生之妙旨，而于熹之浅陋妄说亦未察其情矣。……熹之愚陋，窃愿尊兄更于二家之言少赐反复，宽心游意，必使于其所说如出于吾之所为者而无纤芥之疑，然后可以发言立论而断其可否，则其为辨也不烦，而理之所在无不得矣。若一以急迫之意求之，则于察理已不能精，而于彼之情又不详尽，则徒为纷纷，而虽欲不差，不可得矣。然只此急迫，即是来谕所谓气质之弊，盖所论之差处虽不在此，然其所以差者则原于此而不可诬矣，不审尊意以为如何？（《文集》36－4：答陆子美）

> 所谕与令兄书辞费而理不明，今亦不记当时作何等语，或恐实有此病，承许条析见教，何幸如之，虚心以俟，幸因便见示。如有未安，却得细论，未可便似居士兄遽断来章也。（《文集》36－9：答陆子静）

> 所论《孟子》《大学》说正心处，不知敬仲如何说？可更扣之，须尽彼说，方可判断，未可更以己意障断他人话头也。（《文集》60－46：答潘子善）

六、"平心静气"

论辩往往流于意气之争，对问题的解决毫无益处，此时当平心静气：

> 来书引《书》云："有言逆于汝心，必求诸道。"此圣言也，敢不承

教。但以来书求之于道而未之见,但见其词义差舛,气象粗率,似与圣贤不甚相近,是以窃自安其浅陋之习闻,而未敢轻舍故步以追高明之独见耳。又记顷年尝有平心之说,而前书见谕曰:"甲与乙辨,方各自是其说,甲则曰愿乙平心也,乙亦曰愿甲平心也,平心之说恐难明白,不若据事论理可也。"此言美矣,然熹所谓平心者,非直使甲操乙之见、乙守甲之说也,亦非谓都不论事之是非也,但欲两家姑暂置其是己非彼之意,然后可以据事论理,而终得其是非之实。如谓治疑狱者当公其心,非谓便可改曲者为直,改直者为曲也,亦非谓都不问其曲直也,但不可先以己意之向背为主,然后可以审听两造之辞,旁求参伍之验,而终得其曲直之当耳。今以粗浅之心,挟忿怼之气,不肯暂置其是已非彼之私,而欲评义理之得失,则虽有判然如黑白之易见者,犹恐未免于误,况其差有在于毫厘之间者,又将谁使折其衷而能不谬也哉?(《文集》36-11:答陆子静)

若必欲便穷竟此说,亦请先罢穿凿己见,且更追思今日以前凡熹所说与德功不同者,并合两家,写作一处,仔细较量,考其是非,痛加辩诘,亦庶几有究竟处。不至如今日,只见一边,不相照应,而信口信笔,无有了期也。(《文集》44-58:答江德功)

方君第二说只解《易传》,意略有未当处,其他所论首尾相救,表里相资,所得为多。长孺率然攻之,而所以攻之之说,乃不能出乎方君之所言者。若因其说还以自攻,则亦不知所以自解矣。且方君之语意温厚详审,而长孺之词气轻易躁率,以此而论,则其得失又有在也。(《文集》52-30:答汪长孺)

所议可善处之,毋至过甚为佳,遽忘其怒而观理之是,非此前贤大公顺应之要法也。(《续集》2-102:答蔡季通)

此事关系匪浅,如做得不佳,会被异见者看笑话:

第三章 学术交流的两种特殊类型：学术批评与学术教育

> 平时与老兄讲论，常是不曾合杀，只被中间一句不合尊意，便蒙见怒，更不暇复论前语之是非，而一向且争闲气。所以老兄见教之美意，与区区献疑之诚恳，皆不见其有益，而反积为后日无穷之怨隙。所谓"忠告善道不可则止"者，岂若是乎？世衰道丧，吾党日孤，见自无事，不要似此寻事厮炒，使旁观指目，益为道学之病，乃是助彼自攻，古人所谓将斗而自断一手以求必胜者也。愿老兄自今或有异同之论，且耐烦息怒而极论理之是非，则理日益明，气日益和，虽使十反，极其纷挐，亦自无怨怼之挠矣。老兄见责不能受人尽言，而前后怨怼之词至于如此，请出两家之书付之识者，使其审订，则谁为不能受言者，必有在矣。王肃方于事上而好人佞己，此不絜矩之过也。愿更思之，下交浅劣，不胜至望。（《文集》45-18：答杨子直）

朱子曾表示自己很"耐烦"，并平心静气的解释对方的误解：

> 来书谯责不少置，不记前书云何，何所得罪，一味皇恐而已。……熹却自觉尚且耐烦，不至如老兄激发怨怼之深也。且如向来出川时所予书，无非怨怼之语，此非怨熹之词，想自记得。故窃疑之，以为士君子去就离合之际，不当如此，因答书中颇致宽解之词，未有相贬外处。如后来见教政事条目，其间亦有一二心未安处，故因笔自解，初非相贬外。不知今来所谓贬外，是指何语，恐实有之而熹不自觉者，即望一二疏示，容其改过，幸甚幸甚。（《文集》45-18：答杨子直）

对于某些朱子认为是大逆不道，令人难以接受的言论，朱子甚至怀疑是不是转述之人听错了：

> 别纸所示季章议论，殊不可晓。恐不至如此之谬，却是仲升听得

不分明,记得不仔细,语脉间转却他本意,不然,则真非吾之所敢知矣。(《文集》53－7:答刘仲升)

此足见朱子之宽容。

第二节 学术教育的基本原则

朱子一生,在教育事业上投入了极大的热情,也取得了很多成就,使他成为中国古代最著名、最成功的教育家之一。教育活动也是学术交流的一种,是发生在师生之间、长辈与晚辈之间的学术交流。朱子留下了不少关于他本人教育实践的论述,也多次评价其他人的教育活动。其中最有意义的,是他对张栻和吕祖谦的看法。

一、论张栻和吕祖谦的教育活动

朱子曾批评张栻"俯就太过""争先较捷",并指出不恰当的教育方式对双方都有害,而且最终将影响到儒学的整体发展:

> 建阳一二士人归自临安,云尝获奉教,亦录得数十段答问来,其间极有可疑处。虽所录或失本意,亦必有来历也。又有泛然之问,略不曾经思索,答之未竟而遽已更端者,亦皆一一酬酢。此非惟于彼无益,而在我者亦不中语默之节矣。又随问遽答,若与之争先较捷者,此其间岂无牵强草略处?流传谬误,为害不细。就令皆是,亦徒为口耳之资,程子所谓转使人薄者,盖虑此耳。元履尝疑学徒日众,非中都官守所宜,熹却不虑此,但恐来学者皆只是如此,而为教者俯就太过,略不审其所自,则悔吝讥弹将有所不免矣。况其流弊无穷,不止

为一时之害,道之兴丧,实将系焉,愿明者之熟虑之也。(《文集》31-5:答张敬夫)

长沙学者之病痛,张栻就负有重要责任:

岳麓学者渐多,其间亦有气质醇粹、志趣确实者,只是未知向方,往往骋空言而远实理,告语之责,敬夫不可辞也。(《文集》24-12:与曹晋叔)

朱子与吕祖谦通信,也多次讨论教育问题。朱子指出,收徒不妨从宽,但教育要严格:

谨严之诲,敬闻命矣。但以是心至者,无拒而不受之理,极知其间气质不无偏驳,然亦未尝不痛箴警之,庶几不负友朋之责。却闻门下多得文士之有时名者,其议论乖僻,流闻四方,大为学者心术之害,使人忧叹不自已,不知亦尝摘其邪伪否?久欲奉闻,复忘记,今辄布之,然其曲折,非面莫能究也。(《文集》33-3:答吕伯恭)

教育后学,虽然要因材施教,但也有共通的原则:

至于朋友,亦正自难得人。大抵气习已偏而志力不强,殊未有以慰人意者。门墙之下,渠亦有其人乎。诱接之道虽各不同,要是且令于平易明白处渐加功夫,时加警策而俟其自得,此为正法耳。(《文集》33-31:答吕伯恭)

关于读经与读史问题:

> 示喻令学者兼看经史,甚善甚善。此间来学者少,亦欲放此接之,但少通敏之姿,只看得一经或《论》《孟》,已无余力矣。所抄切己处,便中得数段见寄幸甚。然恐亦当令先于经书留意为佳,盖史书闹热,经书冷淡,后生心志未定,少有不偏向外去者,此亦当预防也,如何?(《文集》33-47:答吕伯恭)

二、对其他人教育方法的指点

除张栻和吕祖谦外,朱子也曾指点别人教育之道,有大原则上的,也有具体方法上的:

> 子春闻时相过,甚善。为学直是先要立本,文义却可且与说出正意,令其宽心玩味,未可便令考校同异、研究纤悉,恐其意思促迫,难得长进,将来见得大意,略举一二节目,渐次理会,盖未晚也。此是向来差误,今幸见得,却须勇革,不可苟避讥笑,却误人也。(《文集》46-48:答黄直卿)

> 训导后生,若说得是,当极有可自警省处,不会减人气力。若只如此支离,漫无统纪,则虽不教后生,亦只见得展转迷惑。无出头处也。(《文集》48-4:答吕子约)

> 示谕授学之意,甚善,但更须小作课程,责其精熟,乃为有益。若只似日前大餐长啜,贪多务速,即不济事耳。洒扫应对乃小子之学,今既失之于前矣,然既壮长,而专使用力于此,则恐亦无味而难入。须要有以使之内外本末两进而不偏,乃为佳耳。向见说书旁推曲说,蔓衍太多,此是大病。若是初学便遭如此缠绕,即展转迷暗,无复超脱之期矣。要当且令看得大意正当精约,则其趣味自长,不在如此支离多说也。(《文集》48-5:答吕子约)

> 《大学》解义平稳,但诸生听者须时时抽摘问难,审其听后果能反

第三章 学术交流的两种特殊类型：学术批评与学术教育

复寻绎与否。近觉讲学之功不在向前，只在退后，若非温故，不能知新。盖非惟不能知新，且并故者亦不记得，日用之间，便成相忘。虽欲不放其良心，不可得矣。此事切宜自警，并以提撕学者为佳。如其不然，则吕蓝田所谓无可讲者，真不虚矣。若得它就此得些滋味趣向，立得一个基址，即向后自住不得。若都茫然无本可据，徒然费人词说，久远成得甚事？切望于此留意，不须镌碑立名，只为一时观美，无益于人，邂逅或能生事也。（《文集》49-15：答王子合）

累书喻及教导曲折，甚善，此傅丞便来，虽不得书，傅亦具言近况，知人情颇相信，足以为喜。但更须自家勉力，使义理精通，践履牢实，足以应学者之求而服其心，则成己成物两无亏欠。如其不然，只靠些规矩赏罚以束缚之，则亦粗足以齐其外而已，究竟亦何益乎？科举文字固不可废，……莫若取三十年前浑厚纯正、明白俊伟之文，诵以为法，此亦正人心、作士气之一事也。（《文集》49-26：答陈肤仲）

讲说次第且如此亦得，但终是平日不曾做得工夫，今旋捏合，恐未必能有益耳。又有本不欲为而卒为之，本欲为而终不能为者，此皆规模不定、持守不固知验。凡事从今更宜审细，见得是当，便立定脚跟，断不移易，如此方立得事。若只如此轻易浮泛，终何所成，不但教导一事也。（《文集》49-27：答陈肤仲）

知教授里门，来学者众，甚善甚善。大抵今日后生辈以科举为急，不暇听人说好话，此是大病。须先与说破此病，令其安心俟命，然后可教。告以收拾身心，讨论义理，次第当有进耳。（《文集》49-42：答滕德章）

所示讲义，发明深切，远方学者得所未闻，计必有感动而兴起者。然此恐但可为初学一时之计，若一向只如此说，而不教以日用平常意思、涵养玩索工夫，即恐学者将此家常茶饭做个怪异奇特底事看了，日逐荒忙，陷于欲速助长、躁率自欺之病，久之茫然，无实可据，则又只学得一场大话，互相恐吓，而终无补于为己之实也。（《文集》53-

51：答高应朝）

示喻学校曲折，具悉雅志。今时教官能留意如此者，诚不易得，然更在勉其学业。虽未能深解义理，且得多读经史，博通古今亦是一事。不可只念时文，为目前苟简之计也。（《文集》54-60：答江孟良）

所喻乡党卒章疑义，此等处且当阙之，却于分明易晓、切于日用治心修己处反复玩味，深自省察，有不合处即痛加矫革，如此方是为己功夫，不可只于文字语言上着力也。彼中士子有来学者，可以此告之。（《文集》56-10：答曾泰之）

闻学中诸事渐有条理，尤以为喜。学校规矩虽不可无，亦不可专恃，须多得好朋友在其间表率，劝导使之有乡慕之意，则教者不劳而学者有益。今得择之复来，则可因之以招致其余矣。鄙意又恐更须招致得依本分、识道理、能作举业者三数辈，参错其间，使之诱进此一等后生，亦是一事。但此须缓缓仔细图之，恐其间有趋向不同，反能为害，则不济事也。顷年又见黄叔张在此作教官时，教小学生诵书，旬日一试，如答墨义然，立定分数，考察去留，似亦有益。试推此类，多为之途，以收拾教养之，则人情感悦当无扞格之患矣。（《文集》62-35：答常郑卿）

书社甚盛，以善及人而信从者，众亦非细事。可且勉力讲论，令其反己，着实用功为佳。然此外亦须防俗眼谗口横生浮议也。（《续集》1-60：答黄直卿）

知彼中学徒甚盛，学业外，亦须说令知有端的合用心处及工夫次第乃佳。徐、叶至此已久，终是脱去旧习未得。近日看得后生，且是教他依本子认得训诂文义分明为急，自此反复，不厌日久月深，自然心与理熟，有得力处。今人多是躐等妄作，诳误后生，辗转相欺，其实都晓不得也。（《续集》1-96：答黄直卿）

彼中学校如何，亦颇有士人否？闻南方风俗淳朴，不汲汲于进取，正当劝以读书讲学，开发其聪明，不当启以趋时干禄之技也。

(《别集》5-40：余景思)

林宰兴学之意如何？可尚可尚。但闻其非久受代，亦须得后人信得及乃佳。不然恐徒费力，而为主其事，亦难为进退耳。(《别集》6-7：林择之)

三、对自己教学现状的描述

朱子的精力主要放在如何做好教育工作上。他屡次指出从学于自己之人不足成就，感叹后继无人：

后生中亦有一二可教，其一已入陈君保社，其一度今岁当来此，然亦恐只堪自守，未必可大望，自余则更是难指望。此甚可虑，盖世俗啾喧，自其常态，正使能致焚坑之祸，亦何足道，却是自家这里无人接续，极为可忧耳。(《文集》35-17：答刘子澄)

近觉朋友读书多是苟简，未曾晓会得，便只如此打过。何况更要它更将已晓会得处反复玩味，言外别见新意，决是有所不能矣。以此理会文字，只是备礼，无一事做得到底，悠悠泛泛，半明半暗，都不成次第。如何得有一个半个发愤忘食，索性理会教十分透彻，少慰衰朽之望乎？(《文集》49-27：答陈肤仲)

此却有数士友相聚，然极难得可共学者。(《文集》56-44：答郑子上)

尤其是当朱子年老时，看重之人又多亡故，朱子曾感叹自己虽学有所成，但无人传承：

熹衰朽疾病，更无无疾痛之日，明年便七十矣，区区伪学，亦觉随分得力，但文字不能得了，恐为千载之恨耳。蔡季通、吕子约、吴伯丰

相继沦谢,深可伤叹。眼中朋友,未见有十分可望者,不知亚夫比来所进如何？(《文集》63-11：与晏亚夫)

有的时候,从学者的资质有差别是无可奈何的,朱子多次指出从学者不堪成材,而对某些人又比较看重：

此间今年朋友往来不定,讲学殊无头绪,甚思定之用意精密,不易得也。千万勉旃,以慰远怀。(《文集》54-74：答包定之)

所喻学业大概甚善,此间之约,诸人不见说著,次第不成头绪,但季通、韬仲说欲相约来后山,若得在彼,亦易相见,衰老之幸也。(《续集》1-42：答黄直卿)

此间朋友亦无甚进益,不知择之比来工夫如何？甚欲一见,而相去益远,无由会面,此情乡往,殆不自胜也。(《别集》6-7：林择之)

朱子又曾说过也有可成就之人,但又对通信之对象更为看重：

闲中时有朋友远来讲学,其间亦有一二可告语者。此道之传,庶几未至断绝,独恨相望之远,不得聚首尽情极论,以求真是之归,尚此恨恨耳。(《文集》53-45：答胡季随)

精舍有朋友十数人,讲学颇有趣。仲秉甚不易远来,看得文字亦好,但恨汉卿不同此会耳。(《文集》59-46：答辅汉卿)

学子虽然不争气,但汇聚共同的力量,或许也不是没有希望：

此间学者未有大段可分付者,然亦有一二,将来零星凑合,或可大家扶持也。(《文集》35-18：与刘子澄)

因此朱子尽量帮助学者进步,曾描述自己对学生的教育方案:

> 此亦有十数朋友,然极少得会看文字者,不免令熟看注解,以通念为先,而徐思其义,只寻正意,毋得支蔓,似方略有头绪,然却恐变秀才为学究,又不济事耳。(《文集》52-13:答吴伯丰)

> 此间亦有十数朋友往来讲学,前此多是看得文字不仔细,往往都不曾入心记得,所以不见曲折意味,久之遂至一时忘却。今不免且令熟看,若到一一记得牢固分明,则反复诵数之间,已粗得其意味矣,更能就此玩绎不置,不患不精熟也。(《文集》52-16:答吴伯丰)

> 此间朋友,只令专一自看一书,有疑问处,却与商量。似却不枉费功夫,然亦未见卓然可望者,殊可虑也。(《文集》53-9:答刘季章)

教育是一个伟大的事业,师生关系是纯洁的,绝不应当被利用为求托等不正当行为:

> 承书,知已为入都计,今想已到矣。但熹身在闲远,岂能为人宛转求馆求试?若能如此,则亲戚间如黄直卿辈当先为图得矣。兼平生为学,只学固穷守道一事,朋友所以远来相问,亦正为此。今若曲徇宜之之意,相为经营,则是生师之间去仁义而怀利以相接矣,岂相寻问学之本意耶?(《文集》54-64:答吴宜之)

四、论教育之难

朱子根据自己的经验,指出"接引学者大是难事":

> 诸谕一一具悉,比来同志虽不为无人,然更事既多,殊此道之孤,无可告语,居常郁,郁但每奉教喻,辄为心开目明耳。子澄所引马、范

出处,渠辈正坐立志不强而闻见驳杂,胸中似此等草木太多,每得一事可借以自便,即遂据之以为定论,所以缓急不得力耳。近来尤觉接引学者大是难事,盖不博则孤陋而无征,欲其博则又有此等驳杂之患。况其才质又有高下,皆非可以一格而例告之。自非在我者充足有余,而又深识几会,亦何易当此责耶?周君恨未之识,大率学者须更令广读经史,乃有可据之地,然又非先识得一个义理蹊径,则亦不能读,惟此处最为难耳。(《文集》32-2:答张敬夫)

精舍相聚不甚成条理,盖缘来有先后、人有少长、乡有南北、才有利钝,看文字者不看大意正脉,而却泥着零碎,错乱缠绕。(《续集》1-66:答黄直卿)

朱子曾反思自己教育活动的失误之处:

此中见有朋友数人,讲学其间,亦难得朴实头负荷得者。因思日前讲论,只是口说,不曾实体于身,故在己在人都不得力,今方欲与朋友说日用之间常切检点气习偏处、意欲萌处,与平日所讲相似与不相似,就此痛著工夫,庶几有益。(《文集》43-48:答林择之)

子余留此久,适熹病,不得朝夕相聚。又见渠长上,不欲痛下钤锤。后来自觉如此含糊,恐误朋友。方着力催攒功夫,则渠已有行日矣。其有尚宿留者,用新法课程,近日却颇长进。信乎小仁者大仁之贼,而无面目者乃长久人情也。(《文集》49-18:答王子合)

精舍闃然,时有一二,亦不能久,法器固不敢望,其能依人口说,着实读书者,亦自殊少,甚可叹也。间亦自思,此理人人有分,不应今日独如此难启发,恐亦是自家未有为人手段,无以副其远来之意,甚自愧惧耳。(《续集》3-12:答蔡季通)

有时也受身体等客观原因所限制:

> 此间亦有朋友数人往来讲学,但久病倦甚,无力应酬,无以副其远来之意。(《文集》56-48:答郑子上)

没有合适的师长是个大问题:

> 精舍春间有朋友数人,近多散去,仅存一二,未有精进可望者。亦缘无长上在彼,唱率功夫,殊无次第,诸友颇思董叔重也。(《文集》60-46:答潘子善)

> 精舍相聚不甚成条理,盖缘来有先后、人有少长、乡有南北、才有利钝,看文字者不看大意正脉,而却泥着零碎,错乱缠绕。病中每与之酬酢,辄添了三四分病,以此每念吴伯丰,未尝不怆然也。履之兄弟却差胜,若更加功,或恐可望耳。(《续集》1-66:答黄直卿)

五、论对自己儿孙的教育

除了教导学生,晚辈也需要教育。朱子曾送自己儿子求学于吕祖谦,为此在书信中讨论过教育之道:

> 儿子久欲遣去,以此扰扰未得行,谨令扣师席。此儿绝懒惰,既不知学,又不能随分刻苦作举子文。今不远千里以累高明,切望痛加鞭勒,俾稍知自厉。至于择交游,谨出入,尤望垂意警察。如其不可教,亦几早以见报,或便遣还为荷,千万勿以形迹为嫌也。(《文集》33-20:答吕伯恭)

朱子还曾送儿子受教于蔡季通,并提出具体的教育内容和方法:

> 两儿久欲遣去,因循至今,今熹亦欲过寒泉矣,谨令诣左右,告便

令入学,勿令游嬉废业为幸。大儿不儿令读时文,然观近年一种浅切文字殊不佳,须寻得数十年前文字,宽舒有议论者,与看为佳。虽不入时,无可奈何,要之,将来若能入场屋,得失又须有命,决不专在趋时也。……此儿读《左传》向毕,经书要处更令温绎为佳。韩欧曾苏之文滂沛明白者,拣数十篇,令写出,反复成诵尤善。庄荀之属皆未读,可更与兼善斟酌,度其缓急而授之也。此儿作文更无向背往来之势,自首至尾,一样数段,更看不得,可怪,望与镌之。小者尤难说,然只作小诗,无益,更量其材而诱之为幸。近来觉得稍胜往年,不知竟能少进否,可虑。(《文集》44-5:答蔡季通)

孙子则交由黄榦教导:

二孙切烦严教督之,闻外边搜罗鼎沸,如今便得解,亦不敢赴省,况于其他?只可着力学做好人,是自家本分事。平时所望于儿孙者不过如此,初不曾说要入太学、取科第也。(《续集》1-60:答黄直卿)

第三节　学术教育的主要形式：问答之道

朱子所生活的时代,教育者与受教者之间的交流,主要以问答形式出现。学生提出问题,师长回答问题,教育活动由此展开。朱子非常擅于用问答法启发学者。

一、鼓励别人向自己提出疑问

如果采用的是书信交流的方式,为了让别人顺利提问,朱子甚至细心指点对方寄信的方法:

观书或有所疑,因便疏示,闲时写得,便可旋寄德和处,此中时有便人往还也。(《别集》3-8:程允夫)

有疑问就要提出来:

今且置此勿论,而以所喻读《论》《孟》者言之,则所谓"不爱把来作口头说话,故不敢作问而堕于寡陋"者,岂亦不为愤郁不平之气所发耶?夫学者读书有疑而不能自决,故不得已而不能不问。今人无疑而饰问以资谈听者固不足道,然遂惩此而不问,则未知其果已洞然而无疑耶,抑有疑而耻自同于饰问,遂饮默以自愚,将未至乎有疑而不能问,遂发其愤闷,肆其忌刻,而托于不问以自欺也?若已洞然而无疑,则善矣,然非上智之资不能及。若不幸而仿佛于后两者之所,谓则吾恐其深有妨于进学,而大有害于养心也。(《文集》54-39:答路德章)

不知今见读何书,作何究索?……因书或有以见教,勿惮辞费,某亦不敢不尽愚也。(《别集》5-27:丁仲澄)

二、提出问题的困难性

朱子曾经指出,提出合适的问题不是一件简单的事:

示喻为学之难易及别纸所疑,足见好问之意,本欲一一答去,然熟观之,似未尝致思而泛然发问者,若此又率然奉答,窃恐只为口耳之资,而无益问学之实。今且请吾友只将所问数条自加研究,自设疑难,以吾心之安否验众理之是非,纵未全通,亦须可见大略,然后复以见喻,计其间当有不待问而决者矣。(《文集》39-42:答王近思)

示喻日用之间,或有所疑,而未必不善者,此固见善不明之过,当

汲汲于穷理。然所可惧者,则恐实有可疑而不知以为疑耳,此则尤当讲究体察也。(《文集》64-51:答吴深父)

提出问题进行讨论不可过于做作:

所示疑义已略看,端叔恭叔惠书,极感其意。但如此用功,鄙意不能无疑,要须把此事来做一平常事看,朴实头做将去,久之自然见效,不必如此大惊小怪,起模画样也。(《文集》43-36:答林择之)

提出问题不可草率:

《易》说则全然草率,不通点检,未敢奉报,告且仔细,未要如此容易立说,千万千万,至恳至恳。(《文集》44-52:答江德功)

所喻《易》《中庸》之说,足见用心之切,其间好处亦多。但圣贤之言意旨深远,仔细反复,十年二十年尚未见到一二分,岂可如此才方拨冗看得一过,便敢遽然立论?似此恐不但解释文义有所差错,且是气象轻浅,直与道理不相似。愿且放下此意思,将圣贤言语反复玩味,直是有不通处,方可权立疑义,与朋友商量,庶几稍存沉浸醲郁气象,所系实不轻也。(《文集》44-53:答江德功)

所喻《诗》序,既不曾习《诗》,何缘便理会得?只今且看四子书后所题,依其次序,用心讲究,入得门户,立得根本,然后熟读一经,仔细理会,有疑即思,不通方问,庶有进处。若只如此泛泛揭过,便容易生说,虽说得是,亦不济事,况全未有交涉乎?所说《易》传,恐亦方是见得皮肤。(《文集》55-4:答杨至之)

提问不可繁杂:

别纸两条,亦觉繁杂。(《文集》51-15:答黄子耕)

示及疑义,比旧益明洁矣,但尚有繁杂处。且就正经平白玩味,久当自见亲切处,自然直截简易也。(《文集》51-16:答黄子耕)

所示疑义已悉,第一条语气尤驳杂,未易遽言。(《文集》63-21:答周深父)

提问不可太宽泛:

所喻诸疑,固尝面论,若未能判然,莫若条陈所疑,章解而句辨之,当有所决,不可只如此泛论也。(《文集》54-52:答杨深父)

讲书须且着实自家理会,宽著意思,涵泳思索,方能有得。如今来所喻,亦须且自看有疑处,方好商量,若只如此泛问,不济事。(《文集》62-32:答傅敬子)

"燔窃谓先生教人,只是欲人持敬致知,克己以复其性,其间条目却是多端。"自做功夫看即自见得,不须如此泛问也。(《文集》62-45:答李敬子余国秀)

提问不可过于苦心孤诣:

所示疑义,各以所见附于左方矣。来喻甚精到,但思之过苦,恐心劳而生疾,析之太繁,恐气薄而少味,皆有害乎涵养践行之功耳。(《文集》63-4:答李继善)

提问要有条理:

前书下问之目,皆所当疑,但当自其近者以次询究,通其一而后及其二,则疑之释也有渐矣。若众难群疑,辐辏于胸中,仆惧其徒为此扰扰,而卒无开悟之日也。不识足下以为如何也？如有取焉,愿举其疑之近者一二条以告熹,请得以所闻为足下言之,而明者择焉。(《文集》64-52：答朱岑)

提问不应躐等,捡难的问：

有性无性之说,殊不可晓。当时方叔于此本自不曾理会,率然躐等,拣难底问。熹若照管得到,则于此自合不答,且只教他仔细熟读圣贤明白平易切实之言,就已分上依次第做功夫,方有益于彼,而我亦不为失言。(《文集》58-25：答徐子融)

疑问或意见不应当累积,有就进行讨论,否则多了就容易草率：

所示三条,悉已疏去,它未尽者,后便幸续寄示。旋得尤佳,多则拥并,恐看得草草也。(《文集》52-17：答吴伯丰)

如果问题比较多,但又不允许全部提出来,则应当选择比较重要的：

今此所寄,却得一观,恨读书少,未能有以上下其论,然亦有一二疑处,假开多事,便人行速,未暇一一奉扣,姑录一二,别纸奉呈,幸一一批报。(《文集》59-38：答吴斗南)

如有机会面论,反倒应该多准备些问题,这样见了面就能畅谈：

仲叔来此,前此在社仓宿食,相去差远,近方移来阁下,渠又告归。其人资性平和,看文字亦易晓,然似亦习成闲懒,离群之后,全不曾做得功夫,到此方讨册子看,便未有可商量处。……已向渠说,别

后惜取光阴须,看教满肚疑难,不能得相见,相见后三五日说不透,方是长进也。(《文集》35-20:与刘子澄)

知官闲颇得读书,不知做得何功夫,岁月如流,易得空过,彼中朋友书来多称德粹之贤,然鄙意所望者则不止此,愿更勉力,益加探讨之功,勿令异时相见无疑可问,乃所望耳。(《文集》49-34:答滕德粹)

提的问题不好,朱子都不愿回答,对方又来问,朱子干脆请弟子代为回答。朱子拒绝回答的原因,有生理上的,也有学理上的:

所问丧礼,久以病势侵迫,无复心情可以及此。又见所说皆已失其大体,而区区于其小节若随宜区处,则恐亦自失其正而陷于以礼许人之罪,故一向因循不能奉报。今又承专人以来,不免以属刘用之,令其条析其如别纸,又不知能行否也。(《文集》55-16:答李守约)

要注意"易言"之过:

又如"挟其性而遗之"以下种种怪说,尤为可笑。今亦不暇细辩,但请虚心静虑,详味此说,当自见得。如看未透,即且放下,就平易明白切实处玩索涵养,使心地虚明,久之须自见得。不须如此信口信意,驰骋空言,无益于己,而徒取易言之罪也。(《文集》58-25:答徐子融)

有的提问根本就是没必要的:

凡此之类,有本不须致疑者,但且虚心反复,当自见得不必如此横生辩难,枉费词说也。(《文集》59-50:答陈才卿)

> 墓祭不可考,……又坟墓非如古人之族葬,……此等不若随俗各祭之为便也,其他阙文数处,或是或否,皆非讲学之急务,况《集注》中又已有说甚明,自可观考,不必问也。(《文集》62-18:答王晋辅)

三、提问不当之原因

提问不当,不是小事,与对方读书之法上的失误直接相关,更大范围的讲,还牵扯到其为学之道及当时儒者整体学风的问题:

> 所须问目,窃谓不必如此。但取一书,从头逐段仔细理会,久之必自有疑有得。若平时泛泛,都不着实循序读书,未说义理不精,且是心绪支离,无个主宰处,与义理自不相亲,又无积累功夫参互考证,骤然理会一件两件,若是小小题目,则不足留心,择其大者,又有躐等之弊,终无浃洽之功,非区区所以望于尊兄者,故不敢承命浼闻。……近年与朋友商量,亦多以此告之,然未见有看得彻尾者,人情喜新厌常乃如此,甚可叹。(《文集》58-18:答王钦之)

> 示喻不省所谓,然不知贤者之所为学者,欲得之于己耶,欲见称于人耶?观此用心,灼见差误。请便就此推究来历,痛与扫除,乃为格物之实耳。不然此心外驰不自已,徒然诵说,恐无所益也。(《文集》58-21:答杨志仁)

> 所论为学之意,甚荷不鄙,但若果有所得,出言吐气便自不同,才见如此分疏解说,欲以自见其能而唯恐人之不信,便是实无所得,自明眼人观之,固不待其词之毕而有以识之矣。(《文集》60-30:答曾无疑)

> 向来见陆删定,所闻如何?若以为然,当用其言,专心致志,庶几可以有得,不当复引他说,以分其志。若有所疑,亦当且就此处商量,不当遽舍所受而远求也。东问西听,以致惶惑,徒资口耳,空长枝叶,

而无益于学问之实。(《文集》64-48：答李好古)

不会提出疑问，往往与读书方法有关：

向所示问目，看得路脉全未是，又多未晓此章之正意，而遽引他说以杂乎其间，展转相迷，彼此都晓不得，不济得事。且当依傍本文，逐句逐字解释文理，令其通透，见得古人说此话是此意了，更将来反复玩味，久之自有见处，不须如此比类也。(《文集》58-48：答张敬之)

所喻读书未能有疑，此初学之通患，盖缘平日读书只为科举之计，贪多务得，不暇仔细惯得意思。长时忙迫，凡看文字，不问精粗，一例只作如此涉猎。今当深以此事为戒，洗涤净尽，别立规模。……只如所论大学以正心诚意为本，此便是不仔细处，……其他……亦互有得失，但终是本领未正，未容轻议，便使一一剖析将去，亦恐未必有益。(《文集》58-34：答宋容之)

朱子还曾以读信之法提示此点：

所示易疑，恐规模未是，盖读书之法，须是从头至尾，逐句玩味，……看得都通透了，又却从头看此一段，令其首尾通贯。……若只如此匆匆检阅一过，便可随意穿凿、排布硬说，则不唯错会了经意，于己分上亦有何干涉耶。且如看此幅纸书，都不行头直下看至行尾，便只作旁行横读将去，成何文理？可试以此思之，其得失亦不难见也。(《文集》59-3：答林正卿)

对方问题提得好，朱子会明确指出来：

> 前书下询数条，类皆精当。(《文集》56-23：答方宾王)

不能提出疑问，是一种缺点，不可自恕，要反思自己的问题出在哪里：

> 辱书，知进学不倦之意，甚善甚善。但自以不能致疑，便谓贤于辩论而不能行者，似有临深为高、不求进益之病，亦未免为自画也。彼以空言生辩，我以实见致疑，自不相妨，固不当以似彼为嫌，而倦于探讨。亦不当一概视彼皆为空言，而逆料其全无实见也。颜子以能问不能、以多问寡，曷尝敢是己非人，而自安于不进之地哉？程先生说"于不疑处有疑方是长进"，此不可不深念也。知日诵四书，时时省察，此意甚善，但不知何故都无所疑。恐只是从头读过，不曾逐段思索玩味，所以不见疑处。若果如此，则不若且看一书，逐段思索，反复玩味，俟其毕而别换一书之为愈也。(《文集》59-20：答窦文卿)

四、回答问题的选择

什么样的问题值得回答，也有一定的评价标准，不是所有的问题都要回答的：

> 今观来喻，似于义理未有实见而强言之，所以谈经则多出于新奇，立意则或流于偏荡，而辞气之间又觉其无温厚和平、敛退笃实之意。是固未论其说之是非，而此数端者已可疑矣。……若熹之愚，无以及此，然荷不鄙，不敢不尽其愚，而又不敢摘一辞之未达、一义之未安，以浼高明之听也。区区拙直，言不能文，恕其僭率，千万之幸。(《文集》59-35：答吴仲批)
>
> 向来见陆删定，所闻如何？若以为然，当用其言，专心致志，庶几可以有得，不当复引他说，以分其志。若有所疑，亦当且就此处商量，

不当遽舍所受而远求也。东问西听,以致惶惑,徒资口耳,空长枝叶,而无益于学问之实。不愿贤者为之,是以有问而未敢对也。(《文集》64-48:答李好古)

朱子有时指出,只回答自己知道的:

乃蒙垂问见闻所及,又有以见高明之度不自贤智乃如此,尤以叹仰。苟有所怀,安敢不尽,顾实未有以塞访逮之勤耳。又承询及所知,别纸具禀,恨所识不多,未足以副好贤乐善之意也。(《续集》5-48:与林安抚)

但关键的、意义重大的,一定要明确指出:

示喻所以持守门户,不妄取予之意,甚慰所望。更冀勉旃,以承先训,地远无以致区区,此意不敢不尽也。(《文集》64-37:答吕绍先)

五、回答问题一定要谨慎

朱子曾总结自己的一些经验,不可误人:

伯恭不鄙下问,不敢不尽愚。但恐未是,更赖指摘,近日觉得向来胡说,多误却朋友,大以为惧。自此讲论,大须仔细,一字不可容易放过,庶得至当之归也。(《文集》31-3:答张敬夫)

回答问题一定要谨慎,如果是书信论学,在有必要、有条件的情况下,应当与人讨论后再回信:

> 前书所喻,思索皆甚精密,不敢草草奉报,尝遍以示诸来学者,使各以意条析之,近方略为刊订,欲因婺女便人转以寄呈。而临行适病,不能料理简书,令人检寻,不复可得,方以为挠,而后问适至,欲追思录寄,而心气衰弱,如堕渺茫,不复可得。今姑据所见,略具别纸,幸一观之,有所未安,却望报及。……所示诸说,皆详密,足见用功之深,其论天下无心外之物一条尤善。鄙意所未安者只此数处尔,诸人所辨虽不可见,然其大概具于此矣,或有未安,却望疏示。(《文集》56-22:答方宾王)

> "学者问曰,……大时答曰:所谓洒然冰释冻解,只是通透洒落之意。……"此一条尝以示诸朋友,有辅汉卿者下语云:"洒然冰解冻释,是功夫到后疑情剥落,知无不至处。……"此说甚善。(《文集》53-47:答胡季随)

在师生关系的问答之外,朱子也在回答同辈或上官的问题时,表现出了一些独特的原则和方法。朱子在回答别人关于盐法之事的提问时,就详细描述了自己回答问题的方法:

> 熹昨承垂示盐法利害,累日究观,窃以为适今之宜,莫便于此。及询诸乡人则其说不无同异,不敢不以闻。盖问之崇安之人,则比其旧费略有所省,无不以为便者;问之建阳之人,则云千金之产,今日买盐,所折不过千钱,而新法输钱半倍其旧,又须出钱买引盐食之,计引盐至建溪上流,比之今价亦不能甚贱,则其为利为害未可知也。两邑之数具之别纸,可见其实,又不知他邑如何尔。然熹窃谓法之大体,实已利便,盖强弱均敷,已宽下贫,应役之民便省赔费,又凡种种弊幸,皆无所自而作,固不可以轻变。但更须博尽众谋,多方措置,使输钱之数比旧稍轻,买盐之价比旧顿减,即公私两便,法可久行。……鄙见如此,未知当否,以下问之勤,不敢虚辱,既采民言,又竭愚虑,以称塞万分。狂妄之罪,尚冀高明矜而恕之,幸甚幸甚。(《文集》24-

5：答陈漕论盐法书）

回答边防问题时，也曾指出：

> 熹在远僻，不能深得利病之详，然得于传闻，参以简册所记载，窃以为此最当今边防之急务。而申军律、练士卒、备器械，抑又次之，皆不可不先事预谋以为之备。（《文集》24-11：与汪帅论屯田事）

要体会对方文字背后的内容，比如阅读别人的信时，要注意文字背后隐含的内容，不能只看表面：

> 长沙频得书，地远难得相见，此公疏快，书中不敢尽言，心之所忧亦微词以见。晦叔归，因托寄怀，想其亦乐闻之。但事有日生者，须推类以通之，则告者不费而闻者有深益耳。（《文集》33-36：答吕伯恭）

对方的观点不明确，自己要继续进行讨论时，不妨把对方的观点摆清楚：

> 来喻虽有是说而未详密，故为推之如此。……此亦以来书之说推之，而《说卦》之文适与象辞相为表里，亦可以见此图之出于文王也。（《文集》38-5：答袁机仲别幅）

> 此非本书之词，但以鄙意注解如此，庶览者之易晓耳。（《文集》38-10：答袁机仲）

否则会有答非所问的隐患：

> "学者问曰：《遗书》曰，学者所贵闻道，……大时答曰：……"执经而问者知为己，则所以闻道者不外乎此。不然则虽六经皆通，亦但为广闻

见而已。问者似有此意,然见得未分明,故说不出,答者之云,却似无干涉也。……"学者问曰,《遗书》曰:诚然后能敬,……大时答曰:……"敬是竦然如有所畏之意,诚是真实无妄之名,意思不同。……问者略见此意,而不能达之于言,答者却答不着。"学者曰,《乐记》曰,……大时答曰:……"此两条问者知其可疑,不易见得如此,但见得未明,不能发之于言耳。答者乃是不得其说而强言之,故其言粗横而无理。想见于心,亦必有自瞒不过处,只得如此撑拄将去也。(《文集》53-47:答胡季随)

朱子又曾详细说明上引胡氏答问之非,可见朱子体贴文意之仔细:

五峰云"昧天性感物而动",故问者云"五峰乃专以感物而动为昧天性",于五峰本说未见其异,答者乃责以反其语而失其旨。问者又疑《乐记》本文"感物而动"初无圣愚之别,与五峰语意不同,而答者但云观其下文明白如此,则知先贤之言不可易,而不言其所以明白而不可易者为如何。又谓《乐记》两句亦有何好,而不言其所以不好之故。及引程子四条,则又与问者所疑了无干涉,但欲以虚眩恐喝而下之,安得不谓之粗横无理而撑拄强说乎?……要之,此等处在季随诚有难言者,与其曲为辨说而益显其误,不若付其是非于公论而我无与焉为愈也。(《文集》53-47:答胡季随)

对方引用自己的著作有误,以致引起自己的误解,朱子明确指出:

此读《集注》遗下首句,故其下皆无文理。昨乍看之,亦自晓不得也,今添此句读之,自合见得分明矣。(《文集》61-13:答欧阳希逊)

朱子十分善于体贴对方书信中的微意,又如:

心犹镜也,但无尘垢之蔽,则本体自明,物来能照。今欲自识此心,是犹欲以镜自照而见夫镜也。既无此理,则非别以一心又识一心而何？后书所论"欲识端倪未免助长"者,得之矣,然犹曰"其体不可不识",似亦未离前日窠臼也。细看后书,已改识字为知字,又云心体之知,亦似已觉前弊,但未脱然耳。(《文集》49-12：答王子合)

六、如何处理自己所不能回答的问题

自己所不懂的,朱子不讳言,让对方再去向别人请教：

所询丧礼,别纸具禀,顾亦考未精,又适此数时扰扰,不及致思,恐未必是,更可转询知礼之士,庶不误耳。(《文集》43-9：答陈明仲)

自己已经讲了,别人再讲可能还有益处,就让此人再去找人请教：

所喻心说似未安,……来书所说自相矛盾处亦多,可更详之。令舅府判侍次尝及此否,试为质之,必有至当之说也。(《文集》44-20：答方伯谟)

自己不方便回答的,推荐人选让对方去交流：

所示诗文,疑问其间颇有曲折,俟黄兄归奉报。……其人辨博,多所该综,亦可款扣也。(《文集》61-25：答曾景建)

自己因病不能说详细的,让对方去问别人：

其余曲折,敬子、元思必能言,今日疾作,执笔甚艰,不容尽布。(《文集》63-4：答李继善)

第四章　学术交流的主要方式：面论和书信

从实际操作看，学术交流的方式主要有两种，一种是当面论学；另外一种是书信论学。朱子对两者同等重视，视不同情况，指出两者的优劣。

第一节　面论优于书信

书信往复也是学术讨论的一种形式，而且对于古代的学者来说，是非常重要的一种学术讨论的方式。因为见面需要机缘，捎话又不可靠，书信就成为必不可少的沟通手段。不过，一般来讲，朱子认为面论才是最好、最有效的学术讨论的方式。

一、面论独特的感受

当面论学的感受和价值，是书信所不能替代的，比如，关于陆九渊的讨论，朱子更愿意与人当面彻底的交流：

子静之病，恐未必是看人不看理，自是渠合下有些禅的意思，又是主张太过，须说我不是禅，而诸生错会了，故其流至此。……大抵两头三绪,东出西没,无提摄处,从上圣贤,无此样辙。方拟湖南,欲归途过之,再与仔细商订,偶复蹉跌,未知久远竟如何也。然其好处自不可掩覆,可敬服也。他时或约与俱诣见,相与剧论尤佳。俟寄书扣之,或是来春始可动也。(《文集》34-45:答吕伯恭)

又如与晚辈学者亦然:

仁里诸贤多得相处,但贤者与良仲、仁仲未得一见耳。或能相与一来,大幸,面见指说,殊胜书问往还也。(《文集》62-26:答杜贯道)

如果已经有条件当面论学,则没有必要非要将讨论的意见形诸文字:

所示疑义已略看,端叔恭叔惠书,极感其意。但如此用功,鄙意不能无疑,要须把此事来做一平常事看,朴实头做将去,久之自然见效,不必如此大惊小怪,起模画样也。且朋友相聚,逐日相见,晤语目击,为益已多,何必如此忉忉,动形纸笔,然后为讲学邪。如此非惟劳攘无益,且是气象不好,其流风之弊,将有不可胜言者,可试思之,非小故也。(《文集》43-36:答林择之)

所以就不难理解,朱子经常邀约各地学者进行面论:

近来不知所观何书,或有所见,因风笔示。若得乘此春暖,与吉父相约俱来,以践前约,岂胜幸甚。(《文集》61-29:答曾景建)

寒泉拜扫,须在后月五六后,事毕即上庐山,遣人相报,幸为一来。(《续集》2-115:答蔡季通)

二、不能面论的遗憾

如果暂时不能面论,朱子往往在书信中表示出遗憾之情。此类极多,略举部分说法,朱子表示遗憾之用语亦有所不同:

贱迹如此,又未有承晤之日,临风怳然。(《文集》33-20:答吕伯恭)

顾未有面论之日,兹为恨恨耳。(《文集》33-32:答吕伯恭)

近看《论》《孟》等书,尽更有平高就低处,恨未得从容而论耳。(《文集》34-7:答吕伯恭)

所欲言者非一,无由面论,徒增耿耿。(《文集》35-10:答刘子澄)

未由面论,临风耿耿。(《文集》46-20:答詹元善)

相去远,不得面论,书问间终说不尽,临风叹息而已。(《文集》47-27:答吕子约)

自分宁取道,应亦不远,但恨相望益远,衰晚沈痼,无复相见之期,此为恨耳。(《文集》51-24:答黄子耕)

极欲一见渠兄弟,更深究此,而未可得。向许此来,今贱迹既不定,想其闻此旱暵,又未必成来,深以为恨也。(《文集》51-27:答曹立之)

无由面论,临风耿耿。(《文集》54-3:答石应之)

道旁客舍,草草布此,言不尽意,恐有未安,更俟垂喻,有书只托吕子和发书至婺女,彼中时有便也。未由面讲,岂胜怅然。(《文集》56-19:答方宾王)

未知何时复得会面,所欲言者无穷,临书徒怅然也。(《文集》56-48:答郑子上)

草草布此,手痛复作,不能究所欲言,何时面谈,倒此胸臆,正远,唯千万自爱为祷。(《文集》59-38:答吴斗南)

未由面论,临风驰想,切几力学自爱。(《文集》60-18:答汪易直)

养正来辱书,乃闻阁中之疾未已,未能此来,殊以怅惘。(《续集》2-94:答蔡季通)

所怀万端,无由面论,但日来愈觉归思浩然,不可遏耳。(《别集》6-32:黄商伯)

因官期已到,而使得以后难以见面的遗憾:

官期遽满,当复西归,自此益相远,令人作恶也。(《文集》54-9:答项平父)

往岁辱访于湖寺,且以佳篇为赠,读之知所志之不凡,然恨去国匆匆,未得从容罄所怀也。(《文集》60-12:答杜叔高)

某代者已到,二十七日定交郡事,即略转山北,迤逦东归矣。脱此樊笼,欣快无量,但念相见未有近期,不能无怆恨耳。(《别集》6-56:黄商伯)

离得很近,却错失了见面论学的机会,朱子更加遗憾:

向曾上禀,迓夫到日借数人来,为相聚数日之计。今恐已热,难出入,又意此人已到,不能久留,而尊兄已就道久矣。或已到官,亦未可知。三四舍之远,阻隔不相闻如此,可为深恨也。(《文集》40-18:答何叔京)

不过也有特殊的时候,即使见不了面,朱子考虑的是更重大的问题:

熹衰病日益沈痼，数日来又加寒热之证，愈觉不可支吾，相见无期，亦势应尔，不足深念，犹恨党锢之祸，四海横流，而贤者从容其间，独未有以自明者，此则拙者他日视而不瞑之深忧也。(《文集》54-4：答石应之)

对方专程来见，自己因故未能见面，更是遗憾：

昨辱远访，深以不获一见为恨。(《文集》59-27：答李处谦)

自己有所进步，不能与对方面论分享，朱子十分遗憾：

熹病倦，不敢极力观书，闲中玩养，颇觉粗有进处。恨相去远，不得朝夕款聚。(《文集》50-35：答程正思)

《大学》之格物，《中庸》之明善，近日方亦看得亲切，恨相远，无由面论耳。(《文集》50-3：答潘文叔)

《大学》《中庸》近看得一过，旧说亦多草草，恨未得面论也。(《文集》52-15：答吴伯丰)

熹数年来有更定旧书数种，欲得面论而不可得。(《文集》56-6：答赵子钦)

不能面论而使对方进步，更是遗憾：

但相见无期，不得面讲，使平父尚不能无疑于当世诸儒之论，此为恨恨耳。(《文集》54-14：答项平父)

不能使双方都有进步，更加遗憾：

第四章　学术交流的主要方式：面论和书信

> 闻欲与二友俱来,而复不果,深以为恨。年来觉得日前为学不得要领,自做身主不起,反为文字夺却精神,不是小病,每一念之,惕然自惧,且为朋友忧之。而每得子约书,辄复恍然尤,不知所以为贤者谋也。……当时若得相聚一番,彼此极论,庶几或有判决之助,今又失此机会,极令人恨恨也(《文集》48-4:答吕子约)

自己的病痛,如果能得到朋友相助,当能有所改正,遗憾不能时时见面：

> 伤急不容耐之病,固亦自知其然,深以为苦,而未能革。若得伯恭朝夕相处,当得减损,但地远,不能数见为恨耳。(《文集》31-18：答张敬夫)

自己身体不好,可能见不了面了,自然遗憾：

> 区区乡往,盖不自胜,今岁适满六十,而衰病支离,无复四方之志,恐不复得遂既见之愿矣。兹辱惠书,三复感叹。(《文集》45-37：答李周翰)

对某些人很看重,但不能面论：

> 闲中时有朋友远来讲学,其间亦有一二可告语者。此道之传,庶几未至断绝,独恨相望之远,不得聚首尽情极论,以求真是之归,尚此恨恨耳。(《文集》53-45：答胡季随)
>
> 衰朽益甚,思与朋友反复讲论,而外事纷扰,不能如愿。如履之者又相去之远,不得早晚相见为恨。(《文集》59-28：答刘履之)
>
> 此间朋友亦无甚进益,不知择之比来工夫如何？甚欲一见,而相

111

去益远,无由会面,此情乡往,殆不自胜也。(《别集》6-7:林择之)

获知某人于某方面水平较高,但不得面论,朱子十分遗憾:

> 沙随程丈闻亦欲入闽,不知何时定成行也?闻其制度之学甚精,亦见其一二文字,恨未得面扣之耳。(《文集》50-35:答程正思)

> 承喻玩意《论》《孟》之书,尤觉有味,恨不得从容侍教于前也。……独念远去长者之侧,不得讲去所疑消释鄙吝为恨耳。(《别集》4-11:向伯元)

对于对方主动发起的学术交流,如果不能见面,则朱子的遗憾之情更加明显:

> 熹跧伏累年,不获以时候问作止,区区乡往,盖不自胜。今岁适满六十,而衰病支离,无复四方之志,恐不复得遂既见之愿矣。兹辱惠书,三复感叹。……然是非得失之间,正当精察而明辨。……无由面论,临书浩叹。(《文集》56-37:答李周翰)

> 熹与足下为同郡人,然彼此未相识面,而足下以书先之,此意厚矣。……无从面讲,临风怅然,异时因来,有以见语,千万甚望。(《文集》64-36:答程傅之)

而对方若能来,则朱子喜悦之情溢于言表:

> 熹杜门奉亲,日益孤陋,向风引领,不胜驰情。承许秋凉见过,何幸如之,而非所敢望也。(《文集》40-11:答何叔京)

> 承有枉顾之意,尤荷不鄙,若得会面,彼此倾倒,以判所疑,何幸如之。(《文集》60-36:答王才臣)

听说对方要来，朱子热切盼望：

> 闻欲相访，千万速来，所欲言者非一。(《续集》1-96：答黄直卿)

三、面论不尽兴的遗憾

朱子很珍惜见面论学的机会，虽曾见面，但未能尽兴，朱子当然也会觉得可惜：

> 去岁相见不款，未得尽所欲言，至今为恨耳。(《文集》38-39：答范文叔)
>
> 相见似无可说，别后又觉得有无限说话合商量，以此临风每深怀想耳。(《文集》39-33：答许顺之)
>
> 昨在郡，匆匆不能款曲，至今为恨耳。别纸疑义已悉奉答，亦恨向来不得面论也。(《文集》39-50：答王近思)
>
> 每念畴昔相与登临游从之乐，未尝不发于梦寐，然亦恨当时所以相切磋者犹有所未尽也。相望千里，何时复得从容反复如往时耶？(《文集》52-37：答李叔文)
>
> 而令弟仲方判院之来，又幸数得从容，开警虽多，然所未合者亦不少。熹既以乍到疾病，公私纷冗，而匆匆遽归之际，仲方亦不甚佳，遂不得竟其说，至今以为恨也。(《文集》59-35：答吴仲玭)
>
> 往岁湖寺虽尝获一面，而病冗不能款扣余论，后乃得见廷对之文，切中时病，深以叹服，益恨相去之远，不得会聚以讲所闻也。(《文集》60-4：答周南仲)
>
> 一出又半月，临出城，值石宰与顺之、择之更一二朋友来，遂留北岩两日，同途至建阳而别。匆匆急欲归奉祀事，故不及遣人相报。然数日相聚，亦苦人多，不得仔细讲论，未觉有深益也。(《续集》2-

115：答蔡季通）

　　昨承载酒访别，情谊缱绻，岂胜感叹。恨坐远，不得款承余论，而遽为数千里之别也。今晚或来早即行，无由诣违，亦不及一见东溪先生，重以怅惘，又不敢拜简以勤诲答也。（《别集》5-26：刘德修）

　　相去既远，难得相聚，相聚往往又不能尽所怀，别后令人常有耿耿不满之意。（《别集》6-11：林择之）

　　白鹿知亦尝一到，甚善甚善。每念畴昔相与登临游从之乐，未尝不发于梦寐。然亦恨当时所以相切磋者，犹有所未尽也。（《文集》52-37：答李叔文）（《别集》6-77：叶永卿、吴唐卿、周得之、李深子）

很看重对方，但面论未能尽兴，以后见面又难，朱子的叹惜之情更甚：

　　汉卿身在都城俗学声利场中，而能闭门自守，味众人之所不味，虽向来金华同门之士，亦鲜有见其比者，区区之心实相爱重，但恨前日相见不款，今又相去之远，无由面讲，以尽鄙意，更几勉力，卒究大业。（《文集》59-40：答辅汉卿）

　　相去既远，难得相聚。相聚往往又不能尽所怀，别后令人常有耿耿不满之意，后会不知复在何时。又不知便得相见，果能彼此廓然无许多遮障隔碍否？它人固难语此，而于择之犹不能无遗恨，不知择之又自以为如何也？（《别集》6-11：林择之）

　　某未闻道学之懿，兹幸获奉余论，所恨匆匆别去，彼此之怀皆若有未既者。然警切之诲，佩服不敢忘也。（《遗集》2-17：与陆子静）

对方与某人见面，论学未能尽兴，朱子也会表示遗憾：

　　季通远役，深荷暖热之意，今想已到地头矣。其所论律历尤精诣，恨与贤者相聚不久，未极其底蕴也。（《文集》61-27：答曾景建）

四、不能共同面论的遗憾

对方与别人可以当面论学,而不能与自己见面,此时朱子会明确表示羡慕之情:

> 伯崇兄不及别上状,想且留屏山,比日读何书,讲论切磋之益,想不但文字间也。(《文集》24-6:答刘平甫书)
>
> 戴陈二生趣向文辞皆可观,固知其所自矣。有友如此,足以辅仁,敢以为足下贺,而仆亦将有赖焉。斋居无事,宜有暇日,以时过我,幸得讲以所闻,而非所敢望也。(《文集》39-6:答柯国材)
>
> 闻前日谈天甚快,恨不参听其旁耳。(《续集》2-66:答蔡季通)
>
> 承谕叔度、子约相从之乐,恨不能从容其间,日闻切磋之益,以自警励也。(《遗集》2-56:答石天民书)

对方的讲学盛况,朱子也以不能亲见为憾:

> 闻象山辟架凿之功盖有绪,来学者亦甚众,恨不得一至其间,观奇览胜。(《遗集》3-1:与陆子静)

即使听闻别人学术交流的盛况,朱子也会表示欣喜:

> 示喻为学之意,益以精专,而兄弟相勉,见于诗什,深慰老怀。又知更有苏、范诸贤相与切磋,尤以为喜。(《文集》58-33:答宋深之)

这种情况下朱子可能会去信,希望对方能以书信的形式介绍面论的情形:

常德一书烦达之,想日相聚,所讲论当益有绪,因便示一二为幸。(《文集》44-27:与方伯谟)

入城曾见吕子约、程允夫、许、刘诸人否?有所讲论否?此庐陵刘丞去,必便有的便回来,幸附数字,详及近况与为学次第、讲论异同,慰此驰想也。(《文集》52-16:答吴伯丰)

吴掾亦闻其人,相处有何议论邪?(《文集》62-36:答李晦叔)

自己和与对方相熟之人当面论学,朱子此时会遗憾对方不在:

正叔、子融相聚累日,多得讲论,甚恨才卿独不在此也。(《文集》59-63:答陈才卿)

自己与对方相识之人得以见面,但所论不合,有所不满,对对方有所期望,所以希望见面:

季宏之来,只是要求跋尾,全然不曾讲学,却须曾理会作文。大率彼间士人多是如此,乡外走作,不曾乡里思量,论其渊源,盖有不得不任其责者矣,甚可叹也。因其告归,附此为报,熹衰病沈痼,腹心之患已成,尚思更与朋友讲论此事,少革流弊,以垂永久。贤者无事,更能见过,相聚旬月,是所望也。(《文集》60-35:答曾择之)

五、书信论学的局限性

朱子对面论如此重视,关键原因是很多问题书信往来根本解决不了,必须面论才有可能解决:

昨夕坐间蒙出示广文公书,似未见察者,聊陈其一二。……李君

书与熹前所为札并封纳呈,他尚容面究。(《文集》24-3：答陈宰书)

和议已决,邪说横流,非一苇可杭。……诸非笔札可尽。(24-8：与魏元履书)

却闻门下多得文士之有时名者,其议论乖僻,流闻四方,大为学者心术之害,使人忧叹不自已,不知亦尝摘其邪伪否？久欲奉闻,复忘记,今辄布之,然其曲折,非面莫能究也。(《文集》33-3：答吕伯恭)

旧学虽不敢废,然章句诵说之间,亦未见一安稳处,所欲相与讲评反复者,非书札所能寄也。(《文集》33-15：答吕伯恭)

《中庸》解固不能无谬误,更望细加考订,来春面叩,以尽鄙怀也。叔度云欲传录,此非所爱者,况在同志,何所不可,但恐未成之书,若缘此流布,不能不误人耳,已书恳其且俟相见商榷之后,度可传则传之,亦未为晚也。(《文集》33-38：答吕伯恭)

然老兄宿逋已尽偿,又有菜饭可吃,又已穿圹买棺,可谓了事快活人。如仆则债未尽偿,食米不足,将来不免永作祠官,方免沟壑。俭德亦方用力,但惜乎其已晚耳。有意入闽相见,甚善。熹固衰惫,意老兄未至此。然观来书,说得亦可畏,诚不可不谋一再会合,但恐诸公迫于公议,有不得已而相挽者,或能败此约耳。(《文集》35-17：答刘子澄)

近觉向来为学实有向外浮泛之弊,不惟自误,而误人亦不少,方别寻得一头绪,似差简约端的,始知文字言语之外,真别有用心处,恨未得面论也。(《文集》35-22：与刘子澄)

所幸迩来日用功夫颇觉有力,无复向来支离之病,甚恨未得从容面论,未知异时相见,尚复有异同否耳。(《文集》36-7：答陆子静)

此事不比寻常小小文义异同,恨相去远,无由面论,徒增耿耿耳。(《文集》36-8：答陆子静)

《敬斋记》所论极切当,近方表里看得无疑,……若如所疑,即三纲五常都无顿处,九经三史皆为剩语矣,此正是顺之从来一个窠臼,何故至今出脱不得。……此事所差毫厘,便有千里之谬,非书札所能尽。切在细思,会当有契耳。(《文集》39-29:答许顺之)

所论操舍存亡之说,大概得之,然有未分明处,须他日面论也。(《文集》39-29:答许顺之)

大抵吾友明勉有,余而少持重韬晦气象,此是大病。今秋若与荐送,能迂道一见过,幸幸,所怀当面布之,乃可尽耳。(《文集》39-44:答王近思)

所论已悉,《洪范》说未暇细看,此间相去不远,不知能略见访相聚数日否。此事须款曲讲论,方见意味,非文字言语可寄也。(《文集》39-48:答王近思)

琴中旋宫一事,……《参同》之说,……自从别后,此等事更无商量处,剧令人愦愦,今此病中,又百事不敢思量,未知异时贤者之归,得复相见论此否耳。(《文集》44-13:答蔡季通)

又论今昔用功之异,此固晓然,但不知今日之有、昔日之无,是同是别,是相妨是不相妨,更须他日款曲面论,今未敢悬断可否也。二铭意甚佳,然亦皆有未安处,如"天理既循人欲自克""彼已既融万物同体"等语,亦当俟面讲之。(《文集》44-53:答江德功)

陈肤仲近得书,云欲旦夕过此,此等人未欠讲论,却是欠收敛,此又是别一个话头,要之须面论乃究耳。(《文集》46-27:答潘叔度)

程子说易字,皆为《易》之书而言,故其说如此,但鄙意似觉未安。盖易与天地准,故能弥纶天地之道,此固指书而言。自仰观俯察以下,须是有人始得,盖圣人因《易》之书而穷理尽性之事也。近读此书,方见得一端绪,非面论不能既也。(《文集》47-10:答吕子约)

向示心说,初看颇合鄙意,细观乃复有疑。亦尝窃与朋友论之,而未及奉报。今得所论,益知向所疑者之不谬也。……近与一朋友论此,录以奉呈,幸试思之,复以见告。昨日得钦夫书亦论此,于鄙意

第四章　学术交流的主要方式：面论和书信 <<<

亦尚有未尽者。异时相见面论之,笔札不能既其曲折也。(《文集》47-16：答吕子约)

所论易是圣人模写阴阳造化,此说甚善,但恐于尽其言处未免多著道理,说煞了耳,此非面论未易究。(《文集》48-6：答吕子约)

别纸所论甚悉,如此讲论,愈觉支离,势须异时面见,口讲指画,乃可究见底蕴,今且当就理义分明处理会,令径路滑熟,庶于上达处有可渐进之阶耳。(《文集》49-8：答王子合)

告子生之谓性,《集注》虽改,细看终未分明,近日再改一过,此处觉得尚未有言语解析得出,更俟款曲细看,他时相见,却得面论。(《文集》50-41：答程正思)

学问大头绪固要商量,而似此枝节合理会者亦不少,未得面论,徒增耿耿。(《文集》53-38：答胡季随)

所喻读书次第甚善,但近世学者,务反求者便以博观为外驰,务博观者又以内省为隘狭,……此学者之大病也。若谓尧舜以来所谓兢兢业业便只是读书程课,窃恐有一向外驰之病也。……无由面论,徒增耿耿耳。(《文集》54-10：答项平父)

究观底里,恐只是后世一种智力功名之心,虽强以圣贤经世之说文之,而规模气象与其所谓存神过化、上下同流者大不侔矣。若戊子年间所见果与圣贤不异,即其所发不应如此,以故鄙意于此尤有不能无疑者,未得面论,徒增耿耿耳。(《文集》54-35：答陈正己)

数日因人说琴,谩为考之,颇有条理,然不能琴,不识其声,但以文字求之,恐未必是,亦须面论。(《文集》55-15：答李守约)

所论"当论是非不当论平险"者,甚善,然是则必平正,缘不是,故有险耳。此说甚长,非幅纸可既也。(《文集》55-32：答包详道)

道旁客舍,草草布此,言不尽意,恐有未安,更俟垂喻。……未由面讲,岂胜怅然。(《文集》56-19：答方宾王)

所论律吕,恐看得未仔细,须作一图,……试更用此推之,当自晓

119

得,不然即须面论乃可通也。(《文集》58-1:答张仁叔)

若曰佛老之说众人亦知其非,岂以彼之明智而肯取以为用,此殆侏儒观优之论。今固未论有见于吾道者之如何,但读近岁所谓佛者之言,则知其原委之所在矣。此事可笑,非面见极谈,不能尽其底里。(《文集》59-76:答赵咏道)

故熹窃以为今日与其自辨以求合,枉费言语、枉费心力,不若一切放下,便依此说,且将《大学》《论语》反复熟读,而因程子之言与其门人数公之说,以求圣贤之旨意所在。句句而讲,字字而思,使无毫发不通透处,则自不须如此妄自拘束,强作主张也。无疑试更思之,恐或可信。则一两月间天气差暖,或能乘兴一来,面罄其说,庶几彼此殚尽,免至如此担阁,虚费光阴也。(《文集》60-30:答曾无疑)

至如祧庙一事,当时发言盈庭,多者累数千字,而无一言可以的当与介甫争是非者,但今人只见介甫所言便以为非,排介甫者便以为是,所以徒为竞辩,而不能使天下之论卒定于一也,此说甚长,非面论未易究。(《文集》62-4:答张元德)

近世诗人正缘不曾透得此关,而规规于近局,故其所就皆不满人意,无足深论。然就其中而论之,则又互有短长,……此说甚长,非书可究,他时或得面论,庶几可尽。(《文集》64-4:答巩仲至)

陈图亦未晓,来喻须面论乃究耳。(《续集》2-1:答蔡季通)

公晦之说极可笑,其曲折须面论。(《续集》3-27:答蔡伯静)

每承谆切之诲,若将挈而置诸圣贤之域。顾愚昧未知所以仰称期待教督之意,而又未得亲奉指画于前,其为向仰,不胜此心之拳拳。(《续集》6-6:答江隐君)

然窃以平生所闻于师友者验之,其大致规模不能有异,独于其间语夫进修节序之缓急先后,则或未同。……姑论其大概异同之端,以为求教之目,其他曲折不敢执着言语,以取再三之渎,要之非得面承,不能究此心之所欲言也。(《续集》6-7:答江隐君)

第四章 学术交流的主要方式：面论和书信

> 钦夫此数时常得书，论述甚多，……大抵近日议论，《语》《孟》解已见一二篇，虽无乡时过高之失，而宽纵草率，绝难点检，不知何故如此，无由相见，殊使人忧之。(《续集》8-16：答李伯谏)
>
> 然此事自古圣贤近代先觉言之已详，病在学者自立意见，别作一般主张耳。其详非面莫能究，顾所谓寡欲养心者其大端也，不识高明亦有意乎(《别集》4-1：刘共甫)
>
> 钦夫屡得书，有少反复议论，未及录去。其大概曲折亦非面未易布也，力行固不易，而讲论要得是当，亦复如此之难，可叹可惧。(《别集》6-7：林择之)
>
> 又印本多错误，恐难会了，无由面谈，聊发一笑。(《别集》6-66：杨伯起)

有时是因为问题太多，非面论不可：

> 鄙意与伯谏深欲季通一来，稍霁，便望命驾，有合商量事甚多，非书札所能办也。(《文集》44-5：答蔡季通)

朱子自己感觉到身体不好或要托付大事时，更是觉得书信作用有限，希望对方能前来：

> 无由面语，书札不得究所欲言，而衰晚疾病，恐不久在世间，或能早为命驾一来，使区区怀抱得以倾倒，而万一辱有取焉，亦非小因缘也。此间虽有士友数辈，然与之语，往往不能尽人意，一旦溘然，此事便无所寄，不得不为之虑耳。(《文集》56-7：答赵子钦)

朱子约弟子同修著作，而诸人不能来，自然遗憾：

礼书近方略成纲目,但疏义杂书中功夫尚多,不知余年能了此事否。当时若得时亨诸友在近相助,当亦汗青有期也。浙中朋友数人亦知首尾,亦苦不得相聚。(《文集》61-16：答严时亨)

对方议论精当,朱子在回复其所问问题后,觉得要是能面论,则能探讨更多问题取得共同的进步：

前书下询数条,类皆精当。敬夫未发之云,……赤子之心,……卫辄之事,……其他无可疑者,恨未得面讲耳。(《文集》56-23：答方宾王)

即使是应对方之请,为其作文字,有的时候也是需要面论,才好下笔,仅仅书信往还,不足以下笔。

《抱膝》之约,未敢食言,正为前此所论未定,不容草草下语,须俟它时相逢,弹指无言可说,方敢通个消息。(《文集》36-24：答陈同甫)

表叔墓刻不敢忘,重烦督趣,愧恐,然此尚有少曲折,异时得面论而后下手,乃为稳当,先集亦难于出之,正亦有所疑耳。(《别集》：3-10：程允夫)

书信往来可能所论比较随意,见面之后,可能对某些不重要的问题就不讨论了,集中于主要的问题上：

《抱膝》之约,未敢食言,正为前此所论未定,不容草草下语,须俟它时相逢,弹指无言可说,方敢通个消息。但恐彼时又不须更作这般闲言语耳。(《文集》36-24：答陈同甫)

六、书信写作的限制

书信论学确实容易受到各种限制:

> 所欲言者无穷,此书亦未敢旁及也。(《文集》33-14:答吕伯恭)
> 所欲言者,非书可尽,灯下目昏,万万不宣。(《遗集》3-40:与度周卿)

朱子经常说,要急着派人送信去,所以不能畅所欲言。可见当时通信是有很多客观限制的:

> 所欲言者甚众,亟遣人,草草。(《文集》24-13:与魏元履)
> 平甫亟遣人至云际,人立俟书,草此为报。(《文集》24-14:与魏元履书)
> 所欲言者无穷,薄暮,欲遣书入递,不能尽怀。(《文集》24-20:答汪尚书书)

这种原因有时十分具体,比如长时间未通信,因此虽然要说的很多,但难以找到一个交流的焦点,如果这时再加上带信之人正在等待,以及天气寒冷,就更没法畅所欲言了:

> 所欲言者无穷,以久不得书,无所发端。今得来示,又以来人立俟,天寒手冷,作字不成,不能究悉胸中所欲言。千里相望,岂胜慨叹。但愿果能乘便一来,庶得倾倒,不然,终非纸札所能具也。(《文集》39-7:答柯国材)

甚至可能因为物质条件的匮乏使自己难以在书信中畅所欲言：

> 徐丈惠书云有疑难数板，却未见之，岂封书时遗之耶。偶数时村中乏纸，亦不别拜状，只烦为致此意，幸甚幸甚。(《文集》39-9：答柯国材)

甚至病情也可能影响书信交流：

> 子合便人督书甚速，草草布此，手痛复作，不能究所欲言，何时面谈，倒此胸臆。(《文集》39-38：答吴斗南)
>
> 诸疑义略为条析，心目俱昏，不能精审，有未安处，更反复之为佳。(《文集》52-15：答吴伯丰)
>
> 目盲，作此数纸已极费力，未能尽鄙意。(《文集》61-3：答林德久)

七、书信往来的风险性

古时寄信多有遗失，因此书信论学在客观上就有一定的风险性，这是很无可奈何的一件事情：

> 已作书，又得府中寄来七月九日所惠书，为慰尤深。但所谓前两惠书者，其一未到，不知附何人，可究问也。(《文集》33-40：答吕伯恭)

不止书信容易丢失，书籍也不保险：

> 昨伯崇借《遗书》三册寄还，乃不知分付何人，至今根究未得，极

以为挠。盖此本最精,比老兄本后来又正了数字也。(《续集》2-94:答蔡季通)

比如朱子曾打算就自己的某些著作加以讨论,但著作正处于写作阶段,尚未刊印,所以不能寄去,怕遗失:

《论语》比年略加工夫,亦只是文义训诂之学,终未有脱然处,更有《诗》及《孟子》各有少文字,地远,不欲将本子去,又无人别写得,不得相与商榷为恨尔。若遂此来之约,则庶几得讲之耳。(《文集》39-7:答柯国材)

朱子有些著作无人抄写,留不下副本,无法寄去讨论,颇感遗憾:

某碌碌如昨,无可言者。两月来修得数书,亦有一二论说文字,甚思与老兄评之,而相望邈然,又无人抄得,徒此郁郁,想闻之亦不无叹恨也。(《续集》8-12:答李伯谏)

即使不遗失,也可能有损毁:

熹以气痞益甚,不能亲布前幅,来书在递角中,而诗卷乃似有拆动处,不知何故,以此知远书亦难多谈也。(《文集》64-7:答巩仲至)

有的时候,对方来信不少,但自己这里无人帮助整理,因此有所散失,无法详细回复:

穷居且尔,忧苦之余,无复仕进意,杜门修身,以毕此生而已,累书所问,缘多出入,无人收拾,往往散落,以此不及奉报。(《文集》

39-41：答王近思）

朱子曾说对方前一通书信亦当回复，但找不着了，就先不回了：

> 所示诸说，别纸报去，但且如此推究玩味，久当自有得也。但前书偶寻未见，似其间亦有合报去者，今不暇也。（《文集》52-4：答吴伯丰）

有时已经收到对方来书，但自己这里保存不当，以致遗失，只能凭记忆回复了：

> 示喻缕缕，皆圣贤大业，熹何足以知之。然亦未得一观，即为朋友传玩，遂失所在，今不复能尽记，但觉所论不免将内外本末作两段事，而其轻重缓急又有颠倒舛逆之病。（《文集》54-35：答陈正己）

有时已经写好了回信，但不幸丢失，虽然还能追述若干，但毕竟不如原稿详尽：

> 前书所喻，思索皆甚精密，不敢草草奉报，尝遍以示诸来学者，使各以意条析之，近方略为刊订，欲因婺女便人转以寄呈。而临行适病，不能料理简书，令人检寻，不复可得，方以为挠，而后问适至，欲追思录寄，而心气衰弱，如堕渺茫，不复可得。（《文集》56-22：答方宾王）

> 衬说向尝细考，欲以奉报，意谓已遣。今承喻，却未收得，必是不曾遣去，然今又寻不见。（《文集》58-39：答叶味道）

还出于某些具体的原因，不能继续通书论学，此亦无可奈何：

自此不欲数以名姓入都,音问不得数通矣。(《文集》34-1:答吕伯恭)

官事更宜加意,此后恐音问久远难通,切祝为亲自爱。(《文集》52-4:答吴伯丰)

第二节　书信亦自有其价值

书信论学仍具有不可替代的重要价值,而且可以与当面论学相互配合,使学术交流效率更高。

一、面论之前的预备

见面不易,所以见面之前最好先以书信往来的方式确定要讨论的问题,明确双方的基本观点,这样能使见面以后的学术讨论更集中,更有效率:

承许见访于兰溪,甚幸,但恐无说话处。向来子约到彼,相守三日,竟亦不能一吐所怀,或先得手笔数行,略论大意,使未相见间,预得紬绎而面请其曲折,庶几犹胜匆匆说话不尽,只成闲追逐也。(《文集》28-4:答陈同父书)

有些突然想到的问题,或者比较有价值的问题,值得与对方讨论,但暂时不能见面,所以先以书信的方式告诉对方,使对方先有所准备,同时也是一种备忘,如果见面以后自己忘记了,对方还应记得并提醒自己:

上蔡帖中儒异于禅一节,道间省记,颇觉有警。试相与究之,见

日面论也。(《文集》24-6：答刘平甫书)

朱子亦曾于书信中告诫对方须实下功夫，以便见面时不致惭愧：

示喻为学之意，此正克已功夫所当用力，然犹是至粗浅处，若不痛加惩窒，非惟无以仰窥圣贤阃域，恐亦无以自立于州里之间矣。……今当彼此各致其功，庶异时相见，无所愧于今日之言耳。(《别集》3-8：程允夫)

如果近期有可能与对方见面，此时可以先用书信告知其欲当面讨论的问题：

熹竟不免临漳之行，示喻积弊，此固当然，其横敛扰民，为害有大于此者，到官之后须次第讨论更革之，今未敢泄此意，若过剑、福，得左右在彼面议为幸。或出沙县，亦当先附报奉约，一出相会也。(《文集》28-12：与黄仁卿书)

此别须有旬月之期，怀不能已，聊复言之，他日相见，只此可验进学工夫，更不须问疑难也。(《文集》40-7：答刘平甫)

择之亦得书，中有数条，今再以往，数书之说，得暇试为一一论之，相见日面讲也。(《文集》44-5：答蔡季通)

有合商量事甚多，非书札所能辨也，通鉴签贴甚精密，乍到，此未暇仔细，并俟相见面论。(《文集》44-5：答蔡季通)

所谕《诗》说，大抵圣人之心宽大平夷，与今人小小见识、遮前掩后底意思不同，此语亦卒乍与人说不得，且徐思之，俟它日面讲也。(《文集》45-26：答廖子晦)

他未暇详论，盖成伯告归甚迫，故且附此，余俟来春相见面论。(《文集》49-9：答王子合)

近日讲论及修改文字颇多,当候相见面言之。(《文集》46-49：答黄直卿)

告子"生之谓性"集注虽改,细看终未分明,近日再改一过,此处觉得尚未有言语解析得出,更俟款曲细看,他时相见,却得面论。(《文集》50-41：答程正思)

《大学》《语》《孟》说各一通谩往,此近日所修定,然尚觉得有硬说费力处,烦为一阅,见日面论,须尽去此等病方见圣人本意也。(《文集》56-7：答赵子钦)

今恶人言仁、言恕、言《西铭》、言太极者之纷纷,而吾乃不能一出其思虑以致察焉,是恶人说河而甘自渴死也,岂不误哉,承许枉临,尚须面论。(《文集》59-29：答杨子顺)

前书所云,甚恨忠告之晚,常时鄙笑庄周为恶无近刑之说,自今观之,亦自不易也。月末专望枉顾,余得面言。(《续集》2-54：答蔡季通)

近期有可能见面,朱子甚至会告诫对方,与自己见面是有风险的,要对方慎重：

大率人之为学,当知其何所为而为学,又知其何所事而可以为学,然后循其次第,勉勉而用力焉。……此固未易以毫楮既,而承见语,亦将有枉顾之期矣。傥得面论,庶竭鄙怀。顾此迂阔,干触科禁,恐非贤者进取之利,更冀审处于未动之前,毋使贻后日之悔焉,乃所愿也。(《文集》60-26：答曾无疑)

这封信中的说法很少见,让对方一定要考虑清楚后再来求学。朱子如此说,显然是看出曾氏有问题。当然从另一方面讲,这也是一种鞭策,所谓当头一棒。朱子的这一棒显然起到了作用,下一通书信中便说：

> 辱书,良以为慰,而反复来喻,已得雅志之所存,则区区所疑亦不敢隐也。(《文集》60-27:答曾无疑)

近期有可能见面,朱子于书信中告诫对方须多加修养之功,以便见面时水平不至于相差太远:

> 承有枉顾之意,尤荷不鄙,若得会面,彼此倾倒,以判所疑,何幸如之。未间,千万及时专力,使有个端的用心处,庶几合并之日有可讨论也。(《文集》60-36:答王才臣)

也曾告诫对方多做功夫,以便见面时能够畅谈:

> 承许秋凉相访,甚幸。此个道理功夫,本不可有间断时节,目下虽无人讲贯,自己分上思索体认、持守省察,自不可顷刻虚度。如此积累功夫,则其间必有所大疑,亦必有所大悟。一旦相聚觌面,相呈如决江河,更无凝滞矣。(《文集》59-45:答辅汉卿)

互通书信不但可以在见面前先告知内容,而且可以确定见面论学的地点,尤其是在某些特殊的情况下:

> 承喻以期会之所,甚幸,但区区此行,迫不得已,须一至衢,正以不欲多历郡县,故取道浦城以往。只拟夜入城寺,迟明即出,却自常山、开化过婺源,犹恐为人所知,招致悔咎。今承诲谕欲为野次之款,此固所深愿。但须得一深僻去处,跧伏两三日乃佳。自金华不衢,径趣常山道间尤妙。石岩寺不知在何处,若在衢婺间官道之旁,即未为稳便。盖去岁鹅湖之集,在今思之,已非善地矣。更熟筹度之,又熹行期亦尚未定,大约在后月半间,经过宿留,度月尽可到衢耳。未敢

预约,候到浦城,专遣一介驰报,回日即告喻以定处为幸。(《文集》33-45:答吕伯恭)

二、面论之后的深入探讨

书信论学往往还会成为当面论学之后的后续,并且有可能弥补当面论学不尽兴的遗憾:

> 昨承枉过,得两月之款,警诲之深,感发多矣。别去匆匆两月,向仰不少忘。便中奉告,承已税驾,欣慰之剧。信后秋气已清,伏惟尊候万福。熹还家数日,始登庐山之顶,清旷非复人境,但过清难久居耳。至彼与季通方议丹丘之行,忽得来教,为之惘然,却悔前日不且挽留,或更自鹅湖追逐入怀玉深山,坐数日也。(《文集》33-40:答吕伯恭)

> 数日相聚,颇觉兼善有怠缓驳杂之病,而季通责善伤于急迫,又杂以嘲玩,似非以文会友之道,临行匆匆忘说,愿各矫所偏,以副所望,幸甚幸甚。(《续集》2-102:答蔡季通)

当面论学之后,对方有事离开,朱子曾去信追问其就相关问题的进一步思考,作为当面论学的补充:

> 临行所说务实一事,途中曾致思否?观之今日学者不能进步,病痛全在此处,但就实做工夫,自然有得,未须遽责效验也。仁字想别后所见尤亲切,或有议论,因来不妨见寄。(《文集》50-49:答周舜弼)

面论未能解决的问题,可以通过书信继续讨论:

所喻诸疑,固尝面论,若未能判然,莫若条陈所疑,章解而句辨之,当有所决,不可只如此泛论也。(《文集》54－52:答杨深父)

对方与别人面论未能解决的问题,也可以向自己来信请教:

闲中益得观书,当有深趣。日月易得,愿益勉旃。若但如拙者既老而后有闻,则享用已不能久,而无复可力之望矣。直卿既归,想时得从容,恐讲论不能无异同,正当力究,有未决者。因来谕及,不敢不尽鄙怀也。(《续集》7－23:答余景思)

当面论学的内容,尤其是教导性的,如果对另外一个人也有意义,可以以书信的方式转达:

昌父志操文词皆非流辈所及,至此适值悲挠,未能罄竭所怀,然大概亦已言之,不过欲其刊落支叶,就日用间深察义理之本然,庶几有所据依,以造实地,不但为骚人墨客而已。……斯远亦不可不知此意,故此具报,幸有以交相警切为佳耳。(《文集》54－68:答徐斯远)

昨在玉山学中与诸生说话,司马宰令人录来,当时无人剧论,说得不痛快。归来偶与一朋友说,因其未喻,反复晓譬,却说得详尽。因并两次所言录以报之,试取一观,或有助于思索也。(《文集》61－2:答林德久)

当面论学的内容,后来忘记,可以通过书信追忆:

《大学》归来不暇整理,盖此等多因朋友辨论间,彼此切磨,说得细密。今无事时自作文字,却有搜索不到处。因暇试为追记前日所论,便中示及,或便可用也。(《文集》61－2:答林德久)

三、不能面论时的替代

有的时候,与某人不能经常见面,但通过书信往来,能使交情不断。朱子曾深情地回忆与吕祖谦之父的交往:

> 熹自泉福间得侍郎中丈教诲,蒙以契旧之故,爱予甚厚,比年以来,阔别虽久,而书疏相继,奖厉警饬,皆盛德之言,感激铭佩,何日敢忘,区区尚冀异时得奉几杖于寂寞之滨,以毕余诲,岂谓不淑,遽至于此,闻讣悲咽,不能为怀。(《文集》33-13:答吕伯恭)

久别不见,收到来信,喜不自胜:

> 蔡强来,领三月、六月、九月三书,急拆疾读,如奉诲语,良慰久别不闻问之怀,幸甚幸甚。(《文集》39-7:答柯国材)

毕竟,在面论难得的情况下,书信论学也是很有作用的。

> 钦夫亦时时得书,多所警发,所论日精诣,向以所示遗说数段寄之,得报如此,始亦疑其太过,及细思之,一一皆然,有智无智,岂止校三十里也。(《文集》40-18:答何叔京)

> 某块坐穷山,绝无师友之助,惟时得钦夫书问往来,讲究此道,近方觉有脱然处,潜味之久,益觉日前所闻于西林而未之契者,皆不我欺矣。幸甚幸甚,恨未得质之高明也。(《续集》5-42:罗参议)

一段时间内无法与对方见面,此时书信论学的意义就得以凸显:

此外抵牾尚多,然其大概节目具于是矣。以执事教诲不倦,念未有承晤之期,不敢久虚大赐,是以冒昧罄竭其愚,伏惟恕其狂妄,少赐览观,还以一言,示及可否,虚心以俟。如有所疑,不敢不以复也。(《文集》38-30:答江元适)

实在见不着的时候,若能书信论学,效果也差不多:

包显道在此,数称吾子之贤,每恨未获一见,辱书,备见雅志,亦足以当晤言矣。(《文集》55-45:答颜子坚)

无法见面时,可以先用书信对主要的问题进行讨论:

衰病屏伏,所欲面论者非一,而不获前,姑进其大者如此,若蒙采择,则熹所不及言者,必有轻千里而告于明公者矣。(《文集》37-10:与陈丞相)

见不着的时候,通过书信,获知对方的观点,仍然对自己有益:

私心甚欲一见长者面论,而未可得,不知尊兄近日观书立论比向日如何,因书得示一二,便是平日受用处矣。(《文集》42-25:答石子重)

虽然无法见面,但通过书信论学,可以排遣忧愁:

坡公病李杜而推韦柳,盖亦自悔其平时之作而未能自拔者,其言似亦有味,不审明者视之以为如何也,无由面论,临风快想,因来更望切磋。究之,老病久已无复此梦,亦聊以暇日销忧耳。(《文集》64-3:答巩仲至)

对方专程来见,自己因故未能相见,但对方留下了书信,看了比较欣慰:

> 昨辱远访,深以不获一见为恨,及得所留书,而读之益知贤者之有志,庆阅之多才,又重以为喜也。(《文集》59－27:答李处谦)

暂时不能见面,可以通过书信告诫、鼓励对方:

> 未有见日,千万自爱,更于义理切身处着实进得一步,则所以守此身者,不待勉而固矣。(《文集》61－16:答严时亨)

> 无由会面,千万进学自爱,以慰千里相望之怀。(《文集》63－11:与晏亚夫)

朱子曾明确指出,由于特殊的时势,难以见面,不妨自做功夫:

> 前日亦料从人不欲复过此,亟折简呼文卿令其往见,固欲寄声。昨日得报,乃云冬收方冗,未能自拔。今承喻及,有问道过问之意,似亦未便,幸更审之。大抵欲面言者无他,但欲每事详审持重耳。观人之失,亦坐自处未能深静之故。若处晦观明,处静观动,则无不察矣。(《续集》6－38:答储行之)

在当时的条件下,见面论学可能会耽误时间,书信往往还是比较好的交流方式:

> 月初至寒泉,叔京约来相聚旬日,不知能约诸同志者同为此会否,但恐不欲令诸生又废业耳。(《文集》44－21:答方伯谟)

因此，若能配合自身的努力，书信论学有时几乎可以代替当面讨论：

> 今所示数条，各以鄙意附于其后，却以封还，幸试思之。来说大概明白详细，但且于此更加反复，虚心静虑，密切玩味，久之须自见得更有精微处，不但如此而已也。承欲见访，固愿一见，但远来费力，不若如前所说，着实下功，果自得之，则与合堂同席亦无以异也。(《文集》50-57：答周舜弼)

书信毕竟是亲自写作的正式文本，比起道听途说或者请人传话更加可靠。这时候，进一步的书信往来就成为必须了：

> 扩之过此日，熹往邵武未归，但留书云老兄有所见教一二事，甚恨未得闻也。其间略说《遗书》不须删定，与来书似不相照，不知果如何。然渠开正须复来此，当细扣之，便中亦望批喻也。(《文集》33-39：答吕伯恭)

如果自己的去信迟迟得不到回复，朱子会询问对方是否收到了自己的去信：

> 熹近以两书附递，知皆达否？(《文集》64-15：答巩仲至)

如果书信往复也不能持续，或者被阻断，朱子也会表示遗憾：

> 自顷人还辱书之后，不能再致问讯，寻有临漳之役，道里益远，音问益难通，徒增怅想而已。(《文集》58-35：答宋泽之)

书信讨论可以取得积极的成果，朱子曾欣慰地回忆与陆九渊兄弟书

札往复的情形:

> 所喻既祔之后主不当复于寝,此恐不然。向见陆子静居母丧时力主此说,其兄子寿疑之,皆以书来见问,因以《仪礼》注中之说告之。渠初乃不曾细看,而率然立论,及闻此说,遂以为只是注说,初非经之本文,不足据信。当时尝痛辟之,考订甚详,且以为未论古礼如何,但今只如此,卒哭之后便除灵席,则孝子之心岂能自安邪。其后子寿书来,乃伏其谬,而有"他日负荆"之语。(《文集》58-38:答叶味道)

不过这封书信由于某种原因未能送至叶味道处,朱子亦未能寻见底稿,故凭记忆又回复了一次,关于此事的回忆是这样的:

> 顷年陆子寿兄弟亲丧,亦来问此,时以既祔复主告之,而子静固以为不然,直欲于卒哭而祔之,后彻其几筵。子寿疑而复问,因又告之,以为如此则亦无复问其礼之如何,只此卒哭之后便彻几筵,便非孝子之心,已失礼之大本矣。子静终不谓然,而子寿遂服,以书来谢,至有"负荆请罪"之语。(《文集》58-39:答叶味道)

朱子曾说过,某人在此处,朱子亲自加以教导,但成效不大,倒是对方给此人所写之信,自己看了,认为会对这个人比较有益处:

> 赵德广在此,日相见,殊愧不能有以发其志意者,昨见所与渠书,当知所以自勉也。(《文集》62-30:答奚仲渊)

别人书信写得好,也能给朱子带来不少好处:

> 别纸所喻汪洋博大,不可涯涘,仰见所造之深,所养之备,纵横贯

穿,上下驰骋,无所穷竭底滞。虽若某之蒙昧,诚不足以语此,亦已昭然若发蒙矣,幸甚幸甚。(《续集》6-7:答江隐君)

别人书信写得好,自己看了,甚至感觉无异于见面:

至于词旨奥博,反复通贯,三复竦然,有以仰见所存之妙。窃不自胜其振厉踊跃,以为虽未获瞻望于前,而亦无以异于亲承指诲也。(《文集》40-11:答何叔京)

四、以书信指导其他学术交流活动

朱子指出,自己的书信还可以成为对方与别人进行学术交流的材料:

却望吾友更深思之,仍将此书遍呈诸同志,相与反复商榷,不可又似向来说先觉之义,更不与徐柯二丈见也。朋友商论,正要得失分明,彼此有益,何必于此掩覆。(《文集》39-23:答许顺之)

通过书信指点对方选择合适的面论对象:

彼中朋友,后之讲论可师,叔文持守可法,诸友若能频与切磋,必有益也。(《文集》55-4:答杨至之)

令弟致道在此相聚数月,虽未能悉力锐进,亦似颇识为学之门户,经由必能具道此间曲折。凡此所未及言者,可问而知,不暇尽布也。(《文集》59-76:答赵咏道)

景阳、季章于此皆尝有闻,虽未知其后来所进如何,然苟善取之,亦当有以为助矣。吾人既不见用于世,只有自己分上一段功夫。(《文集》60-27:答曾无疑)

> 杜门独学与周旋师友之间,学之难易固不同矣,然其用力实在于我,非他人所能代也。况彼中朋友以书来者已自数人,切切偲偲,相观而善,似亦不可谓之全然无助者,更在勉力而已。(《文集》60-42:答潘子善)
>
> 所示诗文,疑问其间颇有曲折,俟黄兄归奉报。……其人辨博,多所该综,亦可款扣也。(《文集》61-25:答曾景建)
>
> 季章耿介,于人有责善之益,重九后若未来,可力致之。(《文集》62-18:答王晋辅)
>
> 二余在此日久,占之警敏,彝孙淳静,皆可喜。但亦未敢与说向上去,恐别生病,然又似太冷淡。今其告归,云过邑中,须为一两日留,可更与切磋也。(《别集》6-11:林择之)

朱子还曾组织过别人以书信形式进行学术论辩:

> 连嵩卿书云:"廖子晦言天地之性即我之性,岂有死而遽亡之理"。因引《大全集》中尧舜托生之语为证,渠诸人未有以折之。伯谟可与克明各下一语,便中见喻也。(《文集》44-21:答方伯谟)

自己与别人进行的面论,对方的来信与自己的观点不谋而合,因此感到欣慰:

> 前书下询数条,类皆精当。……卫辄之事,《遗书》中亦有两句与胡传相似,胡盖祖其意,而不悟其失之毫厘之间也。此事旧尝疑之,近日亦方与朋友说及,得来示,适契鄙怀,知阅理之不苟也。(《文集》56-23:答方宾王)

自己正与学者进行讨论,对方的来信帮助解决了自己的疑难:

"其家不可教而能教人者无之,……岂非《或问》自是发明推心之意,不与前注相关,但教成二字偶用之耳,不审然否?"此说甚善,旧亦疑所解有未安者,得此甚快。而此间诸朋友说多未合,更俟商榷也。(《文集》52-34:答汪长孺)

书信论学所形成的文本,可以作为其他学术交流的文献和材料:

敬夫得书,竟主观过之说,因复细思,此说大害事,复以书扣之,扩之录得稿子奉呈,不知择之以为如何也。伯逢来问造端夫妇之说,偶亦尝思之,前此说得泛滥,不缜密,今答之如此,扩之亦已录去矣。近见古人下工夫处极是精密,日用之间不敢不勉,庶几他时相见,或有尺寸之进耳。(《文集》43-24:答林择之)

别人之间的通信,也可以成为朱子与其中一人学术讨论的材料:

所与子直书,论大本处甚佳,虽云凡圣本,同亦有明与不明之异,昨见子直说及,正疑其太笼侗,今得此书,乃释然耳。(《文集》44-4:答蔡季通)

录示陆兄书,意甚佳,近大冶万正淳来访,亦能言彼讲论曲折,大概比旧有间矣,但觉得尚有兼主旧说,以为随时立教、不得不然之意。……旦夕亦有人去临川,自当作书更扣陆兄也。(《文集》51-26:答曹立之)

朱子还曾就对方来信中的内容与本地的学者讨论:

去岁承书之日,适有江西傅子渊在坐,盖喜闻足下之说,而以示之,子渊不善也。熹犹未以为然,然自今观之,则拙者之见,果为有愧

140

于子渊矣。愿贤者深思而有以反之,勿使熹为终有愧也。(《文集》56-1:答赵子钦)

朱子编《延平答问》,颇重视之:

先生诸书,想熟观之矣,平日讲论甚是,如此奇论,所未及者。别后始作书请之,故其说止此,然其大概可知矣。(《续集》5-41:罗参议)

李延平书信中的指点,朱子用于上书中:

熹向蒙指喻二说,其一已叙次成文。惟义利之说见得未分明,说得不快,今且以泛论时事者代之,大略如日前书中之意,到阙万一得对毕,即录呈也。(《文集》24-7:与延平李先生书)

五、书信用以判断为学进境

通过书信,可以判断对方近段时间的为学进境。此类甚多,除回信时一般的礼貌用语外。朱子会主动问及对方进来为学情形,略举数例:

近修何业？因来幸语及也。(《文集》56-55:答郑子上)
比来观书进学,诱掖后进,次第如何,深所欲闻,因书详及之为幸。(《续集》8-13:答李伯谏)
比来为况如何？读书探道,亦颇有新功否也？(《遗集》3-40:与度周卿)

会面之后,继续书信讨论,对方有了长进,朱子会明确指出来,并顺便再加督导之功：

> 道理分明，本如大路，圣贤又如此指示提撕，不为不切，今人都不理会，却别去千生万受、杜撰百般、胡说乱道，……此区区所以于前日面论之际不能不失笑于贤者之言也。今承来喻，乃知后来思之有得力处，此又见贤者资质本自过人。但从前本欲诳人，却反为人所诳，今日一闻逆耳便能发悟于心，不易得也。然克己固学者之急务，亦须见得一切道理了了分明，方见日用之间一言一动何者是正、何者是邪。（《文集》60-13：答杜叔高）

也会在给某人的信中顺便提及另外一人近来的长进，而这种长进是朱子在书信往来中观察出来的：

> 姜叔权曾相见否，资禀笃实不易，得近得书，亦甚进，能与之游，当有益也。（《文集》52-4：答吴伯丰）
> 陈淳者书来甚进，异日未可量也。（《文集》55-4：答杨至之）
> 漳州陈安卿书来，甚长进，不易得也。（《文集》58-2：答杨仲思）
> 方宾王每书来，说得道理尽有归著，知与游从，可谓得友，恐今已归嘉禾也。（《文集》60-4：答周南仲）
> 近得漳州陈淳书，亦甚进也。（《续集》1-97：答黄直卿）

当然有时也会提及，通过书信所了解到对方的本性之病痛：

> 得杨子直书，亦奉问，但似云不敢相闻。前日答之，不曾入题，只云小时见赵忠简、李参政诸公在海上，门人亲旧岁时问讯不绝，如胡淡庵犹日与知识唱和往来，无所不道，秦桧亦不能掩捕而尽杀之，盖自有天也。以此知人之度量相越，其不啻九牛毛。既可叹惜，又可深

为平生眼不识人之愧也。(《续集》3-12：答蔡季通)

赵书记恨未相识，顷得其书，议论亦可观，但觉自许太过，为说大汗漫耳。(《遗集》2-56：答石天民书)

朱子有时还问通信对象其他人的为学近况：

入城曾见吕子约、程允夫、许、刘诸人否？有所讲论否？此庐陵刘丞去。必便有的便回来。幸附数字，详及近况与为学次第、讲论异同，慰此驰想也。(《文集》52-16：答吴伯丰)

应之甚恨未得相见，其为学规模次第如何？近来吕、陆门人互相排斥，此由各徇所见之偏，而不能公天下之心以观天下之理，甚觉不满人意。应之盖尝学于两家，不知其于此看得果如何，因话扣之，因书喻及为幸也。(《文集》54-23：答周叔谨)

戴监庙久闻其名，讲学从容，必有至论，季随、允升相聚，各有何说，因来一一录示，庶知彼中进学次第也。(《文集》58-30：答宋深之)

近来不知所观何书，或有所见，因风笔示。(《文集》61-29：答曾景建)

今因建昌包君粥书之行，附此奉问。别后为学功夫次第，所得所疑，可因其还，一二报及。(《文集》63-11：与晏亚夫)

但要注意，书信中所讲，可能见面后被证明不是真实的，所以书信的可信度还是值得怀疑的：

所论为学之功，若如所言，则是大段勇猛精进，非复昔人矣。然前后屡闻此言，而及至相见，则性情态度宛然只是旧人，原未有毫发改变，则今日之云，鄙意固有所未敢信也。(《文集》54-62：答吴宜之)

第三节　书信论学独有的原则

书信论学既然如此重要,朱子也就对如何利用好书信这个工具作了很多探索,提出了一系列具体的要求。

一、书信撰写的基本要求

在条件允许的情况下,最好有信即回,否则会让人比较失望:

> 拜违忽五六年,闻到官金华,尝因便一再附书,久不得报,意已游沉,后见友书,乃承寄声,有专人存问之意,而官事不闲,意未暇及。虽感德之勤,然终不若一行之书为足以慰此心也。正初偶有莆阳之役,归来乃知果蒙践言,领所惠教,副以文籍衣资,感愧之心,未足以言论也。(《遗集》2-56:答石天民书)

朱子自己某次因故外出,不能详细回信,但仍先回一封大概:

> 所论大概多得之,偶以事出近村,不曾带得书来,不及一一奉报。其间亦有一二合商量处,旦夕当别有便,却附书也。(《文集》56-41:答郑子上)

写给前辈师长的书信,一定要严肃认真,不能马虎从事。朱子曾打算写信给李侗,但因为酒醉,觉得给同辈讲友写信还可以,写给前辈师长就不行了,所以将相关情况告知魏元履,由他转告李侗:

> 共父之出,中批所命,朝野不知所坐,本欲作先生一书,醉矣不

能,因书及之。(《文集》4-8:与魏元履书)

朱子曾经说过,书信虽是普通事,但有不普通的意义:

> 张敬夫尝言平生所见王荆公书皆如大忙中写,不知公安得有如许忙事,此虽戏言,然实切中其病。今观此卷,因省平日得见韩公书迹,虽与亲戚卑幼,亦皆端严谨重,略与此同,未尝一笔作行草势。盖其胸中安静详密,雍容和豫,故无顷刻忙时,亦无纤芥忙意,与荆公之躁扰急迫正相反也。书札细事,而于人之德性其相关有如此者,熹于是窃有警焉,因识其语于左方。庆元丁巳十月庚辰。(《文集》卷84:跋韩魏公与欧阳文忠公帖)

写信最基本的原则之一,就是对地位比较尊贵的人,或者至少是同辈或长辈,为表尊重,应当自己亲笔回书。若因生病等情形导致书法不佳,应明确说明,以请求对方的原谅:

> 熹目力昏耗,不能细书楷字,墨色浓淡,行道欹斜,殊不成礼。本不能亲书,以所被教出于手墨,勉强作此,率略殊甚,伏乞钧慈矜恕,幸甚幸甚。(《文集》28-10:与留丞相札子)
>
> 适有均亭便,晨起手冻,作字不成,几不可读,亦所以效颦耳,一笑。(《别集》1-5:魏元履)
>
> 熹衰病不能作字,作字即头疼,不免口授儿子,令其代书简,非礼,切幸尊察。(《遗集》2-56:答石天民书)

内容有条理且简约是一封好书信的标准:

> 韬仲亦得书,说彼中事甚有条理,读之快人也。如来书简约,不

惹闲事,又自是一种好意思也。(《续集》4a-21:答刘晦伯)

由于当时运输及邮政水平的客观限制,书信往往有遗失,有时收不到对方的书信。这时,需要明确向对方指出,让对方找出遗失的原因,以利于书信论学的继续顺利进行:

已作书,又得府中寄来七月九日所惠书,为慰尤深。但所谓前两惠书者,其一未到,不知附何人,可究问也。(《文集》33-40:答吕伯恭)

有时,是自己寄去的书信对方未收到,要是正好赶上内容比较敏感,那就更要告知对方,让对方抓紧查找:

前附黄尉书或未到,亦宜索之其间亦有一二语非他人所欲闻者,不可浮湛也,自此拜状,不能及此等矣。(《文集》34-3:答吕伯恭)

如果内容不是很敏感,则不用费事寻找:

所喻跋语,今再写去。临川者亦累问不得报,此书度已浮湛不可得矣,今亦不须问也。(《文集》62-18:答王晋辅)

如果书信是由某人带去的,而此人正好又将返回,朱子一般希望对方直接写作回信,由此人带回,即快捷方便,又避免丢失:

向跋胡公帖,烦录一本,并跋语付此人回,或有讲论,亦可附此便,此甚便的也。(《文集》44-22:答方伯谟)

如果未能及时回复对方的来信,对方又来新札,则须向对方表示歉意:

  自冬来五被诲示,出入多故,复苦少便,都不得奉报,岂胜愧仰。(《文集》33 - 39:答吕伯恭)
  前此辱书未报,今又承惠问,尤以愧感。询及所疑,足见嗜学之意。(《文集》62 - 27:答池从周)

应当以书信方式及时向对方致谢的,如果没有及时,朱子会明确说明并致歉:

  奉三月四日手教一通,三复慰喜,不可具言。又蒙封送差敕及所撰族祖铭文,尤切感荷。……属以一至城府,归憩武夷,缭绕还家,宾客书问疾病之扰无一日暇,以故久不得致谢意,然此心未尝一日忘也。(《续集》5 - 24:答尤尚书)

二、保密的书信

有些需要保密的书信,要明确告知对方处理办法。第一,明确告知可阅读此信的人的范围。第二,"阅后即焚",当时销毁文本以达到保密的最有效的方法当然就是烧掉:

  与陈书谩写去,只可呈大兄一读,而焚之勿留也。(《文集》24 - 6:答刘平甫)
  然此书也,一读焉而采其意,然后削而投之火中,不足为外人道也。(《文集》26 - 6:与台端)

朱子的学术交流方法论自觉

即使不烧掉,也应当就其中比较敏感的内容保密,不要告诉其他人。朱子有时候是不太愿意作无谓的学术争辩的:

> 故熹于释学虽所未安,然未尝敢公言诋之,特以讲学所由有在于是,故前日略扣其端,既蒙垂,教复不敢不尽所怀,恐未中理,乞赐开示,不惮改也。更愿勿以鄙说示人,要于有定论而已。(《文集》30-2:答汪尚)

> 老兄到馆而已旬月,诸况如何。近年一种议论专务宛转回互,欲以潜回主意阴转事机,此在古人,固有以此而济事者,然皆居乱世、事昏主,不得已而然者。窃谓今日主相乐闻忠言非不切至,特蔽于阴邪不能决然信用。而或者乃欲以彼术施之,计虑益巧,诚意益衰。以上聪明,亦岂不悟其为此。此所以屡进而卒不效也,不审高明以为如何,然当默之勿以语人也。(《文集》34-3:答吕伯恭)

> 诲谕谆复,仰荷不鄙之意,然无可不可之教,则非初学所敢自期,而待礼而应者,尤非衰陋所敢萌意也。区区之怀,前言盖已尽之矣,万一诸公终不察,则不过恭俟严谴而已,无它说也。蒙爱念之深,而其间颇有未相悉者,故敢及之,然不足为外人道也。(《文集》38-26:答薛士龙)

> 又比来游从稍杂,与此曹交处,最易亲狎,而骄慢之心日滋。……此不足为外人道,但欲平甫自知而节之。(《文集》40-1:答刘平甫)

> 心丧无禫,亦见《通典》,乃是六朝时太子为母服期已除,而以心丧终三年。当时议者以为无禫,亦非今日之比也。此事本不欲言,以自是讲学一事,故及之,切勿为外人道也。(《文集》46-17:答黄商伯)

> 所示"内外交养,勿使偏枯,闻斯行之,不必犹豫",此正今日应病良药也。……此纸不可以示人也,只欲贤者知之,不枉用心耳。(《文

集》46-37：答潘叔昌)

孟子自许虽行霸王之事而不动其心，究其根原，乃只在识破诐淫邪遁四种病处。今之学者不唯不能识此，而其所做家计窠窟乃反在此四种病中，便欲将此见识判断古今、议论圣贤，岂不误哉。相望千里，死亡无日，因书聊复一言，不审明者以为如何？然勿示人，恐又起闹，无益而有损也。(《文集》56-16：答叶正则)

近世之言识心者则异于是，盖其静也初无持养之功，其动也又无体验之实，……此真不可以不戒，然亦切勿以此语人，徒增竞辨之端也。(《文集》56-22：答方宾王)

赵推书云谈义理者多被摈黜，不知其间有能及此意者否，然此勿以示人，恐又生竞辨詻詻可憎也。(《文集》56-45：答郑子上)

格物功夫，前书已再录去，然亦未尽，旦夕当再写一本去也，前本千万且勿示人，看令有疑处，乃有进处耳。(《文集》58-30：答宋深之)

承喻为学之意与其所闻于师友而服膺弗失者，甚慰甚幸。然此乃近世所谓诡伪之学而斥去之者，向来虽或好之，今亦隐讳遁逃之不暇，……荷意之勤，率易布此，不识以为然否，然勿以语人，又千万之恳也。(《文集》59-47：答陈思诚)

岁月易得，义理难明，但于日用之间，随时随处提撕此心，勿令放逸，而于其中随事观理，讲求思索，沉潜反复，……因书信笔，不觉缕缕，切勿为外人道也。(《文集》60-37：答度周卿)

近得江西一后生书，有两语云"瞬目扼腕而指本心，奋髯切齿而谈端绪"，此亦甚中其乡学之病。然亦已戒之，姑务自明，毋轻议彼矣。信笔不觉缕缕，切勿轻以示人，又如马伏波之讥杜季良也。(《文集》63-20：答孙敬甫)

前书所论廪粟事，不知已为料理否，切勿令外间知仆尝有言也。(《文集》63-14：答巩仲至)

王参政早岁休官，泊然无求于世，而晚为秦桧所用，伤害忠贤，助成凶虐，以此得罪于清议，朱衣道士谆谆之诲，岂无意耶。此语密之。（《续集》3-15：答蔡季通）

有时朱子会随信附去其他著作，但要对方保密：

诸公既不能克己从善，使人有乐告之心，又曲意弥缝，恐有失士之诮。用心如此，亦已缪矣。熹所与札子谩录呈，足以见区区，然勿视人，幸甚。（《文集》24-25：答张钦夫）

熹向蒙下喻，欲见诸经鄙说，初意浅陋不足荐闻，但谓庶几因此可以求教，故即写呈，不敢自匿。然亦自知其间必有乖缪，以失圣贤本指、误学者眼目处，故尝布恳，乞勿示人。区区此意非但为一时谦逊之美而已也，不谓诚意不积，不能动人，今辱垂喻，乃闻已遂刊刻，闻之惘然，继以惊惧。（《文集》27-15：答詹帅书）

近又读《易》，见一意思：圣人作《易》，本是使人卜筮以决所行之可否，而因之以教人为善。……今亦录首篇二卦拜呈，此说乍闻之必未以为然，然且置之，勿以示人，时时虚心，略赐省阅，久之或信其不妄耳。（《文集》31-18：答张敬夫）

《知言疑义》再写，欲奉呈，又偶有长沙便，且寄钦夫处，属渠转寄。若到，千万勿示人，但痛为指摘为幸。（《文集》33-9：答吕伯恭）

庙碑恐未刻间尚可改，录呈一本，幸指喻。或因书径报桂林，令缓刻也。叔京家属为埋铭，方草定如此，亦以求教。此全未成，尤望斤削，然亦不必示人也。元善遭祖母之丧，……渠前日写得乱道诗数篇去，嘱其勿示人，近闻乃尝呈似子约，云已写得。切告掩藏，勿令四出为幸。（《文集》33-43：答吕伯恭）

熹旧读《大学》之书，尝为之说，每以浅陋有所未安，近加订正，似稍明白，亲知有取以锓木者，今内一通，幸试考之，或有未当，却望诲

喻,然切告勿以示人,益重不韪之罪也。(《文集》38-38:答范文叔)

今不获已,辄以数字附于行状之末,少见鄙意,然已觉太露筋骨,切告勿以示人,恐彼此不稳便,非独罪戾之踪为有害也。(《文集》62-17:答王晋辅)

聚星阁此亦已令草草为之,市工俗笔,殊不能起人意,亦当辄为之赞,今谩录去,幸勿示人也。(《文集》64-18:答巩仲至)

谢表漫录去看,勿以示人。(《续集》1-25:答黄直卿)

《定性书解》在别纸,亦勿示人为佳。(《别集》3-8:程允夫)

《祭仪》稿本纳呈,未可示人,且烦仔细考究喻及。……数诗皆佳,率易和去,不成语言,勿示人也。(《别集》6-6:林择之)

有时附去他人著作,要对方保密:

钦夫伯恭晦叔得书,纳去一观,却付此便回,钦夫书勿以示人也。(《文集》44-5:答蔡季通)

吴伯丰尤可惜,朋友间似渠晓得人说话者极少,始者犹疑其守之未固,后来得子约、张元德、刘季章书,又知其所立如此,不幸早死,亦是吾道之衰,念之未尝不惨然也。季章书语录去,切勿示人,足令同时辈流负愧入地也。

也有不须烧掉,但须保密,然又须与某些人传阅同观者:

为老兄今日之计,莫若且以持敬为先,而加以讲学省察之助。……无由面谕,姑此布万一,幸试留意焉。此纸勿以示人,但叔和、几道及林兄昆仲诸人,亦不可不知耳。(《文集》49-19:答林伯和)

但所寄喻、赵二书及复斋行实奠词,三复悲叹,不能自已。呜呼,世岂有斯人耶。铭墓诚愿效区区,但时论如此,两三年来不敢为人作

一字而犹不免,今谴责方新,岂敢干犯? ……幸密以告汪、喻,默会此意,勿以语人也。(《文集》56-8:答詹子厚)

《尽心说》录呈,并呈兼善参详,有未当处却以见喻,且勿令斋中诸生传写也。(《续集》2-106:答蔡季通)

朱子有时会明确指出,此信中有对别人著作之尖锐批评,目的是为了让对方注意不要受其误导,因此这封信只要个人读就行了,要保密,以免引起不必要的争端:

熹前日看所寄易说不仔细,书中未敢察察言之。遣书后归故居,道间看得两册,始见其底蕴,如言四象及先天次序,皆非康节本指,其他亦多杜撰。……然此书所论彼书之失,幸勿语人,又生竞辨。区区但恐老兄或信其说而讲求之,则枉费功夫,故专附此奉报尔。(《文集》56-25:答方宾王)

朱子还曾要求对方对自己的行踪保密:

汪丈遽至于,此想同此伤叹。……即欲奔往哭之,又不敢辄至近旬,然旦夕归婺源,或当便道一过其家,情义所在,有不得而避者,然亦不敢见人,幸勿语人也。(《文集》33-44:答吕伯恭)

有时候要求对方对自己正在进行的工作保密:

此间礼书渐可脱稿,若得二公一来订之尤佳,然不可语人,恐速煨烬之灾也。(《文集》56-9:答詹子厚)

有时愿对方前来面论,但对他人保密:

> 只欲得贤者一来,会语数日为幸,切不必多与人同,虚费又难语也。可以他意却之,不必露此,千万千万。(《文集》44-8:答蔡季通)

朱子曾经让别人转述自己的问题,但不要说是自己问的。

> 昨承寄示赵仓《易》、《论语》说,足浣愁疾。……昨于乾坤二卦略记所疑之一二,今谩录呈,幸为详之,试因话次以盛意扣之,看有何说,却以见报。熹与之未相识,不欲遽相辩难,千万不必云熹所说也。《论语》说有意古人为己之学,意亦甚正,但觉看得张无垢文字太熟,用意太切,立说太高,反致失却圣人本指处,多今亦未欲遽论。二说谩往,并烦扣之,亦勿云熹所寄也。(《文集》45-2:答虞士朋)

还有一种特殊的情况,朱子与某人通信,因为特殊的原因,来往书信信封上都不直接写对方的名字,而是写转递人的名字:

> 郑公得请奉祠,归享甲第之盛,想不复以当世为念矣,自其开府之初,得一通问,后恐踪迹累人,不敢再遣,今却不可不致书,辄有一缄,外题只纳左右处,幸携见面纳之,免思忧虑,渠向书来,亦只封与詹元善,盖恐人之知之也。(《别集》4-31:林井伯)

朱子因自己以前的书信被人误用,曾指出,应当焚之:

> 闻祝弟持《大学》说及观过知仁辨论去,皆是向来草稿,往返未定之说。渠乃不知本末,持去误人,甚不便,可为焚之。(《文集》39-44:答王近思)

三、公开或半公开的书信

朱子的书信,尤其是写给弟子的书信,有不少都是半公开性质的,就是说不是写给一个人的,而是给若干人的。有的在题目中就指明了,如致颜栢、颜椅兄弟,致罗辟、罗问兄弟,致杜仁仲、杜良仲兄弟,致李敬子、余国秀书信各一通,致叶永卿、吴唐卿、周得之、李深子书信十二通。有的则在内容中表明要对方与学友共同参究:

昨夕坐间蒙出示广文公书,似未见察者,聊陈其一二。……熹已谢学事,但此色官钱终不可失,盖此乃同安一县久远利害,非吾人所得用以徇一旦之私,伏惟持之不变,以幸此县之人,而以熹所陈者晓李君无深怒也。(《文集》34-3:答陈宰书)

性情等说有已见叔京书者,但所与嵩卿论者,今议其得失于此。嵩卿云理即性也不可言本,此言得之。但其下分别感有内外,则有病,作肃非之,是也。作肃又云,性者自然,理则必然而不可悖乱者,此意亦近之,但下云理不待性而后有,必因性而后著此则有大病。……盖理便是性之所有之理,性便是理之所会之地,而嵩卿失之于太无分别,作肃又失之于太分别,所以各人只说得一边也。(《文集》41-4:答冯作肃)

晦叔书中论此,大略与吾丈意同,更不及别答,只乞转以此段呈之。(《文集》42-5:答胡广仲)

此说亦是,然致字是功夫处,有推而极之之意。充之书中亦讲此段,然其意亦杂,幸并以此示之,渠又论慎独,意亦未尽。(《文集》42-28:答石子重)

此即向来所说之意,但《章句》《或问》说得都不分明,故读者不能晓。今得时可反复问辨,方说得到次第,两处皆须更定,此可并以示

守约也。(《文集》55-20：答李时可)

甚至有时朱子应给某人回信,但最后没有回,而要另一人将意思传达：

> 令弟今在何处,前得其书,未能别答。所论颜子准的甚善,但难如此泛论,须仔细说出日用工夫次第曲折,方见得是非耳,幸以此意语之也。(《文集》62-36：答李晦叔)

有些事情是要告知一批人的,而信只写给一个人,让他转告其他人就行了,这是一种变相的公开信：

> 熹初意到此,即遣人招正淳、伯丰及余正叔,而此间事烦财匮,时论又方扰扰,令人忧惧,不知所以为计,遂未能及,幸因书为致此意,徐观事势如何,乃敢议此也。(《文集》51-21：答黄子耕)

> 每念仁里诸贤相与甚至,而未得与之痛相切磨,悠悠岁月,日益晚暮,良以为恨,如无疑亦然也,因见各烦为致此意。(《文集》62-18：答王晋辅)

有时虽不明确说,但也是要传达的,如《〈文集〉53-19：答胡季随》,此信乃答问目类书信,因其所问答十三事,而其问目中已注明各条问者为谁,故朱子之答书亦当非胡氏独有。计其中有潘友恭3条、周椿1条、林易简2条、胡大时8条。

当朱子意识到与某人信中所说不尽时,就把要说的话再用书信说给另一个人,然后让这个人去转告前者。朱子曾与赵汝愚讨论本地旱情及处置之法,但书信中未能说清,故致书林择之,时林氏在赵氏幕中：

> 前日书中亦说不尽,更烦仔细为陈之,不可有一字之遗也。(《文

集》27-4：与林择之书）

关于学术问题的讨论，也有这样的情形：

>石丈相聚所谈何事，其笃诚好学，已不易得，而议论明快，想讲论之际，少所凝滞也。书来有少反复，草草作答，不能尽所言，大抵讲学只要理会义理非人所能为，乃天理也。……凡此皆石丈书中未及尽布者，或因讲论之次，闲为及之，幸甚幸甚。（《文集》39-9：答柯国材）

出于各种原因不能给某些人写信，可以在给一个人的信中让他转达自己的意见：

>凡此皆石丈书中未及尽布者，或因讲论之次，闲为及之，幸甚幸甚，并以呈齐仲、顺之，不知如此卑说还可高意否，二公更不及别书也。徐文惠书云有疑难数板，却未见之，岂封书时遗之耶。偶数时村中乏纸，亦不别拜状，只烦为致此意，幸甚幸甚。顺之书中似以横渠平易其心之说为不然，谈何容易，更且思之为佳。盖所谓平易者，非苟简轻易之谓也。（《文集》39-9：答柯国材）

>昨闻叔度兄颇为佛学，因献所疑，大蒙峻却，愧悚深矣，今不敢复言，而其未已之意不免，因子约达之。恐其过江未还，烦为略道鄙意。（《文集》46-30：答潘叔昌）

>《通书》《西铭》各一本上内，又一角致兼善处，数日为渠思讲究不精之弊，恐是未能勇革世俗之学，有以陷溺其心而然，不及别书，幸为致此意也。（《续集》2-49）

>向与深卿书，乃附剑浦刘亲，不谓留滞至今。欲捡稿本再录去，又思择之所以告语之者，必已甚悉而不能回。则此书虽达，亦未必有

效耳。今且烦致意,但信得孔、孟、程子说话,及时试将许多诐淫邪遁说话权行倚阁一两年,却就自家这下实做工夫,看须有些巴鼻也。……前日刘子澄寄得荥阳公家传中数段来,……观此则吕家学问更不须理会,直是可以为戒,亦不可不使深卿知。若不信,则无如之何也。(《别集》6-6:林择之)

同父才雄一世,勇追千古,但疾之者既不复取长,而爱之者又不能救其短,此区区不能无遗恨于伯恭,而所以爱同父者,独有异于众人之爱同父也。不审老丈以为如何?病甚,不能作渠书,因风幸达此意。(《遗集》2-56:答石天民书)

如果要给通信对象说的话已经在给别人的信中说过了,这里又不方便十分详细地解说,就让对方去找自己写给别人的信来作参考:

所示《孟子》说,备见用意之精,然愚意窃谓如此反似求索太过,援引太杂,使圣贤立言之本意汩没不明,已逐段妄以己意略论其一二梗概矣,可以类推,其余不能一一备论也。……齐仲、元聘书中各有少辨论,大抵亦止是理会近时学者过高之失,可并取观也。(《文集》39-17:答许顺之)

子约书中有所反复,亦是此意,幸参考而互评之,则其辨益明,而儒释之殊,亦可因以判矣。(《文集》46-25:答潘叔度)

窃观来教,所谓"苟能自省其偏,则善端已萌,此圣人指示其方,使人自得,必有所觉知,然后有地可以施功而为仁"者,亦可谓非圣贤之本意,而义理亦有不通矣,熹于晦叔、广仲书中论之已详者,今不复论,请因来教之言,而有以明其必不然者。(《文集》46-43:答胡伯逢)

示喻为学之意,终觉有好高欲速之弊,其说亦已见令叔书中矣,愿更详之。(《文集》53-1:答刘公度)

> 所喻已悉，但所谓语句偶尔而实却不然者，只此分疏便是旧病未除。所谓诚于中形于外此，又何可讳耶？无疑之病亦是如此，适答其书，说得颇痛快，可试取观，可见鄙意，此不复缕缕也。(《文集》53－26：答刘季章)

> 朋友论议不同，不能下气虚心，以求实是，此深可忧。诚之书来，言之甚详，已略报之，可取一观，此不复云也。(《文集》54－9：答项平父)

> 来喻缕缕，备见雅志，然于读书穷理、所得所疑未有以见教者，而较短量长、非人是己之意实多。若果有得于义理之归，恐不应更有此病也，明者思之，以为如何？……无疑书来，其大指与左右亦相似，已详报之，或因过目，并以一言论其得失可也。(《文集》60－36：答王才臣)

朱子还会直接把自己答复别人的书信寄给另一个人：

> 彼教备悉至意，大概只放税、廪穷两事尔。……昨日已作芮书，今录呈，不知且如此可否？(《文集》24－13：与魏元履书)

> 陈正己书来，说得更是怕人，今录所答渠书去，幸一观，此尤可为叹息也。(《文集》47－26：答吕子约)

> 向有安仁吴生，书来，狂僭无礼，尝以数字答之，今谩录去，试一观之，或不为无补也。(《文集》55－48：答赵然道)

当然，朱子发觉对方读了自己写给别人的书信后还没有解决问题，会先指出对方的错误，然后不厌其烦地继续说明：

> 死生之论，向来奉答所谕"知生事人"之问已发其端，而近答嵩卿书论之尤详，意明者一读，当已洞然无疑矣。而来书之谕尚复如此，虽其连类引义，若无津涯，然寻其大指，则皆不出前此两书所论之中

也。岂未尝深以鄙说思之,而直以旧闻为主乎?既承不鄙,又不得不有以奉报,幸试思之。(《文集》45-24:答廖子晦)

朱子也并不认为别人给自己的书信全都不应该给别人看:

南轩已过上饶,得书,书中一纸上呈,幸为订之,并昨所说尝论著者携以见示,幸甚幸甚。(《续集》2-94:答蔡季通)

朱子曾明确表示,自己写作的书信有的是具有公开信性质的,大家都应该考虑其中提出的意见,这样自己的书信就可以成为对方与别人进行学术交流的材料:

却望吾友更深思之,仍将此书遍呈诸同志,相与反复商榷,不可又似向来说先觉之义,更不与徐柯二丈见也。朋友商论,正要得失分明,彼此有益,何必于此掩覆。(《文集》39-23:答许顺之)

答陈同父书,不知曾细看否?人皆以为此不足深辨,此未察时学之弊者也,区区之意,岂为一人发哉。(《文集》50-40:答程正思)

朱子还曾明确指示某人,去另一人处寻自己给那个人的书信来研读:

前书所论观过之说,时彪丈行速,匆遽草率,不能尽所怀。然其大者亦可见,不知当否如何?其未尽者,今又见于广仲、伯逢书中,可取一观,未中理处,更得反复诘难,乃所深望。(《文集》42-13:答吴晦叔)

所示卷子已悉疏其后矣,时亨处亦有三纸,可互见也。(《文集》61-13:答欧阳希逊)

此一段已详于希逊卷中矣,明道先生如此处多,若以本文论之,则皆不可晓矣。要当忘言会意,别作一格看可也。……此一段说得极有本末,学者立志要当如此,然其用力却有次第,已为希逊言之矣。(《文集》61-16:答严时亨)

朱子还曾指出,自己给这个人的书信与给另外一人的书信内容是相同的:

叔京来书,尚执前说,而来喻之云,亦似未见内外无间之实,故为此说,并以寄叔京,而所以答叔京者亦并写呈。(《文集》45-17:答杨子直)

朱子本意是私人书信的,有的情况下被人擅自公开,朱子也不表示过分的反对,反倒指出,这有助于学者了解自己的观点:

答子静书无人写得,闻其已誊本四出久矣。此正不欲暴其短,渠乃自如此,可叹可叹。然得渠如此,亦甚省力,且得四方学者略知前贤立言本旨,不为无益。不必深辨之云,似未知圣贤任道之心也。(《文集》50-44:答程正思)

但那种不知自己错误,反倒得意扬扬到处公开的做法,是值得引以为戒的:

子静书来,殊无义理,每为闭匿不敢广以示人,不谓渠乃自暴扬如此。然此事理甚明,识者自当知之,当时若便不答,却不得也。所与左右书,渠亦录来,想甚得意。大率渠有文字多即传播四出,惟恐人不知,此其常态,亦不足深怪。吾人所学,却且要自家识见分明,持守正当,深当以此等气象举止为戒耳。(《文集》55-53:答邵叔义)

自己的书信由某人代为转送,此人可能对此书信中的内容感兴趣,朱子亦不反对其先睹为快:

> 正淳书烦为附便,渠看得文字却尽仔细,所寄中庸说多得之,恐欲见,发之却封寄之不妨也。(《文集》52-7:答吴伯丰)

结语：在边缘发现意义

在中国，朱子出生前的思想世界和朱子出生后的思想世界迥然不同，而且是因朱子而不同。他的思想已经震动了那个世界，他为整个中国文化史带来了新的问题和阐释，在朱子之后，回顾历史与探索未来，已经具有完全不同的意义。

朱子永远是一位寻求者，永远在道路之中。他在各种不同的场合都强调他的思想是一条道路，在这条道路上，他无止息地漫游，期间有曲折和转向，也有错误的路段，朱子总是将它理解为一条被分派和被指引给他的道路，他在自己的文字中寻找对于这种指引的回答，不断倾听着使人领会的指引。思想对于他就是答谢，就是对于这存在的惠顾的充满感激的回答。他同时不断帮助别人寻找同样解答，他因此成为一个路标，标明中国思想世界发展方向的路标。

朱子思想道路的形成以及路标地位的确立，离不开他毕生孜孜不倦所进行的学术交流活动。通过与数百甚至上千位学者的交流，朱子完成了自己思想体系的建构，将自己的思想传播到南宋的几乎每一个州县，与各种"异端邪说"展开激烈的论战，最终为自己的观点成为整个社会的精神底色奠定了基础。始终不停地自我精神成长，与学术的交流论辩融合在一起，让他几近完美地扮演了"真理的发现者""思想的组织者""思想的贡献者""捍卫真理的战士"和"思想的传播者"的学术角色。

朱子对自己的所作所为始终有充分的自觉，体现在学术交流上当然也是如此。朱子不仅去"做",而且不断地探索"如何去做",从而留下了思考的宝贵成果。他强调学术交流有其内在逻辑,必须在一定的原则指导下进行,才能将作用发挥到极致;他指出学术交流有一个完整的过程,在每个阶段都要积极的维持,终止是不得已而为之的;他强调要重视两种基本的学术交流类型,即学术批评和学术教育,两种类型各有其独特的形式和原则;他认为面论和书信论学是相得益彰、相互配合的两种交流方式,面论有自身的优越性,但书信亦自有其价值。

朱子关于学术交流的种种看法已经形成了一个完整的理论体系,他身体力行这些理论,他同时利用自己的影响力传播这些理论,从而促进了南宋学术共同体的形成。南宋是中国思想文化发展的一个核心阶段,也是中国古代学者形成学术共同体的关键时期,朱子用自己的思想和实践,做出了卓越贡献。

朱子关于学术交流方法的论述影响及于后世。元明清三代,随着朱子学说逐渐成为官方、主流的指导思想,朱子做人做事的风格也被后人学习和模仿,其中关于如何进行学术交流的论述,当然也没有被忽视。近代以后,甚至直至今日,朱子关于学术交流原则、过程、类型和形式的思考,仍有启发意义。当代中国学术共同体的发展和完善,要吸收各方面的思想资源,朱子之说不可忽视。

朱子并未撰写专书总结其学术交流方法论的自觉探索,相关内容大多留存在书信之中。后人虽不忽视,重视程度实有不足。因为朱子书信实在是个异彩纷呈的思想宝库,各种概念辨析、观点讨论,令人目不暇接。相较而言,经常出现在书信开头或结尾的,关于如何进行学术交流的谆谆教诲,就没那么引人注目了。读者往往以为多是客套之词或闲言絮语,就此放过。但正如本书所展现的,这些碎金屑玉集合起来,也能构成一块光彩夺目的金镶玉。在中国古代学者之中,花了这么大力气,留下如此多学术交流方法的论述,除朱子外难寻第二人。

法国著名哲学家雅克·德里达通过反对西方哲学从柏拉图到索绪尔

一以贯之的"语音中心主义"或"逻各斯中心主义"传统，建构其自己的解构主义哲学理论。他特别指出，解构不是颠覆，不是颠倒双方的位置，否则将导致"文字中心主义"或"非理性中心主义"，引起新一轮的哲学对立。解构主义反对任何形式的中心，否认所有名目的优先地位，消解一切本质主义的思维方式。所以，解构主义与其说是一种理论，不如说是一种手法，一门艺术，它教人如何在区分之处找到混同，在边缘的位置发现中心。本书对朱子书信中关于学术交流论述的重视，略微带一点这样的"解构"味道，最为明显的理由，就是本书引述的内容，往往位于朱子各封书信的"边缘"，或者在开始，或者在结尾，或者在讨论某个具体的问题之时随口指出，以往学者研究朱子之学，对这些内容较少涉及。

我们当然不是想把这些"边缘"变成"中心"，它们也不可能成为朱子学研究的中心议题，但边缘确有其价值。就像德里达认为的，边缘当然不是中心，然而在边缘却可以找到同中心一样重要的东西。本书的目的，就是揭示这些曾经被忽视的内容的价值，让大家了解，朱子是多么重视学术交流，这些学术交流方法论的论述又是多么系统而可贵，此之谓：在边缘发现意义。

附录 1

朱子书信卷次数量统计表

出　处	卷　次	卷　名	数量	在《朱子全书》中位置
文集	二十四	书（时事出处）	25	第二十一册
文集	二十五	书（时事出处）劄子	22	第二十一册
文集	二十六	书（时事出处）劄子	42	第二十一册
文集	二十七	书（时事出处）劄子	28	第二十一册
文集	二十八	书（时事出处）劄子	27	第二十一册
文集	二十九	书（时事出处）劄子	39	第二十一册
文集	三十	书（汪张吕刘问答）	21	第二十一册
文集	三十一	书（汪张吕刘问答）	21	第二十一册
文集	三十二	书（汪张吕刘问答）	18	第二十一册
文集	三十三	书（汪张吕刘问答）	49	第二十一册
文集	三十四	书（汪张吕刘问答）	46	第二十一册
文集	三十五	书（汪张吕刘问答）	24	第二十一册
文集	三十六	书（陈陆辩答）	24	第二十一册

续　表

出　处	卷　次	卷　名	数量	在《朱子全书》中位置
文集	三十七	书（前辈平交往复）	46	第二十一册
文集	三十八	书（前辈平交往复）	48	第二十一册
文集	三十九	书（知旧门人问答）	69	第二十二册
文集	四十	书（知旧门人问答）	42	第二十二册
文集	四十一	书（知旧门人问答）	22	第二十二册
文集	四十二	书（知旧门人问答）	31	第二十二册
文集	四十三	书（知旧门人问答）	56	第二十二册
文集	四十四	书（知旧门人问答）	64	第二十二册
文集	四十五	书（知旧门人问答）	40	第二十二册
文集	四十六	书（知旧门人问答）	53	第二十二册
文集	四十七	书（知旧门人问答）	28	第二十二册
文集	四十八	书（知旧门人问答）	21	第二十二册
文集	四十九	书（知旧门人问答）	52	第二十二册
文集	五十	书（知旧门人问答）	57	第二十二册
文集	五十一	书（知旧门人问答）	34	第二十二册
文集	五十二	书（知旧门人问答）	42	第二十二册
文集	五十三	书（知旧门人问答）	57	第二十二册
文集	五十四	书（知旧门人问答）	75	第二十三册
文集	五十五	书（知旧门人问答）	62	第二十三册
文集	五十六	书（知旧门人问答）	56	第二十三册
文集	五十七	书（知旧门人问答）	14	第二十三册

续　表

出　处	卷　次	卷　名	数量	在《朱子全书》中位置
文集	五十八	书(知旧门人问答)	55	第二十三册
文集	五十九	书(知旧门人问答)	79	第二十三册
文集	六十	书(知旧门人问答)	53	第二十三册
文集	六十一	书(知旧门人问答)	29	第二十三册
文集	六十二	书(知旧门人问答)	45	第二十三册
文集	六十三	书(知旧门人问答)	31	第二十三册
文集	六十四	书(知旧门人问答)	68	第二十三册
文集	六十八	杂著	1	第二十三册
合计	42		1 716	
续集	一		98	第二十五册
续集	二		127	第二十五册
续集	三		41	第二十五册
续集	四上		29	第二十五册
续集	四下		11	第二十五册
续集	五		48	第二十五册
续集	六		40	第二十五册
续集	七		25	第二十五册
续集	八		23	第二十五册
续集	九		1	第二十五册
续集	十		1	第二十五册

续表

出处	卷次	卷名	数量	在《朱子全书》中位置
续集	十一		14	第二十五册
合计	12		458	
别集	一	书（以下时事出处帖）	31	第二十五册
别集	二	书	40	第二十五册
别集	三	书（以下讲学及杂往来帖）	28	第二十五册
别集	四	书	33	第二十五册
别集	五	书	40	第二十五册
别集	六	书	82	第二十五册
合计	6		254	
遗集	二	书	60	第二十六册
遗集	三	书	64	第二十六册
合计	2		124	
延平答问		延平李先生师弟子答问	18	第十三册
合计	1		18	
总计	63		2 570	

附录 2

朱子通信对象传略

说明：

一、邓广铭在评价陈来所著《朱子书信编年考证》时指出："在南宋中叶，朱熹在学术思想界享有极其崇高的地位，当时的学者士大夫与他具有学术思想上的联系的，实繁有徒。因此，朱子书信的涉及面便极为广泛。唯有像陈来之具有深厚的功力，才能进行博洽的稽考，才能由表及里、由此及彼地对这大批书信的作年及其受者作出精审确凿的考证，从而不仅使朱子思想见解的先后发展变化的脉络有线索可以寻溯，而凡其时与朱子有学术关联的广大学者的思想言论，依此书所系年次而加以追寻，也大都可以藉窥其端倪。"[1]《考证》主要工作在考订书信的作年，对书信的"受者"并未深究，本稿略加尝试。朱子通信对象几乎涵盖其所有学术交流之对象，故本传略对研究朱子学术交流方法论有基础性作用。

二、姓名按汉语拼音排序，包括《朱子全书》中所收全部朱子书信之通信对象。

三、传略载姓名之下。书题中所用其他称呼亦收入，注明"即某某"。

四、传略以《中国历史大辞典》《朱子门人》《朱熹大辞典》为主要依据。《朱子门人》所述偶有错漏，随文说明。三书无载者，杂考其他文献，略述生平。

五、学力不逮，有部分通信对象未能考出姓名或事迹，亦列于文中，以俟识者。（本传略完成时，尚未获读徐公喜著《朱子门人学案》、顾宏义先生等编《朱熹师友门人往还书札汇编》，为示不掠美，本稿保留原貌，未将二书相关内容补入。）

---

[1] 邓广铭：《我对〈朱子书信编年考证〉的评价》，见《朱子书信编年考证》，第 512 页。

六、传后注明传主身份，分以下几种：

甲类，前辈师长

乙类，平辈讲友

丙类，门人弟子（包括及门弟子与私淑弟子。）

丁类，求教者（包括事迹可考、为朱子晚辈、但无明显证据为朱子弟子者，以及事迹待考但曾来书求教者。）

戊类，同僚或上官（朱子纯因公务与其通信者。）

七、传后注明朱子与传主之书信在《朱子全书》中的位置。（如"《文集》：44-32"，即指《文集》卷四十四第三十二书。《续集》《别集》《遗集》同。）

B

白鹿长贰，姓名、事迹待考，《文集》有致其书信一通，陈来考定此书乃淳熙八年以后所作①。据《白鹿书院志》，淳熙中曾为白鹿洞学长者有杨日新、合肥吴君、周耜，②不知孰是。（乙类）（《文集》：52-42）

包定，字定之，永嘉（今属浙江）人，善经学，朱子讲学于白鹿洞时其相从论道。《语类》无问答，《文集》有致其书信两通。③（丙类）（《文集》：54-74、54-75）

包定之，即包定。

包敏道，即包逊。

包显道，即包扬。

包详道，即包约。

包逊，字敏道，建昌军南城县（今属江西）人，与其兄包约、包扬"皆尝学于陆子静，既而又从文公游"。《语类》无问答，《文集》有致其书信三通。④（丙类）（《文集》：55-34、55-35、55-36）

---

① 参见《朱子书信编年考证》，第203—204页。
② 参见《白鹿书院志》卷五。
③ 《朱子门人》，第41—42页。
④ 《朱子门人》，第43页。

包扬,字显道,号克堂,包约之弟,包逊之兄,建昌军南城(今属江西)人。兄弟同从朱子与陆游,实以象山成分居多。包扬曾在南丰诋毁朱子,有反对读书之语,朱子以告象山,象山亦大骇。象山卒,包扬率其生徒十数人往从朱子。搜集朱子语录数百条,多载入《语类》中,其间亦有自己之意见伪托为朱子语者,为黎靖德削去,现存其所记语录为癸卯、甲辰、乙巳所闻。《文集》有致其书信两通。[1](丙类)(《文集》:55-29、55-30)

包约,字详道,建昌军南城县(今属江西)人,与其弟包扬、包逊"同学于朱陆,而趋向于陆者分数为多",然终属朱子门人。《语类》有问答一条,《文集》有致其书信三通。[2](丙类)(《文集》:55-31～55-33)

边恢世(1159—1196年),字汝实,鄞县人。"生而颖悟,年十四五时已知学问之大略,登绍熙元年进士。"从学于陆象山,"不以所学为足,覃思经籍,探其精粹。"[3]未见从学于朱子之记载,《文集》有致其书信一通,为来书向朱子请教者。(丁类)(《文集》:58-14)

C

蔡伯静,即蔡渊。

蔡季通,即蔡元定。

蔡权郡,时任南康郡守,事迹待考。《续集》有致其书信一通,论政事。(戊类)(《续集》:6-27)

蔡沈(1167—1230年),字仲默,学者称九峰先生,谥文正,蔡元定季子。从元定贬道州,元定死,徒步护丧以还。不事科举,一以圣贤为师。从学于朱子,依朱子之指点作《书集传》。《语类》有问答数条,《续集》有致其书信七通。[4](丙类)(《续集》:3-35～3-41)

---

[1] 《朱子门人》,第42—43页。
[2] 《朱子门人》,第42页。
[3] 参见《絜斋集》卷十六《边汝实行状》。
[4] 《朱子门人》,第231—232页。

蔡渊(1148—1236年),字伯静,号节斋,建宁府建安县(今属江西)人,蔡元定长子。隐居不仕,遵父命著书多种。从学于朱子,《语类》有问答数则。①《续集》有致其书信十七通。(丙类)(《续集》:3-18~3-34)

蔡元定(1135—1198年),字季通,号牧庵,学者称西山先生,谥文节,建宁府建阳县(今属福建)人。从朱子游甚久,朱子极看重,以"老友"视之。自元定起,"蔡氏父子、兄弟、祖孙,皆为朱学干城"。晚年因伪学之禁贬道州,卒于贬所。朱子所著各书,蔡氏多参与修订或起稿,《语类》《文集》可见往复问答极多,尤以论音律、论易学为甚。②《文集》有致其书信十四通,《续集》有一百四十四通,《别集》有四通,共一百六十二通。(丙类)(文集:44-1~44-14,《续集》:2-1~2-127、3-1~3-17,《别集》:2-6~2-9)

蔡仲默,即蔡沈。

曹建(1162—1191年),字立之,学者称无妄先生,饶州余干县(今属江西)人,先后从学于程迥、陆九渊、张栻等,最后入朱子门下,卒后朱子为其作墓表。《语类》无问答,《文集》有致其书信二通。③(丙类)(《文集》:51-26、51-27)

曹晋叔,建宁府建安县(今属福建)人。事迹无可考,但曾来书向朱子问学。④《文集》有致其书信六通。(丁类)(《文集》:24-12、26-4、26-18、27-21、28-2、43-22)

曹駧,字子野。事迹待考,为来书求教者。《文集》有致其书信一通。(丁类)(《文集》:44-64)

曹立之,即曹建。

漕司,即卢彦德。⑤

曹元可,事迹待考,为来书向朱子请教者。《文集》有致其书信一通。

---

① 《朱子门人》,第233页。
② 《朱子门人》,第230—231页。
③ 《朱子门人》,第132—133页。
④ 《朱子门人》,第133页。
⑤ 参见《朱熹年谱长编》,第1097页。

(丁类)(《文集》:59-5)

曹子野,即曹騆。

常浚孙,字郑卿,"乾道八年登进士第,举博学宏词科,尝为福州教授,教养有法,闽人士德之。"①朱子曾为其作《福州州学经史阁记》②,无明显证据为朱子弟子,曾来书求教,《文集》《遗集》各有致其书信一通,共二通。(丁类)(《文集》:62-35,《遗集》:3-21)

常郑卿,即常浚孙。

朝士,即楼钥。

陈安卿,即陈淳。

陈伯坚,事迹待考,为来书向朱子请教者,《文集》有致其书信一通。(丁类)(《文集》:53-33)

陈才卿,即陈文蔚。

陈漕,字季若者,为陈弥作。

陈漕,未注明字季若者,乃指陈公亮。③

陈超宗,事迹待考,为来书向朱子请教者。《文集》有致其书信三通,所论与朱子多不合。陈来疑其为象山门人,恐是。④(丁类)(《文集》:55-42~55-44)

陈丞相,即陈俊卿。

陈淳(1153—1217年),字安卿,学者称北溪先生,谥文安,漳州龙溪县(今属福建)人,晚年授安溪主簿,未至而卒。李唐咨之婿,翁婿均为朱子门人。陈淳为朱门高弟,曾两次面见,朱子多所夸赞。陈氏卫师甚力,多所发明,影响甚大,并有著作多种。《语类》载其庚戌、己未所闻六百余条,并有朱子训谕语三十四条,均为最多者,问答亦有一百余条。⑤《文集》

---

① 参见《至元嘉禾志》卷十三《宋常郑卿》条。
② 在《文集》卷八十。
③ 参见《朱熹年谱长编》,第1016页。
④ 参见《朱子书信编年考证》,第272页。
⑤ 《朱子门人》,第152页。

有致其书信六通。(丙类)(《文集》：57-9～57-14)

陈旦,字明仲,建宁府建阳县(今属福建)人。《语类》无问答,《文集》有致其书信十六通,陈荣捷据朱子对其之称呼定其为朱子同辈讲友。①(乙类)(《文集》：43-1～43-16)

陈道士,即陈亢礼。②

陈定(1150—1174年),字师德,丞相陈俊卿第三子,兴化军莆田县(今属福建)人。据朱子为其所作墓志,其屡欲求见,然不及亲炙,乃私淑弟子。《文集》有致其书信两通。③(丙类)(《文集》：56-34、56-35)

陈福公,即陈俊卿。

陈傅良(1137—1203年),字君举,号止斋,温州瑞安(今属浙江)人,永嘉学派代表人物。乾道八年进士,官至中书舍人兼侍讲,因与朱子友善,被韩侂胄排挤,归乡读书,不问政事。为学主张经世致用,反对空谈性理,学问渊博,著作甚丰。④《文集》有致其书信四通。(乙类)(《文集》：38-41～38-44)

陈肤仲,即陈孔硕。

陈刚,字正己,陆象山门人,⑤吕祖谦颇称道之,《文集》有致其书信二通。无明显证据为朱子弟子,但曾来书向朱子请教。(丁类)(《文集》：54-34、54-35)

陈公,即陈俊卿。

陈巩,字卫道,学综儒释道,楼钥称其"平生学博更加详,和会三家尽较量"⑥,恐非朱子弟子,为来书向朱子求教者。《文集》有致其书信二通。(丁类)(《文集》：59-48、59-49)

---

① 《朱子门人》,第144页。
② 参见《朱熹年谱长编》,第1226页。
③ 《朱子门人》,第147页。
④ 《朱熹大辞典》,第99—100页。
⑤ 参见《儒林宗派》卷十一《陆氏学派》。
⑥ 参见《攻瑰集》卷九《吊陈卫道墓》。

陈公亮,字钦甫,长乐人。绍熙年间任福建提点刑狱,时朱子知漳州,有诏与其同措置漳泉汀三州经界。①《文集》有致其书信二通,论政事。(戊类)(《文集》:28-14、28-18)

陈建宁,事迹待考。《文集》有致其书信一通,论政事。(戊类)(《文集》:29-37)

陈景思(1168—1210年),字思诚,信州弋阳人,朱子弟子。"光宗初即位,诏天下言事,思诚甫逾冠,上十事,多一时要切。"历知州府,以直焕章阁致仕。"思诚竟朗通达,而以门阀自畏,问学师友,出于嗜欲。""朱公之在建安,接牍续简无旷时,远质方闻,遍扣尊老,不以寒畯为间也。攻伪既日峻,士重足不自保,浮薄者以时论相恐喝,思诚每为所亲正说不忌。""所亲见之,意大折。道学不遂废,思诚力为多。"②《文集》《遗集》各有致其书信一通,共二通。(丙类)(《文集》:59-47,《遗集》:3-36)

陈俊卿(1113—1186年),字应求,兴化军莆田人(福建)。绍兴进士,授泉州观察推官,因不附秦桧,为睦宗院教授,桧死,召为校书郎。孝宗即位,言治国之要,迁中书舍人,出知泉州。乾道元年,除吏部侍郎同修国史,四年,授尚书右仆射,同中书门下平章事兼枢密使。以用人为己任,奖廉退,抑奔竞。荐虞允文才堪宰相,六年,以观文殿大学士出知福州。后请祠,以少保、魏国公致仕。③《文集》有致其书信十四通,《遗集》有一通,共十八通。(甲类)(《文集》:24-10、24-15、24-17、24-21、24-23、25-18~25-20、26-20~26-22、26-38、26-42、27-9~27-11、37-10,《遗集》:2-45)

陈亢礼,合皂山道士,于该山之崇真宫中修苍玉轩,遍邀当时名流三百余人如周必大、杨万里等赋诗,编为《苍玉诗卷》,朱子曾为此书作跋。④与朱子交好,《文集》有致其书信一通。(乙类)(《文集》:63-8)

---

① 参见《宋史》卷三六。
② 参见《水心集》卷十八《朝请大夫主管冲佑观焕章侍郎陈公墓志铭》。
③ 《中国历史大辞典》,第1679页。
④ 参见《朱熹年谱长编》,第1236页。

陈孔硕,字肤仲,学者称北山先生,陈孔凤之弟,福州信官县(今属福建)人,淳熙二年进士,历知州县,官至中大夫秘阁修撰。工篆隶,辞章翰墨号为当世第一。尝从学于张栻、吕祖谦,后与其兄同入朱子门下。《语类》有问答一条,《文集》有致其书信六通。① (丙类)(《文集》:49-24~49-29)

陈葵,"字叔向,青田人,隆兴进士,笃学不倦,朱子每重其人,使学者往从之,曰师之可以寡过。又与子在书曰,过青田,不可不见陈叔向也。"② 与朱子为讲友,《文集》有致其书信一通。(乙类)(《文集》:58-11)

陈廉夫,即陈址。

陈亮(1143—1194年),字同甫,一作同父,号龙川,永康(今属浙江)人,绍熙四年进士第一,授职,未到任而卒。青年时研究古人用兵事迹,后曾多次上书论政。反对空谈性命,论学主张经世致用,与朱子有王霸义利之辩。能文,为南宋著名词人。③ 与朱子来往颇密,《文集》有致其书信十五通,《续集》有一通,共十六通。(乙类)(《文集》:28-3、28-4、36-12~36-24,《续集》:7-24)

陈梦良,字与叔,从学于朱子,《文集》有致其书信两通。④ (丙类)(《文集》:59-13、59-14)

陈秘监,事迹待考。《文集》有致其书信一通,言辞免事。(戊类)(《文集》:25-11)

陈弥作,"字季若,闽县人。绍兴八年进士,历福建两浙运判,提举四川,都大茶马,召为大理少卿,除兵部侍郎,迁吏部侍郎,兼权尚书,知潭州泉州,终敷文阁直学士大中大夫。"⑤《文集》有致其书信一通,论盐法。(戊类)(《文集》:24-5)

陈明仲,即陈旦。

---

① 《朱子门人》,第142—143页。
② 参见《大清一统志》卷二三六《陈葵》条。
③ 《朱熹大辞典》,第100页。
④ 《朱子门人》,第153页。
⑤ 参见《淳熙三山志》卷二八《陈弥作》条。

陈薯，字中行，号可轩，材气高迈，贯穿经史，开门授徒，户屦常满，登庆元二年进士，历知州府。① 无明显证据为朱子弟子，为来书请教者。《文集》有致其书信一通。（丁类）(《文集》：64-43)

陈器之，即陈埴。

陈齐仲，泉州同安县（今属福建）人。从学于朱子，《语类》无问答，《文集》有致其书信一通。② （丙类）(《文集》：39-37)

陈谦，字抑之，一作益之，温州永嘉县（今属浙江）人，乾道八年进士。"谦有隽声，早为善类所予，晚坐伪禁，中废首称侂胄为我王，士论由是薄之。"③与朱子为讲友，《文集》有致其书信一通。（乙类）(《文集》：54-15)

陈师德，即陈定。

陈侍郎，即陈俊卿。

陈师中，即陈守。

陈守，字师中，丞相陈俊卿次子，兴化军莆田县（今属福建）人。历知州郡，以监作将卒。从学于朱子，师生关系颇密。《文集》有致其书信一通。④ （丙类）(《文集》：26-37)

陈叔向，即陈葵。

陈思诚，即陈景思。

陈宋霖，"字元零，一字元溽，长乐人，登绍兴五年进士，知同安日适朱子为簿，日与讲明经义，朱子称其能躬行实践，后升秘监，书问往来不绝。孙枅受业朱子之门。"⑤《文集》有致其书信一通，论政事。（乙类）(《文集》：24-3)

陈体仁，即陈知柔。

陈同甫，即陈亮。

---

① 参见《闽中理学渊源考》卷十二《州守陈中行先生薯》。
② 《朱子门人》，第153页。
③ 参见《宋史》卷三九六本传。
④ 《朱子门人》，第144页。
⑤ 参见《闽中理学渊源考》卷十七《秘监陈元零先生宋霖》。

陈同父,即陈亮。

陈文蔚(1154—1239年),字才卿,学者称克斋先生,信州上饶县(今属江西)人。隐居不仕,讲学于铅山。从游于朱子,与朱子甚亲密,曾教育朱子诸孙。《语类》载其戊申以后所闻二百三十余条,并有问答八十余则及朱子训谕语九条。《文集》有致其书信十六通。①(丙类)(《文集》:59-50～59-65)

陈宪,即陈公亮。②

陈颐刚,从学于吕祖谦③,无明显证据为朱子弟子,但曾来书请教。《文集》有致其书信一通。(丁类)(《文集》:64-45)

陈抑之,即陈谦。

陈应求,即陈俊卿。

陈与叔,即陈孟良。

陈宰,即陈宋霖。

陈正己,即陈刚。

陈埴,字器之,学者称潜室先生,温州永嘉县(今属浙江)人。朱子晚年弟子,年少时师从叶适,以通直郎致仕,有著作多种。《语类》有其问答四十余则,《文集》有致其书信两通。④(丙类)(《文集》:58-36、58-37)

陈址(1170—1197年),字廉夫,兴化军莆田县(今属福建)人,从学于朱子,死后朱子为其作墓志。《语类》有问答,《文集》有致其书信一通。⑤(丙类)(《文集》:58-10)

陈知柔,"字体仁,永春人,自号体斋居士,登绍兴进士,历知循州、贺州。知柔与秦桧子熺同榜,桧当轴,同年多以攀援致通显,知柔独不阿附,

---

① 《朱子门人》,第143页。
② 参见《朱熹年谱长编》,第994页。
③ 参见《敬乡录》卷十一《书王木叔秘监文集后》。
④ 《朱子门人》,第150页。
⑤ 《朱子门人》,第145页。

以故龃龉。"①所著有经解多种。与朱子为平辈讲友,《文集》有致其书信一通。(乙类)(《文集》:37-44)

陈子真,当作田子真,即田澹。

程成甫,二程后人,事迹待考,为来书向朱子请教者。《文集》有致其书信一通。(丁类)(《文集》:59-19)

程次卿,即程永奇。

程大昌(1123—1195年),字泰之,徽州休宁(今属安徽)人。绍兴年间进士,孝宗时累官至权吏部尚书,出知诸州府。所至留心民困,治水患。长于考订名物典故,有著作多种。② 与朱子为平辈讲友,《文集》有致其书信三通。(乙类)(《文集》:37-40~37-42)

程端蒙(1143—1191年),字正思,号蒙斋,饶州鄱阳县(今属江西)人。曾以乡贡补太学,时禁洛学,端蒙上书赞二程,遂弃官而归,士林称之。从学于朱子,朱子爱护备至。曾作《性理字训》,《语类》有其己亥以后所闻二百余条,问答三处。《文集》有致其书信二十通。③(丙类)(《文集》:50-26~50-45)

程傅之,即程先。

程珙,字仲璧,号柳湖,饶州鄱阳县(今属江西)人。朱子绍熙五年玉山讲学时,其曾与会并起而提问。《文集》有致其书信一通。应属朱子弟子,陈荣捷以为讲友,不足据。④(丙类)(《文集》:60-14)

程迥,字可久,号沙随,应天府宁陵(今属河南)人,徙居余姚。隆兴进士,历知诸县,有政声。后奉祠寓居,好学博闻,释经订史,有著作多种。⑤与朱子为平辈讲友,《文集》有致其书信十通,《别集》有二通,共十二通。(乙类)(《文集》:37-30~37-39,《别集》:3-3、3-4)

---

① 参见《大清一统志》卷三三六《陈知柔》条。
② 《中国历史大辞典》,第2905页。
③ 《朱子门人》,第169页。
④ 《朱子门人》,第168页。
⑤ 《中国历史大辞典》,第2903页。

朱子的学术交流方法论自觉

程可久,即程迥。

程钦国,即程洵。

程泰之,即程大昌。

程先,字傅之,徽州休宁县(今属安徽)人。父死节于金,誓守先墓不仕,以书问道于朱子,朱子复书嘉之。老病不能卒业,遣子程永奇往从朱子。《文集》有致其书信一通,陈荣捷据之定为平辈讲友。①(乙类)(《文集》:64-36)

丞相,即赵雄。

程绚,程迥之子,事迹待考,无明显证据为朱子弟子,《遗集》有致其书信一通。(丁类)(《遗集》:3-4)

程洵(1135—1196年),初字钦国,改字允夫,号克庵,朱子内从弟,徽州婺源县(今属江西)人,官至吉州录事参军。从学于朱子,感情甚殷,朱子曾铭其斋曰"尊德性斋"。先朱子卒,朱子有祭文吊之。②《文集》有致其书信十三通,《别集》有九通,《遗集》有六通,共二十八通。(丙类)(《文集》:41-9~41-21,《别集》:1-4、3-6~3-13,《遗集》:2-3、2-4、3-17、3-28、3-29、3-30)

程永奇,字次卿,学者称格斋先生,程先之子,徽州休宁县(今属安徽)人。从学于朱子,《语类》有问答两则,朱子长篇大论力辟其说。《文集》有致其书信一通,所论主题与《语类》同,然言辞稍和缓。③(丙类)(《文集》:59-7)

程允夫,即程洵。

程正思,即程端蒙。

池从周,字子文,台州黄岩县(今属福建)人,嘉定七年特科。从学于朱子,《语类》记朱子对其之教训七条,《文集》有致其书信一通。④(丙类)

---

① 《朱子门人》,第167页。
② 《朱子门人》,第167—168页。
③ 《朱子门人》,第166页。
④ 《朱子门人》,第52页。

(《文集》：62-27)

储行之，即储用。

储用，字行之，晋江人，淳熙十一年进士，知建阳，有惠政，朱子亟称之。会党禁起，罢去。起知襄阳，论事与朝中权要不合，又罢。归时海寇犯泉境，与守真德秀合谋抵海岛，擒其酋。后直文华阁知惠州，未至，卒。① 无明显证据为朱子弟子，但曾来书请教。《续集》有致其书信十一通。（丁类）（《续集》：6-30～6-40）

崔嘉彦，字子虚，少慷慨有奇志，壮岁避地巴东三峡之间，修神农老子术，东下吴越，以耕战之策干故相赵忠简公，赵是之。赵氏去相，嘉彦自是绝迹庐山，得西原庵故址，筑室居焉，耕田种药，仅足以自给，而四方往来之士皆取食焉。朱子颇称道之，与之交游密切。② 《别集》有致其书信六通。（乙类）（《别集》：5-31～5-36）

D

戴迈，事迹无可考，陈荣捷据《文集》中材料定为朱子门人。《文集》有致其书信一通。③（丙类）（《文集》：39-1）

道谦，俗姓游氏，崇安五夫里人，于开善寺出家，后师事看话禅宗师宗杲，为其高徒。能诗会文，主张贯通儒释，为朝中宰辅和文人墨客倍加推崇，朱子早年曾从其学禅。④《遗集》有致其书信一通。（甲类）（《遗集》：2-2）

邓絅，字卫老，南剑州将乐县（今属福建）人，邓邦老之弟，兄弟皆从学于朱子。⑤《文集》有致其书信二通。（丙类）（《文集》：58-45、58-46）

邓卫老，即邓絅。

---

① 参见《闽中理学渊源考》卷十八《州守储行之先生用》。
② 参见《文集》卷七十九《西原庵记》。
③ 《朱子门人》，第249页。
④ 参见《朱子大传》，第100—103页。
⑤ 《朱子门人》，第240页。

181

丁宾臣,即丁硕。

丁硕,字宾臣,事迹待考,《文集》有致其书信二通,朱子称之为"老友",当在平辈讲友之列。(乙类)(《文集》：58-49、58-50)

丁仲澄,名、事迹无可考,仲澄其字也。《语类》无问答,《别集》中有朱子答书一通。陈荣捷据书中称呼定其为同辈讲友,可从。①(乙类)(《别集》：5-27)

东莱,即吕祖谦。

董叔重,即董铢。

董铢(1152—1214年),字叔重,学者称槃涧先生,饶州德兴县(今属江西)人,官至金华县尉。从学于朱子,问学甚勤,师事甚笃,朱子颇重视之。《语类》有其丙辰以后所闻四百余条,并有问答十余处。《文集》有致其书信十通。②(丙类)(《文集》：51-1～51-10)

窦从周,字文卿,镇江府丹阳县(今属江苏)人。窦澄之兄,兄弟同游朱子之门。厌科举,好二程之学,淳熙丙午,年五十,始往从学于朱子。《语类》载其丙午以后所闻三十余条,并有问答十余条及朱子训谕语十条。《文集》有致其书信四通。③(丙类)(《文集》：59-20～59-23)

窦文卿,即窦从周。

都昌县学诸生,都昌属南康军,《文集》有致其书信两通,当作于朱子治南康军时。(丁类)(《文集》：52-40、52-41)

杜贯道,台州黄岩县(浙江)人,其名不见于《语类》,《文集》有致其书信二通,陈荣捷据此定其为朱子弟子。④(丙类)(《文集》：62-25、62-26)

杜良仲,即杜煜。

杜仁仲,即杜知仁。

杜叔高,即杜游。

---

① 《朱子门人》,第28页。
② 《朱子门人》,第191页。
③ 《朱子门人》,第251—252页。
④ 《朱子门人》,第71页。

杜游,字叔高,婺州金华县(今属浙江)人,端平初以布衣召入秘阁校雠。从学于朱子,《语类》有问答一条,《文集》有致其书信二通。①(丙类)(《文集》:60-12、60-13)

杜煜,字良仲,学者称南湖先生,台州黄岩县(今属浙江)人,嘉定元年进士,官至东阳县簿。杜知仁之兄,兄弟均因石子重而从学于朱子。《语类》无问答。②《文集》有致其兄弟书信一通。(丙类)(《文集》:62-19)

度正,字周卿,别名性善,合州(今属四川)人,绍熙元年进士,早年从朱子游,后官至礼部侍郎。③《文集》有致其书信一通,《遗集》有一通,共两通。(丙类)(《文集》:60-37,《遗集》:3-40)

杜知仁,自仁仲,号方山,台州黄岩县(今属浙江)人,杜煜之弟。兄弟均因石子重而从学于朱子。④《语类》无问答,《文集》有致其书信五通、致其兄弟书信一通,共六通。(丙类)(《文集》:62-19~62-24)

度周卿,即度正。

段钧,字元衡,曾与朱子同登紫霄峰,朱子尝赞其诗。⑤《遗集》有致其书信一通,似与朱子为平辈讲友。(乙类)(《遗集》:2-44)

段元衡,即段钧。

F

范伯崇,即范念德。

范念德,字伯崇,建宁府建安县(今属福建)人,历任知州,累迁江东帅机。朱子逝后,其便道会葬,被弹劾罢官。朱子之连襟,从朱子学,与朱子

---

① 《朱子门人》,第70—71页。
② 《朱子门人》,第71页。
③ 《朱子门人》,第110页。
④ 《朱子门人》,第70页。
⑤ 参见《乾道稿淳熙稿》卷十九《段元衡三绝句》。

关系颇密。《语类》无问答,《文集》有致其书信十四通。①(丙类)(《文集》:39-56~39-69)

范如圭(1102—1160年),字伯达,建州建阳(今属福建)人,少从学于其舅胡安国,建炎年间中进士。痛责秦桧,杜门读书十余年。桧死后,历任州府。以直秘阁提举江西及利州时,曾上书议立孝宗。②《文集》有致其书信四通。(甲类)(《文集》:37-3~37-6)

范叔应,事迹待考,为来书请教者,《文集》有致其书信一通。(丁类)(《文集》:64-49)

范文叔,即范仲黼。

范直阁,即范如圭。

范仲黼,字文叔,成都双流人,淳熙五年进士,历任知彭州、国子博士等,③与朱子多有往来,名列"庆元伪党"内。与朱子为平辈讲友,《文集》有致其书信三通。(乙类)(《文集》:38-38~38-40)

方宾王,即方谊。

方伯谟,即方士繇。

方大壮,字履之,号履斋,兴化军莆田县(今属福建)人。名列《朱子语录姓氏》内,自为弟子无疑。《语类》有问答数条,多关性理。《文集》有致其书信一通。④(丙类)(《文集》:59-15)

方耕道,即方耒。

方耕叟,即方禾。

方禾,字耕叟,方耒之弟,其兄弟曾同游朱子门下。《语类》无问答,《别集》有致其书信一通。⑤(丙类)(《别集》:5-12)

方耒,字耕道,号困斋,兴化军莆县(今属福建)人,乾道年间中进士。

---

① 《朱子门人》,第116页。
② 《中国历史大辞典》,第1737页。
③ 参见《南宋馆阁续录》卷八《范仲黼》条。
④ 《朱子门人》,第31页。
⑤ 《朱子门人》,第32页。

《语类》无问答,其事迹诸书记载多有不同,陈荣捷据《文集》《续集》《别集》中之材料,认为朱子与其关系乃"友生为多,师弟为少",则终归当在弟子之列。①《文集》有致其书信三通,《续集》有致其书信二通,《别集》有致其书信五通,共十通。(丙类)(《文集》:46-4～46-6,《续集》:6-24、6-25,《别集》:1-18、5-1～5-4)

方履之,即方大状。

方平叔,事迹待考,为来书向朱子请教者。《文集》有致其书信一通。(丁类)(《文集》:58-16)

方芹之,后改名泳之,字子实,莆田县(今属福建)人,淳熙年间进士,从学于朱子。②《文集》有致其书信一通。(丙类)(《文集》:59-17)

方壬,字若水,方耒之从弟,淳熙丁未进士,朱子守漳时,请其主学事。陈荣捷据各种文献定为朱子弟子。《语类》无问答,《文集》《别集》各有致其书信一通,共有两通。③(丙类)(《文集》:59-16,《别集》:4-33)

方若水,即方壬。

方士繇(1148—1199年),字伯谟,一字伯休,号远庵,兴化军莆田县(今属福建)人。名列《朱子语录姓氏》内,自为朱子弟子无疑。《语类》有问答二三十处,所问史事较多。方氏思想特异,有独立精神,且淡于义理,浓于文词。朱子未尝不失望,然不以此稍减其爱护之情。其与朱子来往甚密,《文集》有致其书信二十四通,《续集》有致其书信一通,共二十五通,除答其问学之外,个人事情占大部分,所言亲密。④(丙类)(《文集》:44-15～44-38,《续集》:7-16)

方谊,字宾王,嘉兴府嘉兴县(今属浙江)人。《语类》有记其来书一条,《文集》可见之问答水准甚高,朱子曾于《答周南仲书》中称道之。陈荣

---

① 《朱子门人》,第32—33页。
② 参见《闽中理学渊源考》卷九《县令方子实先生泳之》。
③ 《朱子门人》,第31—32页。
④ 《朱子门人》,第30—31页。

捷以为非"师生",乃"师友",但此亦不影响其弟子身份。①《文集》中有致其书信15通。(丙类)(《文集》:6-19、56-20～56-33)

方子实,即方芹之。

冯椅,字奇之,一字仪之,号厚斋,南康军都昌县(今属江西)人,绍熙四年进士,官至江西运干,家居授徒,有著作多种。《宋史》谓其受学于朱子,《别集》中亦有相关记载,应为弟子无疑。②《续集》《别集》各有致其书信一通,共二通。(丙类)(《续集》:8-21,《别集》:6-82)

冯允中,字作肃,邵武军邵武县(今属福建)人,曾任宁远县尉。从学于朱子,关系颇密。《文集》有致其书信四通。③(丙类)(《文集》:41-1～41-4)

冯作肃,即冯允中。

傅漕,即傅自得。

傅诚子,事迹待考。《文集》有致其书信一通。疑与傅敬子为兄弟,如此并据朱子去书,其或为朱子弟子。(丙类)(《文集》:62-33)

符初,字复仲,南康军建昌县(今属江西)人。从学于陆象山。《文集》有致其书信二通。④无明显证据为朱子弟子,但曾来书向朱子问学。(丁类)(《文集》:55-38、55-39)

傅定,字敬子,义务县(今属浙江)人,因其叔傅寅之命从学于朱子,《语类》有问答二十余条,并有朱子训谕语。党禁起,学者多惧而去者,傅氏仍从学不辍。《文集》有致其书信一通。⑤(丙类)(《文集》:62-32)

符复仲,即符初。

辅广,字汉卿,别号潜庵,学者称传贻先生,嘉兴府崇德县(今属浙江)人。四试不第,先后从学于吕祖谦及朱子,用志坚苦,为朱门高弟,影响甚

---

① 《朱子门人》,第34页。
② 《朱子门人》,第174页。
③ 《朱子门人》,第172—173页。
④ 《朱子门人》,第134—135页。
⑤ 《朱子门人》,第158页。

广,有著作多种。《语类》载其甲寅以后所闻四百余条,问答六七十则,并有朱子训谕语九条。①《文集》有致其书信七通,《遗集》有一通,共八通。(丙类)(《文集》:59-40～59-46,《遗集》:3-50)

符国瑞,事迹无可考,《文集》有致其书信一通,陈荣捷据此以为不宜列为弟子,当以"有志为学之士"待之。② 为来书向朱子问学者。(丁类)(《文集》:55-40)

辅汉卿,即辅广。

傅敬子,即傅定。

傅梦泉,字子渊,号若水,学者称曾潭先生,南昌军建昌县(今属江西)人,历任宁都宰、清江通判等。从学于象山,为陆门高弟。《文集》有致其书信四通。③ 无明显证据为朱子弟子,但曾来书向朱子请教,意见往往相左。(丁类)(《文集》:54-30～54-33)

傅守,即傅自得。

符舜功,即符叙。

符叙,字舜功,南昌军建昌县(今属江西)人。初从学于陆象山,后改入朱子门下,对象山颇有微词。《语类》有问答七八处,《文集》有致其书信一通。④(丙类)(《文集》:55-37)

傅自得(1116—1183年),字安道,济源人,少负文名,三应博学宏词科,时人云其有"英伟盖世之才、超迈不群之器",性耿介,不能与世俯仰,淳熙中曾为宣城太守。二子伯寿、伯诚联第,伯寿仕至枢密,伯诚仕至侍郎除集撰知建宁。⑤《文集》有致其书信三通,《遗集》有一通,共四通。(甲类)(《文集》:25-7、25-8、25-12,《遗集》:2-28)

傅子渊,即傅梦泉。

---

① 《朱子门人》,第209—210页。
② 《朱子门人》,第135页。
③ 《朱子门人》,第159—160页。
④ 《朱子门人》,第135页。
⑤ 参见《万姓统谱》卷三一《傅自得》条。

G

甘吉甫,即甘节。

甘节,字吉甫,抚州临川县(今属江西)人,《语类》载其癸丑以后所闻语录三百余条,侧重《四书》各题。《语类》中其所问及朱子之教训均多关性理,各种文献均认为其乃文公高弟。《文集》有致其书信两通。①(丙类)(《文集》:62-10、62-11)

甘叔怀,道士,《语类》有问答两处,《文集》有应酬诗跋若干,陈荣捷定其为朱子平辈讲友。②《文集》有致其书信一通。(乙类)(《文集》:63-7)

高国楹,即高松。

高松,字国楹,福州长溪县(今属福建)人,曾任台州教授。少游陈傅良游,后从学于朱子。《文集》有致其书信一通。③(丙类)(《文集》:62-34)

高应朝,即高宗商。

高宗商,字应朝,从吕祖谦游,④又为陆象山门人,⑤无从学于朱子之记载,然曾来书向朱子请教。《文集》有致其书信一通。(丁类)(《文集》:53-51)

耿秉,字直之,江阴人,绍兴三十年进士,仕为兵部郎中兼给事中,终焕章阁待制。律己清俭,两为浙漕,所至以利民为事,通经史,有史学著作数种。⑥《文集》有致其书信一通,与朱子当为平辈讲友。(乙类)(《文集》:38-24)

---

① 《朱子门人》,第43—44页。
② 《朱子门人》,第43页。
③ 《朱子门人》,第127页。
④ 参见《东莱集》卷十五《入越录》。
⑤ 参见《儒林宗派》卷十一《陆氏学派》。
⑥ 参见《明一统志》卷十《耿秉》条。

耿直之,即耿秉。

龚伯善,或作龚伯著,事迹待考,为来书向朱子请教者。《文集》有致其书信一通。(丁类)(《文集》:59-9)

龚参政,即龚茂良。

巩丰,字仲至,号栗斋,婺州武义县(今属浙江)人。淳熙甲辰进士,曾任提辖左藏库。从学于吕祖谦。《文集》有致其书信二十通。[①] 无明显证据为朱子弟子,但曾来书向朱子请教。(丁类)(《文集》:64-1～64-20)

龚茂良(约1117—约1186年),兴化军(福建)人,字实之。绍兴进士,乾道间任江西转运判官兼知隆兴府。江西连年大旱,他措置一路荒政,颇有政绩。擢礼部侍郎。淳熙元年拜参知政事,次年,叶衡罢相,以首参行相事。时孝宗整军备战,以图恢复,茂良主和议,不言兵事。四年,贬官,安置英州,后卒于贬所。[②]《文集》有致其书信四通。(甲类)(《文集》:25-9、25-10、25-16、25-17)

龚惟微,事迹待考,为来书向朱子请教者。《文集》有致其书信一通。(丁类)(《文集》:59-8)

巩仲至,即巩丰。

郭德麟,字邦瑞,曾任察院,朱子弟子郭逍遥邦逸之兄,[③]且曾来书问学,故亦当列入朱子弟子中。《续集》有致其书信三通。(丙类)(《续集》:5-31～5-33)

郭邦逸,即郭逍遥。

郭察院,即郭德麟。[④]

郭冲晦,即郭雍。

郭津,字希吕,婺州东阳县(今属浙江)人,郭浩之兄,兄弟均曾从游于

---

① 《朱子门人》,第241页。
② 《中国历史大辞典》,第2678页。
③ 参见《象山集》卷十三《与郭邦瑞》。
④ 参见《朱熹年谱长编》,第1061页。

朱子及吕祖谦。《语类》无问答，《文集》有致其书信五通。[1]（丙类）（《文集》：54-43～54-47）

郭叔云，字子从，潮州潮阳县（今属广东）人。与郑南升绍熙中同往从学于朱子，《语类》有问答及朱子训谕语数条。[2]《文集》有致其书信两通。（丙类）（《文集》：63-12、63-13）

郭希吕，即郭津。

郭逍遥，字邦逸，《语类》收其建安所刻《语别录》，名列《朱子语录姓氏》内，自属弟子无疑。[3]《续集》有致其书信三通。（丙类）（《文集》：5-34～5-36）

郭雍，"河南人，父忠孝从程颐学，得其传，持宪陕西，死于金人之难。雍退居峡州，放浪长阳县下鱼山。乾道间征，不起，赐号冲晦处士，后封颐正先生。雍传其父学，纂遗书，有《易说》《中庸说》行世。"[4]与朱子为平辈讲友，《文集》有致其书信三通，《遗集》有四通，共七通。（乙类）（《文集》：37-27～37-29，《遗集》：2-29～2-32）

郭子从，即郭叔云。

H

韩尚书，即韩元吉。

韩无咎，即韩元吉。

韩元吉，字无咎，"开封人，宰相维之子，宋南渡后寓居上饶，号南涧先生，仕至吏部尚书。师事尹焞，与朱文公相善，得吕祖谦为婿，师友渊源为诸儒所推敬。著《愚憨录》《周易系辞》等书"。[5]《文集》有致其书信二通。

---

[1] 《朱子门人》，第140页。
[2] 《朱子门人》，第139页。
[3] 《朱子门人》，第141页。
[4] 参见《明一统志》卷六二《郭雍》条。
[5] 参见《明一统志》卷五一《韩元吉》条。

(甲类)(《文集》：25-15、37-15)

何镐(1128—1175年)，字叔京，学者称台溪先生，邵武军邵武县(今属福建)人。以父荫为安溪主簿，再调上杭县丞，卒于任上。其与朱子交往甚密，感情极笃。何氏卒后，朱子所作祭文曰"若兄之圣，实我所畏"，其可谓朱子之"讲论至友"。《语类》载其所录九条，《文集》有致其书信三十二通，《别集》有一通，共三十三通。①（乙类）(《文集》：40-11~40-42，《别集》：4-6)

何进之，即何巨元。

何巨元，一名巨源，字进之，从学于朱子，《语类》记其问答一条。《文集》有致其书信一通。②（丙类）(《文集》：59-18)

何叔京，即何镐。

何倅，事迹待考，为来书请教者。《文集》有致其书信一通。（丁类）(《文集》：64-22)

胡伯逢，即胡大原。

胡伯量，即胡泳。

胡大时，字季随，号盘谷，建宁府崇安县(今属福建)人。胡宏季子，胡大壮之弟，张栻之女婿，先后从学于张栻、陈傅良、朱子、象山。其学术与为人皆不为朱子所许，《语类》及《文集》中多有批评。③《文集》中有致其书信十五通。（丙类）(《文集》：53-35~53-49)

胡大原，字伯逢，胡宏五峰从子，与朱子为讲友。④《文集》有致其书信四通。（乙类）(《文集》：46-41~46-44)

胡大壮，字季履，建宁府崇安县(今属福建)人，胡宏之子，胡大时之兄。兄弟均从学于张栻及朱子，《文集》有致其书信一通，陈荣捷据朱子书

---

① 《朱子门人》，第52—53页。
② 《朱子门人》，第52页。
③ 《朱子门人》，第113页。
④ 参见《闽中理学渊源考》卷三《胡伯逢先生大原》。

信之语气定其为讲友,不可据。①(丙类)(《文集》:53-34)

胡广仲,即胡实。

胡季履,即胡大壮。

胡季随,即胡大时。

胡籍溪,即胡宪。

胡璟,字文叔,事迹待考,为来书向朱子请教者。《文集》有致其书信一通,《别集》有致文叔书信一通,该书原为胡氏家藏,亦当指胡璟文叔,故共两通。(丁类)(《文集》:62-28,《别集》:3-2)

胡宽夫,事迹待考,为来书求教者。《文集》有致其书信一通,乃朱子答其问学。(丁类)(《文集》:45-15)

湖南诸公,以张栻为首之湖湘学者。《文集》有致其书信一通。(乙类)(《文集》:64-55)

胡平一,即胡元衡。

胡实,字广仲,胡安止之子,胡安国之侄,生晚,未及亲受文定之教,受学于从兄胡宏,与张栻、朱子为讲友。②《文集》有致其书信六通。(乙类)(《文集》:42-1~42-6)

胡宪(1085—1162年),字原仲,崇安(今属福建)人,学者称籍溪先生。幼年从学于叔父胡安国,又向谯定学《易》学。绍兴中入太学,私下传诵伊洛之书。赐进士出身,秦桧死,召为秘书正字。诲人不倦,吕祖谦与朱子皆其门人。③《文集》有致其书信二通,《别集》有一通,共三通。(甲类)(《文集》:37-1、37-2,《别集》:3-1)

胡泳,字伯量,南昌军建昌县(今属江西)人,学者称洞源先生。从朱子学,《语类》载其戊午所闻二百余条,问答十则。④《文集》有致其书信二

---

① 《朱子门人》,第112—113页。
② 参见《闽中理学渊源考》卷三《主簿胡广仲先生实》。
③ 《朱熹大辞典》,第96页。
④ 《朱子门人》,第114—115页。

通,《遗集》有一通,共三通。(丙类)(《文集》:63-1、63-2,《遗集》:3-46)

胡元衡,字平一,隆兴武宁人,淳熙八年进士。① 与杨万里为友,②故与朱子亦当为平辈,《文集》有致其书信一通,视之为朱子讲友可也。(乙类)(《文集》:58-20)

胡原仲,即胡宪。

晏亚夫,即晏渊。

晏渊,字亚夫,号莲塘,涪州涪陵县(今属四川)人。从学于朱子,《语类》载其癸丑以后问答五十余条,并有朱子训谕语四条。③《文集》有致其书信三通。(丙类)(《文集》:63-9~63-11)

黄道夫,即黄樵仲。

黄东,字仁卿,福州闽县(今属福建)人,历知县事,卒于任上。黄杲之弟,黄榦之兄,兄弟皆从学于朱子,《语类》有问答。④《文集》有致其书信四通,《遗集》有四通,共八通。(丙类)(《文集》:28-12、29-20、46-45、46-46,《遗集》:2-60、3-11、3-12、3-47)

黄度(1138—1213年),字文叔,绍兴新昌(今属浙江)人。隆兴进士,官至宝谟阁直学士,礼部尚书兼侍读。为官正直,曾论劾韩侂胄,被黜,侂胄死,朝论欲函其首送金,他则以为辱国,反对之。通经义,有著作多种。⑤与朱子为平辈讲友,《文集》有致其书信一通。(乙类)(《文集》:38-46)

黄端明,即黄中。

皇甫斌,字文仲,皇甫倜之子,历任将官,"自以将家子,好言兵,体仁语僚属,谓斌必败,已而果然"。⑥好程氏之学,名列"庆元伪党"中,朱子曾为其作《书伊川先生易传板本后》。与朱子门人方耕道为讲友,⑦可列为朱

---

① 参见《南宋馆阁续录》卷九《胡元衡》条。
② 参见《诚斋集》卷四二《送吉州太守胡平一寺正赴召》。
③ 《朱子门人》,第184页。
④ 《朱子门人》,第177页。
⑤ 《中国历史大辞典》,第2624页。
⑥ 参见《宋史》卷三九三詹体仁本传。
⑦ 参见《别集》5-2《答方耕道》。

子弟子。《别集》有致其书信七通。（丙类）（《别集》：5-13～5-19）

皇甫帅，即皇甫倜。

皇甫倜，为忠义军首领，建炎三十二年率兵收复光州，后任光州知州、江州都统等。①《文集》《别集》各有致其书信一通，共两通。（乙类）（《文集》：26-7，《别集》：5-20）

皇甫文忠，即皇甫斌。

黄榦（1152—1221年），字直卿，学者称勉斋先生，谥文肃，福州闽县（今属福建）人，历知州县，官至安庆知府，有政声。黄杲、黄东之弟，朱子女婿。师事朱子近三十年，朱子极为器重。有著作多种，并广收门徒，光大师传，影响深远。《语类》载其所录一百五十余条、问答一百余则。②《文集》有致其书信八通，《续集》有九十八通，《别集》有一通，《遗集》有三通，共一百一十通。（丙类）（《文集》：29-36、46-47～46-53，《续集》：1-1～1-98，《别集》：2-3，《遗集》：2-35、2-36、3-37）

黄灏，字商伯，学者称西坡先生，谥文简，南康军都昌县（今属江西）人。登进士第，官至太府寺丞，出知常州，提举常平。从学于朱子甚笃，朱子为其所作文字颇多。《语类》载其所录三条，并有问答二则。③《文集》有致其书信六通，《别集》有四十六通，《遗集》有一通，共五十三通。（丙类）（《文集》：26-19、46-15～46-19，《别集》：6-20～6-65，《遗集》：3-49）

黄幾先，与象山门人刘定夫为讲友④，无明显证据为朱子弟子，为来书向朱子请教者。《文集》有致其书信一通，内容与答刘定夫类似。（丁类）（《文集》：55-41）

黄教授，即黄灏。

黄景申，字嵩老，从学于朱子，《语类》有问答，《文集》有致其书信一

---

① 参见《宋史》卷三三《孝宗本纪一》。
② 《朱子门人》，第180—181页。
③ 《朱子门人》，第183—184页。
④ 参见《隐居通议》卷十六《刘氏族谱序》。

通。①（丙类）(《文集》：58-52)

黄令裕，即黄孝恭。

黄冕仲，事迹待考，②为来书向朱子请教者。《文集》有致其书信一通。（丁类）(《文集》：54-57)

黄治，字德润，福建侯官（今属福建）人，隆兴初登第，累官国子博士，谏议大夫，以言事为孝宗所重，擢参知政事，以资政殿大学士致仕。质直端重，为两朝名臣。③《文集》有致其书信一通，论政事。（戊类）(《文集》：26-6)

黄樵仲，字道夫，号敬斋，漳州龙溪县（今属福建）人，淳熙十年进士。为朱子门人，朱子守漳州时延郡士八人入郡学，黄氏即在其中。陈荣捷定其为朱子讲友，不知何据。《文集》有致其书信二通。④（丙类）(《文集》：58-7、58-8)

黄仁卿，即黄东。

黄商伯，即黄灏。

黄枢密，即黄祖舜。

黄叔张，即黄维之。

黄嵩老，即黄景申。

黄维之，字叔张，永春人，绍兴中第进士，迁国子监簿，转对，进所撰《太祖政要》，论爱名器、励廉耻事，孝宗深然之。历任大理丞卿，知邵武军等。直道而行，略无阿曲，居闲十年，手不释卷，尝与朱子论学，后学颇敬重之。⑤《文集》有致其书信一通。（乙类）(《文集》：38-23)

黄文叔，即黄度。

黄孝恭，字令裕，邵武军邵武县（今属福建）人，从学于朱子。《文集》

---

① 《朱子门人》，第178页。
② 北宋有黄裳字冕仲，显非此人。
③ 参见《明一统志》卷七四《黄治》条。
④ 《朱子门人》，第181—182页。
⑤ 参见《万姓统谱》卷四七《黄维之》条。

有致其书信三通。①（丙类）(《文集》：58-53～58-55)

黄寅，字直翁，邵武军邵武县(今属福建)人。少时不务正业，后改过而从学于朱子。②《文集》有致其书信三通。（丙类）(《文集》：44-61～44-63)

黄䇇(1147—1212年)，字子耕，号复斋，隆兴府分宁县(今属江西)人，官至台州知州。从学于朱子，《语类》载其戊申所闻四百余条，并有问答十余条。《文集》有致其书信十五通。③（丙类）(《文集》：51-11～51-25)

黄遹，字景声，邵武人，隆兴元年进士第，以不附韩侂胄出为江西提刑，遂请老归，自号熙堂野老。④ 庆元年间曾任建宁知府，《文集》有致其书信五通，论政事。（戊类）(《续集》：8-2～8-5)

黄知府，即黄遹。

黄直卿，即黄榦。

黄直翁，即黄寅。

黄中(1196—1180年)，字通老，邵武人。绍兴五年进士，与秦桧不合，滞淹二十余年。桧死，始迁诸官，历任工部、礼部、兵部、礼部侍郎。孝宗朝，兼国子祭酒、给事中。乾道元年致仕，六年复召入对，任兵部尚书兼侍讲，寻又致仕。淳熙元年孝宗以手书问政，进端明殿学士。淳熙七年卒，谥简肃。生而颖悟，天性庄严，出处俨然，朝野敬重。⑤ 朱子言欲为弟子，《文集》有致其书信一通。（甲类）(《文集》：37-8)

黄铢，字子厚，瓯宁人。朱子年十五六时与其相遇于刘屏山斋中，俱事屏山先生。铢少文公一岁，工诗文，于楚辞颇有研究，为朱子讲友。⑥《文集》有致其书信一通，《续集》有三通，共四通。（乙类）(《文集》：41-22，《续集》：7-1～7-3)

---

① 《朱子门人》，第176页。
② 《朱子门人》，第178页。
③ 《朱子门人》，第181页。
④ 参见《万姓统谱》卷四八《黄遹》条。
⑤ 参见《文集》卷九一《端明殿学士黄公墓志铭》。
⑥ 参见《闽中理学渊源考》卷六《黄子厚先生铢》。

黄子耕,即黄瑩。

黄子厚,即黄铢。

黄祖舜(1089—1165年),字继道,福州福清(今属福建)人,宣和六年进士,累任至同知枢密院事。薨于官,谥庄定。秦熺卒,赠太傅,祖舜言熺预其父桧议,今不宜赠,从之。所著有《易说》《国风小雅说》《礼记说》《历代史义》及遗文十五卷。① 《文集》有致其书信一通,论政事。(戊类)(《文集》:24-4)

或人,《文集》有与"或人"书信十三通,《遗集》有一通,共十四通。(《文集》27-28、64-56~64-65、64-67、64-68,《遗集》:3-61。其中64-58一云与余正甫,64-59~64-68一云答刘公度)。

J

季观国,即季光弼。

季光弼(1127—1183年),字观国,温州平阳人,少颖悟,于书无所不读诗,绍兴二十七年登进士第,历任临安府盐官主簿、福州宁德县丞、通直郎知绍兴府嵊县,转奉议郎,代者且至,俄疾,卒于县治。抱负深厚,学行政术皆欲以古人自期,所至皆有政声。② 《遗集》有致其书信一通,论政事。(戊类)(《遗集》:2-38)

籍溪胡先生,即胡宪。

建宁诸司,事迹待考。《文集》有致其书信一通,论赈济事。(戊类)(《文集》:25-6)

姜大中,字叔权,从学于朱子,《语类》有问答一条,《文集》有致其书信五通。③(丙类)(《文集》:52-25~52-29)

---

① 参见《闽中理学渊源考》卷十四《庄定黄继道先生祖舜》。
② 参见《攻瑰集》卷一百《知嵊县季君墓志铭》。
③ 《朱子门人》,第111页。

江德功,即江默。

江东陈帅,即陈俊卿。

江端伯,事迹待考,为来书问学者。《文集》有致其书信一通。(丁类)(《文集》:64-39)

江梦良,即江史。

江明(1126—1187年),字清卿,建阳人。江氏家学渊源,又生而颖悟,故称誉于当时。尝以进士试礼部,不合而归,遂无复有进取之念,而独于修身进德益孳孳。朱子与之交好,为其作《墓志铭》。①《续集》有致其书信二通。(乙类)(《续集》:8-7、8-8)

江默,字德功,建宁府崇安县(今属福建)人,乾道五年中进士,历知州县。从学朱子于武夷,《语类》及《文集》中均有关于经义及性理之问答。论格物之说受陆九渊影响,多与朱子不合。朱子对其多有批评,但亦称"其志终在于善"。《文集》有致其书信十三通。②(丙类)(《文集》:44-48~44-60)

江清卿,即江明。

江史,字梦良,事迹待考,为来书向朱子请教者。《文集》有致其书信一通。(丁类)(《文集》:54-60)

姜叔权,即姜大中。

江西钱漕,即钱佃。

江西张漕,姓名、事迹待考。《文集》有致其书信一通,论赈济事。(戊类)(《文集》:26-29)

江西张帅,即张子颜。

江彦谋,事迹待考,为来书请教者。《文集》有致其书信一通。(丁类)(《文集》:64-23)

江隐君,即江泳。

---

① 参见《文集》卷九三《江君清卿墓志铭》。
② 《朱子门人》,第51页。

江泳(1124—1172年),字元适,世居衢之开化,从学于南塘徐诚叟,得二程之学。束发知读书,口诵心维,寒暑不废。年益壮而学益明,应科举不利,遂绝不为举子语,不复谋仕,行其志于家。治家有方,翛然自适以终其身,有著作多种,时人称道之。①《文集》有致其书信三通,《续集》又有致江隐君书信五通,陈来以为江隐君即江泳,②其说可从,故共有致其书信八通。(乙类)(《文集》:38-28~38-30,《续集》:6-6~6-10)

江元适,即江泳。

金朋说,字希傅,徽州休宁县(今属安徽)人,淳熙丁未进士,曾知邮江县,伪学禁起,解职归。陈荣捷据各种文献定其为朱子弟子。③《遗集》有致其书信二通。(丙类)(《遗集》:2-20、2-21)

金希傅,即金朋说。

K

康炳道,即康文虎。

康户曹,即康仲颖。

康文虎,字炳道,从学于吕祖谦。《文集》有致其书信一通。④ 无明显证据为朱子弟子,但曾来书向朱子问学。(丁类)(《文集》:54-42)

康仲颖,字缊之,婺州东阳人,淳熙十四年进士。⑤ 曾任户曹,当为朱子晚辈,但无明显证据为朱子弟子,《文集》有致其书信一通。(丁类)(《文集》:55-49)

柯国材,即柯翰。

柯翰(约1106—1177年),字国材。进士出身,守道恬退,不随流俗,

---

① 参见《攻瑰集》卷一百《江元适墓志铭》。
② 参见《朱子书信编年考证》,第33页。
③ 《朱子门人》,第109页。
④ 《朱子门人》,第127页。
⑤ 《南宋馆阁续录》卷八《康仲颖》条。

专以讲究经旨为务。柯氏为长辈而下交于朱子者,陈荣捷定其为朱子平辈讲友。①《文集》有致其书信四通,《遗集》有一通,共五通。(丙类)(《文集》:39-6~39-9,《遗集》:2-10)

L

李宝之,即李如圭。

李璧(1159—1222年),字季章,号雁湖居士,又号石林,眉州丹棱(今属四川)人,李焘之子。进士出身,累迁至礼部侍郎。开禧中使金,归言不可轻开战事,疏请夺秦桧王爵以激励士气,进礼部尚书。韩侂胄北伐失利,李氏劝其治诸败将之罪,拜参知政事。参与史弥远诛韩侂胄,后被弹劾。为学注重典章制度,曾注解王安石诗。② 与朱子多有来往,但无明显证据为朱子弟子。《文集》有致其书信九通。(丁类)(《文集》:29-15、29-18、29-19、29-25、38-33~38-37)

李滨老,即李吕。

李伯谏,即李宗思。

李谌(1144—1220年),字诚之,号朦庵,李邴之孙。务博览书,史官至敷文阁待制知建宁府。韩侂胄用事,李氏进言诋之,士林称为刚正笃实之士。③ 好二程之学,朱子曾为其作《黄州州学二程先生祠记》④。无明显证据为朱子弟子,但曾来书请教。《文集》有致其书信二通。(丁类)(《文集》:60-38、60-39)

李诚父,即李友直。

李诚之,即李谌。

李处谦,即李壮祖。

---

① 《朱子门人》,第111—112页。
② 《中国历史大辞典》,第1379页。
③ 参见《闽中理学渊源考》卷三一《待制李诚之先生谌》。
④ 在《文集》卷八十。

李椿(1111—1183年),字寿翁,洺州永年(今属河北)人,因父殉靖康之难,以遗泽补官。曾奔走抗金,后历知诸州,甚有政声。卒后朱子为其作墓志铭,颇称道之。①《文集》有致其书信一通。(甲类)(《文集》:37-43)

李次张,事迹待考,为来书向朱子请教者。《文集》有致其书信一通,据之其当为从学于张栻者,慕名向朱子请教。(丁类)(《文集》:58-15)

李端甫,事迹待考。《别集》有致其书信一通,论时势。(戊类)(《别集》:2-1)

李燔,字敬子,号弘斋,谥文定,南康军建昌县(今属江西)人,绍熙元年进士,曾任襄阳府教授,九江郡守曾请其任白鹿书院堂长。《宋史》云其"乃朱熹高弟,与黄榦并称曰黄李"。《语类》载其所录二十余条,《文集》有致李敬子余国秀书信一通。②(丙类)(《文集》:62-45)

李方子,字公晦,号果斋,邵武县(今属福建)人,李吕子正己之子,李文子之兄,嘉定七年进士。从学于朱子,《语类》载其戊申以后所闻二百余条,并有问答十余条。世传李方子曾作《朱子年谱》三卷,其本不传。③《文集》有致其书信五通。(丙类)(《文集》:29-21、29-22、59-24~59-26)

李公晦,即李方子。

李好古,即李师愈。

李闳祖,字守约,号纲斋,李吕长子,李壮祖、李相祖之兄,嘉定辛未进士,官至广西经略安抚司干官。李吕与朱子为友,其三子皆师事朱子,朱子曾留李闳祖于家塾中训诸孙。《语录》载其戊申以后所闻二百余条,问答四十余条。《文集》有致其书信十四通。④(丙类)(《文集》:55-6~55-19)

李辉,字晦叔,南康军建昌县(今属江西)人,李燔之兄。从学于朱子,

---

① 《中国历史大辞典》,第1376页。
② 《朱子门人》,第85页。
③ 《朱子门人》,第74页。
④ 《朱子门人》,第81—82页。

《语类》载其所录二十余条,问答一条,《文集》有致其书信七通。① (丙类)(《文集》:62-36~62-42)

李晦叔,即李辉。

黎季忱,名无可考,季忱其字也,一作季成,赣州宁都县(今属江西)人,从学于朱子,《语类》载其问答数条,并有朱子训谕语一条。《文集》有致其书信一通。② (丙类)(《文集》:62-31)

李继善,即李孝述。

李季章,即李璧。

李教授,即李橺。

李敬子,即李燔。

李亢宗,一名克宗,字子能,泉州同安县(今属福建)人。从学于朱子,朱子颇称道之。《文集》有致其书信一通。③ (丙类)(《文集》:58-9)

李吕(1122—1198年),字滨老,邵武军光泽县(今属福建)人,朱子同辈讲友,其子李闳祖、李相祖、李壮祖,孙李方子皆从学于朱子。《文集》有致其书信一通。④ (乙类)(《文集》:46-1)

李如圭,字宝之,吉州庐陵县(今属江西)人,绍熙癸丑进士,曾为福建安抚司干官。精于礼学,有著作多种。无明显证据为朱子弟子,但曾来书请教。《文集》有致其书信一通。⑤ (丁类)(《文集》:59-34)

李深卿,即李泳。

李深子,事迹无可考,为来书请教者。《别集》有致叶永卿、吴唐卿、周得之、李深子十二通。(丁类)(《别集》:6-70~6-81)

李时可,即李相祖。

李师愈,字好古,"高安人,博学多闻,从刘子澄讲学庐山。朱文公高

---

① 《朱子门人》,第83页。
② 《朱子门人》,第241—242页。
③ 《朱子门人》,第75页。
④ 《朱子门人》,第76页。
⑤ 《朱子门人》,第75页。

第李野尝访师愈,有诗称之"。① 无明显证据为朱子弟子,但曾来书请教。《文集》有致其书信一通。(丁类)(《文集》:64-48)

李寿翁,即李椿。

李守约,即李闳祖。

李叔文,即李埜。

李唐咨,字尧卿,漳州龙溪县(今属福建)人,陈淳岳父,与陈淳同事朱子。《语类》有问答数条,《文集》有致其书信五通。②(丙类)(《文集》:57-4~57-8)

李侗(1093—1163年),字愿中,学者称延平先生,南剑州剑浦人,学术渊源于程颐,下启朱子之学,年轻时师事杨时、罗从彦,得授《春秋》《中庸》《论语》《孟子》,学成退居山田,谢绝世故四十年。为学主张"默坐澄心,体认天理"。朱子拜师李侗,在其思想发展中具有重要的意义。③《文集》有致其书信一通,《延平答问》有十八通,共十九通。(甲类)(《文集》:24-7,延平答问:1-1~1-5、1-7~1-9、1-11~1-18、1-20、1-22)

李楫,三山人,李楠、李樗之弟,曾任泉州教授,后任泉州倅。④《文集》有致其书信一通,论政事。(戊类)(《文集》:24-2)

李相祖,字时可,李吕次子,李闳祖之弟,李壮祖之兄,嘉定辛未进士。从学于朱子,《语类》有问答四条,曾因朱子所命编《书说》三十余卷。《文集》有致其书信七通。⑤(丙类)(《文集》:55-20~55-26)

李孝述,字继善,李燔从子,陈荣捷据朱子答书定其为朱子弟子。⑥《文集》有致其书信四通,《续集》有致其书信二通,共六通。(丙类)(《文集》:63-3~63-6,《续集》:7-25、10-1)

---

① 参见《万姓统谱》卷七二《李师愈条》。
② 《朱子门人》,第80页。
③ 《朱熹大辞典》,第96—97页。
④ 参见《朱熹年谱长编》,179页。
⑤ 《朱子门人》,第80页。
⑥ 《朱子门人》,第77页。

李巽卿,事迹待考,为来书向朱子请教者。《文集》有致其书信一通,乃答其问学。(丁类)(《文集》:59-6)

李延平,即李侗。

李彦中,事迹待考,《文集》有致其书信一通,论赈济事。(戊类)(《文集》:29-39)

李尧卿,即李唐咨。

李埜,字叔文,南康人①,《语类》有问答两条,可考知其为朱子晚年弟子。《文集》有致其书信四通。②(丙类)(《文集》:52-35～52-38)

李泳,字深卿,李葵之孙,乾道八年进士③,吕祖谦门人④。《文集》有致其书一通,无明显证据为朱子弟子,但曾来书向朱子请教。(丁类)(《文集》:45-14)

李友直,字诚父,李延平长子,绍兴二十七年进士。⑤《文集》有致其书信二通。(乙类)(《文集》:28-6、28-8)

李元翰,成都人,善道释人物,《语类》有问答两条,《文集》有致其书信一通,陈荣捷以为此书乃教弟子之语,其为弟子无疑。⑥(丙类)(《文集》:59-12)

李缯,字参仲,"厌科举之习,卜筑云山间,为隐居计,名其山曰钟山",因自号钟山。朱子绍兴中与其相识,淳熙中再见之,交游益亲。⑦《遗集》有致其书信一通。(乙类)(《遗集》:2-43)

李周翰,蕲州(今属湖北)人,早年好释氏,从朱子学,《语类》载其问答一条,乃晚年请教情形。⑧《文集》有致其书信两通。(丙类)(《文集》:

---

① 参见《文集》卷五二注37。
② 《朱子门人》,第77页。
③ 参见《淳熙三山志》卷三十《李泳》条。
④ 参见《东莱集·附录》卷二《李县丞深卿祭文》。
⑤ 参见《闽中理学渊源考》卷五《御史李先生信甫》。
⑥ 《朱子门人》,第72页。
⑦ 参见《遗集》,第599—600页,《与某人贴》按语。
⑧ 《朱子门人》,第77—78页。

56-37、56-38)

李壮祖,字处谦,李吕季子,李闳祖、李相祖之弟,嘉定辛未进士,曾任闽清县尉。《语类》载其所录六十条,自为弟子无疑,其所录以有关《论语》为多。《文集》有致其书信一通。①(丙类)(《文集》:59-27)

李子能,即李亢宗。

李宗思,字伯谏,建宁府建安县(今属福建)人,隆兴元年进士,曾任蕲州教授。早年好释氏,后弃佛归儒。从学于朱子,朱子与其书信往来颇多,并曾以诗作唱和,且曾为其作文。②《文集》有致其书信三通,《续集》有四通,共七通。(丙类)(《文集》:43-17～43-19,《续集》:8-13～8-16)

连嵩卿,名不可考,嵩卿其字也。陈荣捷据各种文献定其为朱子弟子,《文集》有致其书信四通。③(丙类)(《文集》:41-5～41-8)

梁丞相,即梁克家。

梁克家(1128—1187年),字叔子,泉州晋江(今属福建)人。绍兴三十年进士第一,乾道六年任参知政事,次年兼知枢密院事,八年为右丞相兼枢密使。后出知建宁、福州,又复任右丞相。注重实际,不喜空言,曾劝孝宗无求奇功。④《文集》有致其书信一通。(乙类)(《文集》:27-8)

梁文叔,即梁琢。

梁琢,字文叔,邵武军邵武县(今属福建)人。从朱子学,《语类》载其问答一则,《文集》有致其书信四通。⑤(丙类)(《文集》:44-39～44-42)

廖德明,字子晦,号槎溪,南剑川顺昌县(今属安徽)人,乾道五年进士,官至吏部左选郎官。少学释氏,因读杨时书悟佛学之非,后从学于朱子,为朱门高弟,《语类》载其癸巳以后所闻三百余条,问答二十余则,朱子

---

① 《朱子门人》,第77页。
② 《朱子门人》,第78—79页。
③ 《朱子门人》,第138—139页。
④ 《中国历史大辞典》,第2792页。
⑤ 《朱子门人》,第134页。

训谕语二十条。①《文集》有致其书信十八通,《别集》《遗集》各有一通,共二十通。(丙类)(《文集》:45-23～45-40,《别集》:4-7,《遗集》:3-48)

廖季硕,即廖俣。

廖俣,字季硕,以杨万里荐,受业于朱子之门。②《文集》有致其书信三通。(丙类)(《文集》:49-50～49-52)

廖子晦,即廖德明。

林安抚,即林枅。

林伯和,即林鼐。

林补,字退思,温州永嘉县(今属浙江)人,尝为四川分司茶马干官。《文集》有致其书信二通,陈荣捷据此定其为朱子讲友。③然据陈氏之判断标准,林补应列为朱子私淑弟子。(丙类)(《文集》:62-12、62-13)

林成季,字井伯,兴化军莆田县(今属福建)人。《别集》有致其书信十二通,据内容可知其与朱子相知必厚。陈荣捷据朱子对其之称呼及书信之内容,定其为朱子讲友。④陈说不可从。陈氏引《道南源委》云林氏"有学行,从朱子游,朱子甚器重之。"则成季为朱子门人无疑。(丙类)(《别集》:1-15～1-17、4-23～4-31)

林充之,陈荣捷以为当为林用中之兄弟,并据《文集》中相关记载定其为朱子之弟子。《文集》中有致其书信二通。⑤(丙类)(《文集》:43-55、43-56)

林大春,字熙之,号愒斋,福州古田县(今属福建)人。《文集》有致其书信一通,《别集》有一通,共二通。陈荣捷据朱子致其书信之语气及内容,定其为朱子讲友。⑥然陈氏自己所考其他文献已足证其为朱子弟子无

---

① 《朱子门人》,第198—199页。
② 《朱子门人》,第198页。
③ 《朱子门人》,第104页。
④ 《朱子门人》,第99页。
⑤ 《朱子门人》,第98页。
⑥ 《朱子门人》,第95页。

疑。(丙类)(《文集》:49-23,《别集》:5-38)

林德久,即林至。

林光朝(1114—1178年),字谦之,兴化军莆田县(今属福建)人,学者称艾轩先生。隆兴进士,官至中书舍人。程门再传,是伊洛之学在东南最早的倡导者之一。从学者甚众,注重内心体认道体。[①]《文集》有致其书信一通。(甲类)(《文集》:38-27)

林黄中,即林栗。

林枅,字子方,莆田人,绍兴二十一年进士。召对,除秘书正字,迁校书郎,知信州,寻提举广东常平盐茶,移使江西,会泉州缺守,遂以授枅,颇有政绩,征为吏部侍郎,改知福州,卒。[②] 与朱子为平辈讲友,《续集》有致其书信一通,《别集》有三通,共四通。(乙类)(《续集》:5-48,《别集》:5-21～5-23)

林井伯,即林成季。

林恪,字叔恭,台州天台县(今属浙江)人。从学于朱子,《语类》有其癸丑以后所闻一百余条,并有问答一条。《文集》有致其书信一通。[③](丙类)(《文集》:60-41)

林揆,字一之,从学于朱子,《语类》有问答一条,《文集》有致其书信三通。[④](丙类)(《文集》:57-1～57-3)

林栗,字黄中,福州福清(今属福建)人。绍兴进士,孝宗时累官至兵部侍郎。朱子为兵部郎官,林氏以论学不合,攻朱子为乱人之首。遂遭叶适等人弹劾,出知泉州,又改明州。[⑤]《文集》有致其书信三通。(乙类)(《文集》:37-24～37-26)

林鲁山,字师鲁,号芸谷,福州古田县(今属福建)人。陈荣捷据相关

[①] 《中国历史大辞典》,第1746页。
[②] 参见《福建通志》卷四四《林枅》条。
[③] 《朱子门人》,第101—102页。
[④] 《朱子门人》,第103页。
[⑤] 《中国历史大辞典》,第1744页。

记载定其非朱子门人。为晚辈而来书向朱子请教者,《别集》有致其书信一通。①（丁类）(《别集》：5-37)

林峦,泉州（今属福建）人,事迹待考,《文集》有致其书信二通。② 当为来书向朱子请教者。(丁类)(《文集》：39-2、39-3)

林鼐,字伯和,台州黄岩县（今属浙江）人,乾道八年进士,曾任定海县丞,有政声。林鼒之兄,兄弟皆从学于朱子,《语类》无问答,《文集》有致其书信一通。③（丙类）(《文集》：49-19)

林谦之,即林光朝。

林湜(1132—1202年),字正夫,号盘隐,福州长溪县（今属福建）人。历任浙江提刑、江西转运判官、太常少卿等,以直龙图阁致仕。与朱子关系友善,为平辈讲友,党禁中仍与朱子来往。《文集》有致其书信一通。④（乙类）(《文集》：38-48)

林师鲁,即林鲁山。

林叔恭,即林恪。

林叔和,即林鼒。

林退思,即林补。

林学蒙,一名羽,字正卿,福州永福县（今属福建）人。从学于朱子,后卒业于黄榦之门。《语类》有其甲寅以后所闻一百余条,问答二十余则,朱子训谕语四条。《文集》有致其书信四通。⑤（丙类）(《文集》：59-1~59-4)

林熙之,即林大春。

林易简,字一之,漳州（今属福建）人。绍熙二年,朱子守漳州,延郡士八人入郡学,易简即在其中。从学于朱子,《语类》载其所录十余条,《文

---

① 《朱子门人》,第102—103页。
② 《朱子门人》,第107页。
③ 《朱子门人》,第106页。
④ 《朱子门人》,第103页。
⑤ 《朱子门人》,第104—105页。

集》有致其书信一通。①（丙类）(《文集》：64-21)

林一之，朱子门人林㯦、林易简均字一之，书题为《答林一之》之三书为答林㯦，而《文集》《语类》只云"一之"或"林一之"者，皆指林易简。②

林用中，字择之，一字敬仲，别号东屏，学者称草堂先生，福州古田县（今属福建）人，林用中之兄，与林充之亦当为兄弟。早年厌科举，不求仕进，后曾应石墩聘，掌尤溪学政。从朱子游甚久，朱子称为"畏友"，赞美备至。《语类》有问答三十余条，《文集》中有不少与其唱和之作，另外书信往复之多较为少见。③《文集》有致其书信三十四通，《别集》有二十通，共五十四通。（丙类）(《文集》：27-4、27-5、43-23～43-54，《别集》：2-40、6-1～6-19)

林择之，即林用中。

林振，字子玉，《文集》有致其书信一通，陈荣捷据此定其为弟子。④（丙类）(《文集》：49-49)

林正卿，即林学蒙。

林正夫，即林湜。

林至，字德久，嘉兴府华庭县（今属上海）人，陈荣捷以为其乃朱子晚年弟子，且感情亲密。⑤《文集》有致其书信十一通。（丙类）(《文集》：61-1～61-11)

林质，事迹待考，为来书向朱子请教者。《文集》有致其书信一通。（丁类）(《文集》：64-47)

林鼐，字叔和，学者称草庐先生，林鼐之弟，台州黄岩县（今属浙江）人。兄弟皆从学于朱子，《语类》载其问答一条，《文集》有致其书信三通。⑥

---

① 《朱子门人》，第100—101页。
② 《朱子门人》，第103页。
③ 《朱子门人》，第97页。
④ 《朱子门人》，第102页。
⑤ 《朱子门人》，第98—99页。
⑥ 《朱子门人》，第105页。

(丙类)(《文集》:49-20~49-22)

林子方,即林枅。

林子玉,即林振。

刘炳,字韬仲,自号悠然翁,学者称睦堂先生,淳熙戊戌进士,官至兵部郎中,谥文安。刘爚之弟,兄弟均先后从学于吕祖谦及朱子。《语类》有问答,《续集》有致其书信十二通。① (丙类)(《续集》:4b-1~4b-11、9-1)

留参政,即留正。

刘漕,名字、事迹待考。《文集》有致其书信一通,言辞免事。(戊类)(《文集》:27-27)

刘朝弼,事迹待考,为来书请教者。《文集》有致其书信一通。(丁类)(《文集》:64-44)

留丞相,即留正。

刘崇之,字智夫,号瑞樟,淳熙二年进士,孝宗时官至秘书省校书郎等。光宗内禅,上书请朝重华宫,除行太常寺丞权兵部郎中。朱子罢经筵,命从中出,崇之率同列请留之,辞极剀切。伪学禁兴,力请外,得荆湖南路常平使者。后屡有升降,卒谥文忠。崇之天资颖敏,居左塾读书三十年,未曾移他所,文章温润典雅有光,时人誉之。② 当为朱子晚辈,但无明显证据为朱子弟子,《别集》有致其书信二十七通。(丁类)(《别集》:2-12~2-38)

刘德华,即刘允迪。

刘德修,即刘光祖。

刘砥,字履之,别号存庵,福州长乐县(今属福建)人。刘砺之兄,兄弟师事朱子,协助朱子修礼书至力且久。《语类》载其庚戌所闻七十余条,并有问答语及朱子训谕语数条。③《文集》有致其书信一通。(丙类)(《文

---

① 《朱子门人》,第214页。
② 参见《闽中理学渊源考》卷六《文忠刘瑞樟先生崇之》。
③ 《朱子门人》,第214—215页。

集》：59-28)

刘定夫,陈荣捷据各种文献认为属朱子弟子,但"尚待佐证"。[①] 然其实为象山门人,[②]亦从学于朱子,但意见往往不合,《文集》有致其书信二通,批驳之意甚明。(丙类)(《文集》：55-27、55-28)

刘黼,字季章,吉州庐陵县(今属江西)人,曾为特奏第一。从学于朱子,往来甚密,《语类》有问答二条,《文集》有致其书信二十四通,《别集》有一通,共二十五通。[③] (丙类)(《文集》：29-35、53-9~53-31,《别集》：2-2)

刘珙(1122—1178年),字共甫,一作共父,建宁府崇安县(今属福建)人。刘子羽之子,从学于其叔刘子翚。绍兴间中进士,曾因忤秦桧被逐,后历知州府。病危,手书致张栻、朱子,以未能为国雪耻为恨。[④]《文集》有致其书信四通,《别集》有七通,共十一通。(乙类)(《文集》：37-11~37-14,《别集》：1-1、1-2、4-1~4-5)

刘公度,即刘孟容。

刘共甫,即刘珙。

刘共父,即刘珙。

刘光祖(1142—1222年),字德修,号后溪,简州阳安(今属四川)人,乾道进士,光宗时任殿中侍御史,宁宗时迁起居郎,立朝敢言,因谏罢朱子被劾。庆元党禁起,亦遭谤,谪居房州。党禁解,复起,官至显谟阁学士。[⑤]与朱子往来密切,《文集》有致其书信一通,《续集》有三通,《别集》有十五通,《遗集》有二通,共二十一通。(乙类)(《文集》：38-45,《续集》：6-21~6-23,《别集》：1-20~1-31、5-24~5-26,《遗集》：3-43、3-44)

刘晦伯,即刘爚。

---

① 《朱子门人》,第212页。
② 参见《隐居通议》卷十六《刘氏族谱序》。
③ 《朱子门人》,第222页。
④ 《中国历史大辞典》,第1142页。
⑤ 《中国历史大辞典》,第1157—1158页。

刘季章,即刘黼。

刘榘,莆田人,字仲则,嘉定乙巳时为著作郎。①《文集》有致其书信一通,无明显证据为朱子弟子,但曾来书向朱子请教。(丁类)(《文集》:54-56)

刘君房,曾任知县,刘元城之孙。无明显证据为朱子弟子,但曾来书请教。《文集》有致其书信二通,《续集》有一通,共三通。(丁类)(《文集》:60-23、60-24,《续集》:6-26)

刘履之,即刘砥。

刘孟容,字公度,隆兴府(今属江西)人,历守长沙、南康。曾从学于刘子澄、张栻、陆象山、朱子,朱子对其多有批评,后其思想渐趋向于朱子。《语类》有问答数条,《文集》有致其书信七通,《别集》有一通,共八通。②(丙类)(《文集》:53-1～53-6、64-66,《别集》:2-5)

刘玶(1138—1185年),字平甫,一作平父,号七者翁,刘屏山之子,建宁府崇安县(今属福建人),曾任从事郎。为朱子平辈讲友,相与四十余年,过从颇密,其子刘学古为朱子之婿。③《文集》有致其书信十一通,《续集》有三通,共十四通。(乙类)(《文集》:24-6、24-24、40-1～40-9,《续集》:7-10～7-12)

刘平甫,即刘玶。

刘平父,即刘玶。

刘清之(1139—1189年),字子澄,学者称静春先生,吉州庐陵县(今属江西)人。进士出身,官至知衡州。为朱子平辈讲友,朱子与之交游甚密,讲学甚勤。与张栻、吕祖谦亦为同调。④《文集》有致其书信十七通,《别集》有四通,《遗集》有三通,共二十四通。(乙类)(《文集》:35-9～35-24、68-8,《别集》:3-24～3-27,《遗集》:2-22、2-23、2-33)

---

① 参见《建炎杂记》乙集卷十五《东宫讲官》。
② 《朱子门人》,第213—214页。
③ 《朱子门人》,第213页。
④ 《朱子门人》,第216页。

刘叔文,名未详,温陵人,从学于朱子,朱子颇称道之。①《文集》有致其书信二通。(丙类)(《文集》:46-38、46-39)

刘韬仲,即刘炳。

刘学古,刘玶之子,朱子之婿,建宁府崇安县(今属福建)人,尝为临桂县令。陈荣捷考订《别集》题为《致学古》二书非与叶学古,乃是致此人者。《语类》有训谕语,《别集》此二书亦多指示,陈氏以为乃训婿非训门人,故不以学古为朱子门人。② 陈说不足据,为婿不害其为弟子也。(丙类)(《别集》:5-10、5-11)

刘爚(1144—1216年),字晦伯,号云庄,谥文简,建宁府建阳县(今属福建)人,官至权工部尚书。刘炳之兄,兄弟均先后从学于吕祖谦及朱子。为朱门高弟,有著作多种。《语类》无问答,《文集》中多所提及。③《续集》有致其书信二十九通,《遗集》有一通,共三十通。(丙类)(《续集》:4a-1～4a-29,《遗集》:2-13)

刘允迪,字德华,"玉山人,隆兴进士,知德安县,为政一本儒术,以惠爱得民,累官至朝奉郎、参议沿海制置司军事。后居家建义学,以教族子弟及乡人之愿学者。朱子有《玉山刘氏义学记》,为允迪而作也"。④ 与朱子为平辈讲友,《续集》有致其书信十四通。(乙类)(《续集》:11-1～11-14)

刘智夫,即刘崇之。

留正(1129—1206年),字仲至,泉州永春(今属福建)人。绍兴进士,孝宗时累任至吏部尚书,又出知诸州府。后召还京,除参知政事兼知枢密院事,拜右丞相、左丞相,以用人著称。宁宗即位,罢相,谪邵州。⑤ 与朱子多有往来,《文集》有致其书信十九通。(乙类)(《文集》:27-25、28-10、28-11、28-15、28-19～28-25、28-27、29-5、29-8、29-9、29-26、

---

① 参见《闽中理学渊源考》卷十八《刘叔文先生》。
② 《朱子门人》,第219页。
③ 《朱子门人》,第222—223页。
④ 参见《江西通志》卷八五《刘允迪》条。
⑤ 《中国历史大辞典》,第2500页。

38-17～38-19)

刘仲升,事迹待考,《文集》有致其书信二通,据其中内容,仲升为刘黼、季章讲友,且问教于朱子,自当为朱子门人。(丙类)(《文集》:53-7、53-8)

刘仲则,即刘桀。

刘子澄,即刘清之。

刘子羽,字彦修,刘韐长子,刘子翚之兄。建炎初为枢密院检详文字,与张浚同谋诛范琼,及浚宣抚川陕,为参议军事,荐吴玠、吴璘。中兴战功,多子羽之力也。后知镇江府,兼沿江安抚使。[①]朱松去世后,朱子遵父嘱偕母投靠刘子羽,并入刘氏家塾。《遗集》有致其书信一通。(甲类)(《遗集》:2-1)

楼钥(1137—1213年),字大防,明州鄞县(今属浙江)人,号攻瑰主人。隆兴进士,乾道间使金,光宗时任起居郎兼中书舍人,兼直学士院。因论事得罪韩侂胄去官,韩死后起复,累官至参知政事,卒谥宣献。[②]与朱子友善,《遗集》有致其书信二通。(乙类)(《遗集》:3-19、3-20)

路德章,即路芾。

路芾,字德章,吕祖谦之门人[③],无明显证据为朱子弟子,但曾多次来书向朱子请教。《文集》有致其书信五通。(丁类)(《文集》:54-37～54-41)

陆放翁,即陆游。

陆九龄(1132—1180年),字子寿,抚州金溪(今属江西)人,学者称复斋先生。陆九韶之弟,陆九渊之兄。乾道五年进士,历任诸军州教授。与陆九渊同赴鹅湖之会,虽与朱子观点不同,但友情不断。[④]《文集》有致其书信二通。(乙类)(《文集》:36-1、36-2)

陆九韶,字子美,号梭山居士,抚州金溪(今属江西)人,陆九龄、陆九

[①] 参见《万姓统谱》卷五九《刘子羽》条。
[②] 《中国历史大辞典》,第3019条。
[③] 参见《文集》50—8《答潘恭叔》。
[④] 《朱熹大辞典》,第101页。

渊之兄。为学以发明本心为宗旨,曾与朱子辩论无极太极之说。①《文集》有致其书信三通。(乙类)(《文集》:36-3~36-5)

陆九渊(1139—1193年),字子静,号存斋,抚州金溪(今属江西)人,学者称象山先生。进士出身,曾任知荆门军等地方官职。陆王心学的创始人,所论与朱子多所不合,与朱子有鹅湖之会,曾应朱子之邀讲学于白鹿洞书院。②《文集》有致其书信六通,《遗集》有七通,共十三通。(乙类)(《文集》:36-6~36-11,《遗集》:2-17、2-26、2-46~2-48、3-1、3-16)

庐陵后生,即王峴。

卢提干,事迹待考,为来书请教者,《续集》有致其书信二通。(丁类)(《续集》:6-28、6-29)

卢彦德,字国华,丽水人,绍兴中进士,知广德军建平县,民贫苦,多逃亡,彦德至,有善政,逃者复归。两守蜀郡,再历宪曹,并著声绩,后官至朝请大夫。③《文集》有致其书信一通,论政事。(戊类)(《文集》:29-7)

陆游(1125—1210年),字务观,号放翁,越州山阴(今属浙江)人,绍兴二十四年应礼部试,因论恢复被黜落。孝宗即位,赐进士出身,累官至礼部郎中,多次被贬逐。曾从军入蜀,自言甚爱其风土。宁宗时召修孝宗、光宗实录,以宝谟阁直学士致仕。工诗词散文,亦长于史学。尤善诗,为南宋四大家之一,作品沉郁顿挫,多鼓吹恢复。④为朱子平辈讲友,《遗集》有致其书信三通。(乙类)(《遗集》:2-40~2-42)

陆子静,即陆九渊。

陆子美,即陆九韶。

陆子寿,即陆九龄。

罗博文(1114—1168年),字宗约,沙县人,朱子同门,从学于李延平,

---

① 《朱熹大辞典》,第101页。
② 《朱熹大辞典》,第101—102页。
③ 参见《浙江通志》卷一七〇《卢彦德》条。
④ 《中国历史大辞典》,第1638页。

得道学之传，寻以荐参议军府政，卒于嘉州官舍。囊无余赀，有书数千帙而已，朱子为其作行状。①《续集》有致其书信八通。（乙类）（《续集》：5-37～5-44）

罗参议，即罗博文。

罗辟，字师舜，②罗问之弟，事迹待考，陈来疑兄弟二人为延平门人罗博文之子，③今从。无明显证据为朱子弟子，但曾来书请教。《续集》有致其兄弟书信二通。（丁类）（《续集》：5-45、5-46）

罗师孟师舜兄弟，即罗问、罗辟。

罗问，字师孟，④罗辟之兄，事迹待考，陈来疑兄弟二人为延平门人罗博文之子，⑤今从。无明显证据为朱子弟子，但曾来书请教。《续集》有致其兄弟书信二通。（丁类）（《续集》：5-45、5-46）

罗县尉，事迹待考，为来书问学者，《续集》有致其书信一通，论读书。（丁类）（《续集》：5-47）

吕伯恭，即吕祖谦。

吕道一，陈荣捷以为事迹无可考，《文集》有致其书信两通，陈氏据此以为其既非门人，亦非讲友。⑥据《文集》46-8，陈氏关于此人之考定显误，其为朱子弟子无疑。（丙类）（《文集》：46-9、46-10）

吕季克，即吕胜已。

吕绍先，事迹待考，为来书请假者。《文集》有致其书信二通。（丁类）（《文集》：64-37、64-38）

吕佲，事迹无可考，《文集》有致其书信一通，陈荣捷以为不足为据，故定其既非讲友亦非门人。⑦为来书向朱子请教者。（丁类）（《文集》：39-4）

---

① 参见《万姓统谱》卷三五《罗博文》条。
② 参见《文集》卷九七《承议郎主管台州崇道观赐绯鱼袋罗公行状》。
③ 参见《朱子书信编年考证》，第56页。
④ 参见《文集》卷九七《承议郎主管台州崇道观赐绯鱼袋罗公行状》。
⑤ 参见《朱子书信编年考证》，第56页。
⑥ 《朱子门人》，第68页。
⑦ 《朱子门人》，第65—66页。

吕胜己，字季克，自号渭川居士，建宁府建阳县（今属福建）人，官至朝请大夫、知沅州，张栻之门人。《文集》有致其书信一通。① 无明显证据为朱子弟子，但曾来书向朱子请教。（丁类）（《文集》：45-22）

吕士瞻，即吕竦。

吕竦，字士瞻，事迹无可考，为来书向朱子请教者。陈荣捷以为其乃朱子讲友，不足据。《文集》有致其书信一通。②（丁类）（《文集》：46-8）

吕子约，即吕祖俭。

吕祖俭，字子约，号大愚叟，谥忠，婺州金华县（今属浙江）人。历任监州、府丞，与时论不合，贬高安，在谪所读书穷理，卖菜以自给，庆元六年卒。受业于其兄吕祖谦，与朱子交往甚密，虽非朱子弟子，但求教不断，《语类》《文集》多有问答，然论学多不投机。③《文集》有致其书信四十九通，《别集》有一通，《遗集》有一通，共五十二通。（丁类）（《文集》：47-1～47-28、48-1～48-21，《别集》：1-10，《遗集》：2-18、3-31）

吕祖谦（1137—1181年），字伯恭，学者称东莱先生。浙东金华学派创始人，与朱子、张栻并称东南三贤，隆兴元年进士，官至秘书省秘书郎。师从林之奇、汪应辰、胡宪，其学术思想体现出兼收并蓄的特征，又自成一家。力图调和朱子与象山，促成了著名的鹅湖之会。贯穿经史，著作颇多。④《文集》有致其书信一百零六通，《续集》有二通，《遗集》有一通，共一百零九通。（乙类）（《文集》：25-13、25-14、25-21、33-1～33-49、34-1～34-46、35-1～35-8，《续集》：5-1、5-2，《遗集》：2-15）

M

马大同，字会叔，建德人，绍兴二十四年进士。"自为小官，即以刚介

---

① 《朱子门人》，第67页。
② 《朱子门人》，第67页。
③ 《朱子门人》，第66—67页。
④ 《朱熹大辞典》，第99页。

闻。"入对,孝宗以为"气节可喜",欲大用之。后每对上,辄陈恢复大计,历中外要官,必求尽职,官至户部侍郎。①《遗集》有致其书信六通,与朱子当为平辈讲友。(乙类)(《遗集》:3-5～3-10)

马会叔,即马大同。

毛朋寿,事迹待考,为来书请教者,《续集》有致其书信三通。(丁类)(《续集》:8-18～8-20)

毛舜卿,事迹待考,为来书向朱子请教者。《文集》有致其书信一通,据朱子答语,其似乎为吕祖谦之弟子,无明显证据为朱子弟子。(丁类)(《文集》:54-49)

孟良夫,即孟猷。

孟猷,字良夫,与周南同为叶适门人。②《文集》有致其书信一通。无明显证据为朱子弟子,但曾来书请教。(丁类)(《文集》:60-8)

某人,《遗集》中有题为《致某人》书信十一通,束景南考出其中六通之通信对象,③余五通待考。其中,2-43指李缙,2-50指潘友端,2-51指王师愈,2-57指潘時,3-34指杨万里,3-35指杨长孺,2-19、2-37、2-54、3-60、3-64待考。

O

欧阳光祖,字庆似,一作庆嗣,建宁府崇安县(今属福建)人,乾道八年进士,尝为江西运管。从学于刘屏山,后入朱子门下,朱子亦遣三子师事之,其与朱子世代之关系可谓独特。④《文集》有致其书信二通。(丙类)(《文集》:45-8、45-9)

欧阳谦之,字希逊,吉州庐陵县(今属江西)人。从学于朱子,或谓文

---

① 参见《浙江通志》卷一六二《马大同》条。
② 参见《水心集》卷十二《周南仲文集后序》。
③ 其中3—34对象之考证参《朱熹年谱长编》第1310页,其余均见该书信之按语。
④ 《朱子门人》,第224页。

天祥即出其门下。《语类》载其癸丑所闻十余条,《文集》有致其书信三通。①(丙类)(《文集》:61-12~61-14)

欧阳庆似,即欧阳光祖。

欧阳希逊,即欧阳谦之。

P

潘柄,字谦之,学者称瓜山先生,福州怀安县(今属福建)人。潘植之弟,兄弟同游朱子之门,潘柄后又为黄榦弟子。《语类》载其癸卯以后所闻二十余条,并有朱子训谕语两条。《文集》有致其书信三通。②(丙类)(《文集》:55-1~55-3)

潘端叔,即潘友端。

潘恭叔,即潘友恭。

潘景宪,字叔度,婺州金华县(今属浙江)人,隆兴元年进士。从学于吕祖谦,朱塾之岳丈。为朱子同辈讲友,朱子称其"以正率其家,弟子无一人敢为非义者"。③《文集》有致其书信五通。(乙类)(《文集》:46-23~46-27)

潘景愈,字叔昌,婺州金华县(今属浙江)人,潘景宪之弟。兄弟均受学于吕祖谦,无明显证据为朱子弟子,但曾来书向朱子请教。④《文集》有致其书信十通。(丁类)(《文集》:46-28~46-37)

潘立之,即潘植。

潘履孙,字坦翁,潘友恭之子,生于乾道二年,婺州金华县(今属浙江)人,官至知江陵府。从学于朱子,《语类》载其甲寅所闻三十余则,《文集》

---

① 《朱子门人》,第224—225页。
② 《朱子门人》,第227—228页。
③ 《朱子门人》,第229页。
④ 参见《敬乡录》卷十三《潘氏》条。

有致其书信一通。①（丙类）（《文集》：62-29）

潘谦之，即潘柄。

潘时举，字子善，台州临海县（今属浙江）人。嘉定中以上舍释褐，为国子正录，官至无为军教授。从学于朱子，《语类》载其所癸丑以后所闻三百余条，问答八十余处，朱子训谕语七条。《文集》有致其书信十一通。②（丙类）（《文集》：60-42～60-52）

潘叔昌，即潘景愈。

潘叔度，即潘景宪。

潘坦翁，即潘履孙。

潘文叔，即潘友文。

潘友端，字端叔，婺州金华县（今属浙江）人。潘有恭之兄，兄弟同游朱子之门。淳熙甲辰进士，尝为太学博士。③《文集》有致其书信四通，《遗集》有一通，共五通。（丙类）（《文集》：50-6～50-9，《遗集》：2-50）

潘友恭，字恭叔，婺州金华县（今属浙江）人。潘友端之弟，兄弟同游朱子之门。朱子对其较为看重，曾自请罢黜浙东提举，举其自代。《语类》有问答数处，《文集》有致其书信九通。④（丙类）（《文集》：50-10～50-18）

潘友文，字文叔，婺州金华县（今属浙江）人，与潘友端、潘友恭为从兄弟，嘉定间曾提举福建常平茶盐公事。从学于象山。⑤《文集》有致其书信四通，《遗集》有一通，共五通。无明显证据为朱子弟子，但曾来书向朱子请教。（丁类）（《文集》：50-2～50-5，《遗集》：3-18）

潘植，字立之，福州怀安县（今属福建）人。潘柄之兄，兄弟同游朱子之门。不赴场屋，励志潜修。《语类》有癸丑所闻十余条，朱子训谕语两

---

① 《朱子门人》，第229—230页。
② 《朱子门人》，第228页。
③ 《朱子门人》，第227页。
④ 《朱子门人》，第226—227页。
⑤ 《朱子门人》，第226页。

则。《文集》有致其书信一通。①（丙类）(《文集》：64-40)

潘時，字德鄜，潘友恭兄弟之父，金华人，历知广州潭州，再迁尚书左司郎中。其治郡先教化，务施舍，至典方面，养威持重，务存大体，有所张弛，必先究其利害本末，然后出令，当时号精吏道者无能出其右。②与朱子当为平辈讲友，《遗集》有致其书信一通。（乙类）(《遗集》：2-57)

潘子善，即潘时举。

彭凤仪，事迹待考，《遗集》有致其书信一通，论政事。（戊类）(《遗集》：3-59)

彭龟年（1142—1206年），字子寿，号止堂，谥忠肃，临江军清江县（今属江西）人，官至吏部侍郎。曾与朱子共论韩侂胄之奸，伪学禁起，彭氏尊程朱之学益笃。陈荣捷以为其为张栻门人，为朱子讲友，朱子视之与陈亮类似，同属友辈之流。③《文集》有致其书信二通，《别集》有三通，共五通。（乙类）(《文集》：60-20、60-21，《别集》：1-3、3-14、3-15)

彭子寿，即彭龟年。

Q

钱佃，字仲耕，常熟人，进士出身，累迁权兵部侍郎，出为江西等路转运使，奏蠲诸路之逋，守婺州，劝分移粟，活口七十余万，朱子极称之。佃忠信笃厚，根于天性，临政不求赫赫声，恒以字民为先，官至中奉大夫秘阁修撰。④《文集》有致其书信一通，论赈济事。（戊类）(《文集》：26-28)

庆国卓夫人，刘屏山之妻，刘平甫之母。《文集》有致其书信一通，朱子与女性通信，仅此一见。（甲类）(《文集》：37-7)

---

① 《朱子门人》，第228页。
② 参见《浙江通志》卷一七〇《潘時》条。
③ 《朱子门人》，第161—162页。
④ 参见《万姓统谱》卷二七《钱佃》条。

丘膺，字子服，建宁府建宁县（今属福建）人，"从朱子游，称为老友"，朱子与其交好，《文集》中有若干诗作可以为证。《语类》有问答两条，《文集》有致其书信二通，《续集》有六通，共八通。朱子书札讨论《老子》者，仅见于与丘氏书中，可谓特色。①（丙类）（《文集》：45-12、45-13，《续集》：7-4～7-9）

丘子服，即丘膺。

丘子野，朱子之表兄，与朱子为讲友。《文集》卷一有《奉酬丘子野表兄饮酒之句》《丘子野表兄郊园五咏》，卷七五有《论语纂训序》，该书乃丘氏所编。《文集》有致其书信一通。（乙类）（《文集》：45-11）

R

饶幹，字廷老，邵武军邵武县（今属福建）人，淳熙二年进士，曾任吉水尉，调长沙，与朱子为同僚。因从学于朱子，关系密切。《语类》有问答数条，朱子训谕语两则。②《续集》有致其书信五通。（丙类）（《续集》：6-12～6-16）

饶廷老，即饶幹。

任伯起，即任希夷。

任希夷，字伯起，号斯庵，谥宣献，邵武军邵武县（今属福建）人，元祐党人仁伯雨之后，淳熙二年中进士。《宋元学案》谓其"从文公学"，后"累迁礼部尚书"，朝廷追谥周、程三子乃其所请。《语类》无问答，陈荣捷以为《文集》答书之内容与语气皆似训门人，故可定为弟子。③《文集》有致其书信三通，《遗集》有二通，共五通。（丙类）（《文集》：44-45～44-47，《遗集》：3-62、3-63）

---

① 《朱子门人》，第41页。
② 《朱子门人》，第254页。
③ 《朱子门人》，第45—46页。

任行甫，事迹待考。《文集》有致其书信九通，据其内容及语气，当为朱子讲友。（乙类）（《文集》：29-27～29-31、64-31～64-34）

芮国器，即芮烨。

芮烨，字国器，乌程人。与弟晖力学起家，号"二芮"，同入太学，绍兴戊辰同登科第，在馆学雍容儒雅，人推重之，后为司业。曾因赋牡丹诗忤秦桧被谪，晚岁诗益奇，有《文集》藏于家。[①] 朱子颇推重之，《文集》有致其书信二通。（乙类）（《文集》：37-16、37-17）

S

邵叔义，一作叔谊，象山门人[②]。无明显证据为朱子弟子，为来书向朱子请教者。《文集》有致其书信四通。（丁类）（《文集》：55-50～55-53）

沈度，字公雅，"绍兴间令余干，政有三善，田无废土、市无闲居、狱犴无宿系。以考功郎中除直秘阁知平江府，乾道二年秋召赴行在，以为中书门下省检正诸房公事，四年又以直龙图阁知建宁府。是时朱子在崇安为属吏，创立社仓，均籴备贷，度乃以钱六万缗助其役，仓成，民赖之，朱子为记其事，仕终兵部尚书。"[③]《文集》有致其书信一通，言辞免事。（乙类）（《文集》：25-5）

沈焕（1139—1191年），字叔晦，号定川，谥端宪，庆元府定海县（今属江西）人，官至州通判。从学于陆九龄。《文集》有致其书信五通。[④] 无明显证据为朱子弟子，但曾来书向朱子请教。（丁类）（《文集》：53-53～53-57）

沈侍郎，即沈度。

沈叔晦，即沈焕。

[①] 参《万姓统谱》卷九六《芮烨》条。
[②] 参见《象山集》卷十《与邵叔谊》。
[③] 参见《万姓统谱》卷八九《沈度》条。
[④] 《朱子门人》，第88页。

沈有开，字应先，常州无锡人，淳熙五年进士。① 朱子讲友②，名列"庆元伪党"中。《文集》有致其书信一通。（乙类）（《文集》：53-50）

史丞相，即史浩。

石斗文，字天民，绍兴府新昌县（今属江西）人，隆兴年间进士，官至枢密院编修。石宗昭之兄，从学于陆象山。③ 无明显证据为朱子弟子，但曾来书向朱子请教。朱子《文集》有致其书信一通，《遗集》有致其书信一通，共二通。（丁类）（《文集》：53-52，《遗集》：2-56）

石𡼖，字子重，号克斋，台州临海县（今属浙江）人，绍兴十五年进士，曾接朱子任，知南康军，年五十五卒。与朱子交好，为朱子讲友，有著作多种。《文集》有致其书信十二通。④（乙类）（《文集》：42-20～42-31）

史浩（1106—1194年），字直翁，明州鄞县（今属浙江）人，绍兴进士，孝宗即位，累任至参知政事，隆兴元年拜尚书右仆射、同中书门下平章事兼枢密使。因反对张浚北伐，罢知绍兴府。后又起复为右丞相，以太保致仕。⑤《文集》有致其书信三通。（甲类）（《文集》：26-1、27-12、27-13）

史太保，即史浩。

石天民，即石斗文。

石应之，即石宗昭。

时沄，字子云，门人私谥夷介先生，婺州兰溪县（今属湖北）人，从学于吕祖谦。⑥ 无明显证据为朱子弟子，但曾来书向朱子问学。《文集》有致其书信一通。（丁类）（《文集》：54-48）

时宰，《遗集》中有《与时宰劄》二通，2-24乃致赵雄，2-25乃致王淮。

---

① 参见《南宋馆阁续录》卷七《沈有开》条。
② 参见《闽中理学渊源考》卷十七《秘监陈元零先生宋霖》。
③ 《朱子门人》，第44页。
④ 《朱子门人》，第45页。
⑤ 《中国历史大辞典》，第776页。
⑥ 《朱子门人》，第124页。

时子云，即时沄。

石子重，即石墩。

石宗昭，字应之，绍兴府新昌县（今属江西）人，累官至侍从。石斗文之弟。从学于陆象山，《文集》有致其书信两通，似乎与朱子未曾见面。① 无明显证据为朱子弟子，但曾来书向朱子请教。（丁类）（《文集》：54-3、54-4）

舒璘（1136—1199年），字元质，谥文靖，庆元府奉化县（今属浙江）人，曾任江西转运司干办公事，宣州通判，卒于任上。从学于张栻、陆九渊、吕祖谦，《文集》有致其书信一通。② 无明显证据为朱子弟子，但曾来书向朱子请教。（丁类）（《文集》：58-12）

舒提干，即舒璘。

宋南强，"字子居，山东人，寓绍兴，淳祐间知沙县，治专德化，不事刑罚，劝农桑，兴学校，缮修桥梁道路，几一考，解职去，民为立甘棠路碑，以表去思之意。"③ 无明显证据为朱子弟子，但曾来书向朱子请教。《文集》有致其书信一通。（丁类）（《文集》：54-58）

宋深之，即宋之源。

宋容之，即宋之汪。

宋宰，即宋南强。

宋泽之，即宋之润。

宋之润，字泽之，宋之源之弟，宋之汪之兄。《语类》无问答，《文集》有致其书信一通。陈荣捷以为其与朱子未尝见面，应以私淑弟子视之。④（丙类）（《文集》：58-35）

宋之汪，字容之，成都府双流县（今属四川）人，宋之源、宋之润之弟。《语类》无记载，《文集》有致其书信一通，陈荣捷以为无会面之证据，当为

---

① 《朱子门人》，第44页。
② 《朱子门人》，第156页。
③ 参见《万姓统谱》卷九二《宋南强》条。
④ 《朱子门人》，第69—70页。

朱子之私淑弟子。①（丙类）（《文集》：58-34）

宋之源，字积之，朱子更曰深之，成都府双流县（今属四川）人。宋之润、宋之汪之兄。《语类》无问答，《文集》有致其书信七通。陈荣捷据朱子书信以为其与朱子只见一面，主要以书信问学，应以私淑视之。②然既已见面，自不当属私淑，以为弟子可也。（丙类）（《文集》：58-27～58-33）

苏溱，字晋叟，事迹待考。《文集》有致其书信七通。据通信内容，此人当为朱子弟子。（丙类）（《文集》：55-56～55-62）

孙吉甫，即孙枝。

孙季和，即孙应时。

孙敬甫，即孙自修。

孙仁甫，即孙自任。

孙应时（1154—1206年），字季和，学者称烛湖先生，绍兴府余姚县（今属浙江）人，进士出身，历任黄岩县尉、常熟县令等，起判邵武军，未赴，卒。先后从学于陆象山及朱子，与象山更为亲近。《语类》无问答，《文集》有致其书信二通，《别集》有八通，共十通。③（丙类）（《文集》：54-1、54-2，《别集》：3-16～3-23）

孙枝，字吉甫，庆元府鄞县（今属浙江）人，嘉定七年进士。陈荣捷据《语类》《文集》相关材料定其为朱子私淑弟子。《文集》有致其书信一通。④（丙类）（《文集》：64-53）

孙自任，字仁甫，孙自修之从弟，宁国府宣城县（今属安徽）人。从朱子游，《语类》有问答七条，《文集》有致其书信二通。⑤（丙类）（《文集》：63-23、63-24）

孙自修，字敬甫，宁国府宣城县（今属安徽）人，孙自任之从兄。从学

---

① 《朱子门人》，第69页。
② 《朱子门人》，第69页。
③ 《朱子门人》，第119页。
④ 《朱子门人》，第118页。
⑤ 《朱子门人》，第117页。

于朱子,《语类》有其甲寅所闻语录及朱子训谕之语,《文集》有致其书信六通。①（丙类）（《文集》：63-17～63-22）

T

台端,即黄洽。②

汤德远,即汤镇。

汤镇,字德远,曾与友人讨论朱子所著诸书,③又曾来书向朱子问学,《文集》有致其书信一通,即使非及门弟子,亦当以私淑视之。（丙类）（《文集》：55-54）

滕诚夫,事迹待考,为来书求教者。《续集》有致其书信一通。（丁类）（《续集》：8-9）

滕承务,即滕仲宜。

滕德粹,即滕璘。

滕德章,即滕珙。

滕珙,字德章,徽州婺源县（今属江西）人,淳熙十四年进士,官至合肥县令。滕璘之弟,兄弟同游朱子之门。曾编《经济文衡》七十五卷,取朱子《文集》《语类》分类编次,《文集》有致其书信七通。④（丙类）（《文集》：49-42～49-48）

滕璘（1154—1233年）,字德粹,号溪斋,徽州婺源县（今属江西）人。滕珙之兄,兄弟同游朱子之门。官至通判隆兴府,充浙东福建抚司参议官。《语类》载其辛亥所闻一百余条,并有问答二十余条及朱子训谕之语十三条。⑤《文集》有致其书信十二通。（丙类）（《文集》：49-30～49-41）

---

① 《朱子门人》,第117页。
② 参见《朱熹年谱长编》,第669页。
③ 参见《漫塘集》卷六《回汤德远》。
④ 《朱子门人》,第225页。
⑤ 《朱子门人》,第225—226页。

滕仲宜,滕膺之孙,朱子曾为其祖作《义灵庙碑》,无明显证据为朱子弟子,《遗集》有致其书信二通。(丁类)(《遗集》:3-26、3-27)

田澹,字子真,南剑州人。乾道八年进士,历任刑部侍郎、枢密院编修官、宗正丞等。① 与朱子当为平辈讲友,《续集》有致其书信八通,《别集》有致陈子真书信一通,"陈"当作"田"②,故共有致其书信九通。(乙类)(《续集》:5-9~5-16,《别集》:1-19)

田侍郎,即田澹。

W

万人杰,字正淳,号止斋,兴国军大冶县(今属湖北)人。先后从学于陆象山及朱子,《语类》载其庚子以后所闻四百余条,并有训谕语十条。《文集》有致其书信七通。③(丙类)(《文集》:51-28~51-34)

万正淳,即万人杰。

王伯礼,即王洽。

汪伯虞,《文集》有致其书信一通,据朱子之称呼,乃朱子之平辈讲友。(乙类)(《文集》:46-2)

王才臣,即王子俊。

王漕,即王师愈。

汪长孺,即汪德辅。

汪楚材,字太初,又字南老,徽州休宁县(今属安徽)人,绍熙元年进士,累官至广西转运司干官。陈荣捷以为其既非门人亦非讲友,《文集》有致其书信一通。④ 无明显证据为朱子弟子,当为晚辈而来书向朱子请教者。(丁类)(《文集》:46-3)

---

① 参见《南宋馆阁续录》卷九《田澹》条。
② 参见《别集》卷二注六。
③ 《朱子门人》,第171页。
④ 《朱子门人》,第87页。

汪次山,事迹待考,此人之族与朱子世代联姻①。《遗集》有致其书信一通,似与朱子为平辈讲友。(乙类)(《遗集》:2-5)

汪大度,字时法,金华人,受业于吕祖谦,祖谦弟祖俭触权奸,贬饶州,大度往送之,伴送者凌辱祖俭,大度以义折之,至贬所久之乃还,朱子致书深加叹敬。② 无明显证据为朱子弟子,但曾来书请教。《别集》《遗集》各有致其书信一通,共二通。然二书实为一书,详略不同尔,束氏编《遗集》已注明。③(丁类)(《别集》:4-9,《遗集》:3-32)

汪德辅,字长孺,饶州鄱阳县(今属江西)人,从朱子学,《语类》有壬子所闻语录数条,并有问答及朱子训谕语数条,《文集》有致其书信六通。④(丙类)(《文集》:29-12、52-30~52-34)

王德修,即王时敏。

王抚州,即王阮。

王龟龄,即王十朋。

王淮(1126—1189年),字季海,婺州金华(今属浙江)人,绍兴进士,淳熙二年除同知枢密院事、参知政事,八年拜右丞相兼枢密使,旋进左丞相。与唐仲友善,朱子弹劾仲友,王氏多方袒护。擢升陈贾、郑丙,使二人协力攻道学,开庆元党禁之先声。后出判衢州,改提举洞霄宫。⑤《文集》有致其书信一通,《遗集》有致其书信一通,共二通,论政事。(戊类)(《文集》:26-41,《遗集》:2-25)

王季思,即王铅。

王介(1158—1213年),字元石,自号浑尺居士,谥忠简。历任通判、郎官、国子祭酒、修撰、知府,《宋史》卷四百其本传云:"从朱熹、吕祖谦

---

① 参见《新安文献志》卷九《答汪次山书》按语。
② 参见《浙江通志》卷一八九《汪大度》条。
③ 参见《遗集》第636页《与汪时法书》按语。
④ 《朱子门人》,第132页。
⑤ 《中国历史大辞典》,第272页。

游"。《语类》无问答,《文集》有致其书信一通。①(丙类)(《文集》:63-16)

王晋辅,即王岘。

王近思,即王力行。

王力行,字近思,泉州同安县(今属福建)人。名列《朱子语录姓氏》内,自属弟子无疑,《语类》有其辛亥所闻语录二十余条,并有训谕语三条,其中可见朱子曾下大力气教诲之。②《文集》有致其书信十二通。(丙类)(《文集》:39-40~39-51)

王蔺(?—1201年),字谦仲,无为军庐江县(今属安徽)人,乾道进士,孝宗时官至参知政事,光宗即位,迁知枢密院事兼参政,拜枢使。耿直敢言,宁宗时劾罢归里。③《文集》有致其书信五通,《续集》有三通,共八通。(乙类)(《文集》:26-2、26-16、28-9、29-13、29-14,《续集》:7-13~7-15)

王南卿,即王阮。

王齐贤,即王师愈。

王洽,字伯礼,一字伯丰,曾知当涂县。据《宋史·儒林传》王柏传,王洽与其兄王瀚、王汉均曾受学于朱子及吕祖谦。《语类》无问答,《文集》有致其书信一通。④(丙类)(《文集》:54-50)

王铅,字季和,事迹待考,为来书向朱子请教者。《文集》有致其书信二通。(丁类)(《文集》:54-28、54-29)

王谦仲,即王蔺。

王钦之,朱子曾对吕祖谦言曰"友人王钦之主簿赴调过此,因得附讯,钦之有意于学,而病悠悠,因见有以警之为幸。"⑤"友人"乃谦词,其为朱子弟子无疑。《文集》有致其书信三通。(丙类)(《文集》:58-17~58-19)

汪清卿,字湛仲,号敬斋,徽州婺源县(今属江西)人。朱子归乡曾寓

---

① 《朱子门人》,第36页。
② 《朱子门人》,第35页。
③ 《中国历史大辞典》,第278页。
④ 《朱子门人》,第37页。
⑤ 参见《文集》34—6《答吕伯恭》。

其家,又曾伴朱子游落星寺。无明显证据为朱子弟子,但曾来书请教。《文集》有致其书信一通。①(丁类)(《文集》:50-25)

王阮,一作王沅,字南卿,江州德安县(今属江西)人,《宋史》卷三九五其本传记其因张栻指点往从朱子事。隆兴二年中进士,历任主簿、州教授、知州,隆兴二年卒。因不受韩侂胄之荐举,归隐庐山,尝伴朱子游庐山。《语类》无问答。②《文集》有致其书信三通,《续集》有致其书信一通,共四通。(丙类)(《文集》:60-15~60-17,《续集》:8-22)

汪尚书,即汪应辰。

王尚书,即王佐。

汪莘,字叔耕,号方壶,与朱子为平辈讲友,"休宁人,为学不屑于场屋声病之文,嘉定间有诏求言,莘诣阙。真德秀、杨简见之曰,真爱君忧国之言也。时朱子召赴经筵,莘贻书言主上父子之间,诸公所不能济者,待先生而济,否则不能为天下后世学道者之地。朱子重其言。"③《文集》有致其书信二通。(乙类)(《文集》:59-10、59-11)

汪圣可,事迹待考,为来书向朱子请教者。《文集》有致其书信一通。(丁类)(《文集》:50-47)

汪时法,即汪大度。

王时敏,字德修,信州上饶县(今属江西)人,初从学于尹和靖,后曾向朱子请教,《语类》有问答数条。陈荣捷因朱子曾称之为"德修王丈",定其为朱子讲友。《文集》有致其书信一通。④(乙类)(《文集》:55-55)

王十朋,字龟龄,温州乐清(今属浙江)人。"幼颖悟,日诵数千言,绍兴中廷对忠鲠,高宗亲擢为第一。累官太子詹事,以龙图阁学士致仕,卒谥忠文。朱子尝称之曰,光明正大,磊磊落落,君子人也。"⑤《文集》有致其

---

① 《朱子门人》,第86—87页。
② 《朱子门人》,第37页。
③ 参见《万姓统谱》卷四六《汪莘》条。
④ 《朱子门人》,第38页。
⑤ 参见《万姓统谱》卷四四《王十朋》条。

书信一通。(甲类)(《文集》:37-9)

王师愈,字与正,一字齐贤。"自幼颖悟,知宗正学,尝从杨时受《易》《论语》,又与朱子、张栻、吕祖谦游,绍兴间登第,官至崇政殿说书。朱子称其有本有文,德望隐然,为东州之重云。"①为朱子平辈讲友,《文集》有致其书信五通,《遗集》有二通,共七通。(乙类)(《文集》:26-8、26-23~26-25、27-19,《遗集》:2-51、2-55)

汪叔耕,即汪莘。

王枢密,即王蔺。

王枢使,即王蔺。

汪帅,即汪应辰。

汪太初,即汪楚材。

王岘,字晋辅,吉州庐陵人,束景南考其事迹甚详,当为朱子门人,朱子颇赏识奖掖,并令其师事刘季章。②《文集》有致其书信五通,《遗集》有一通,共六通。(丙类)(《文集》:62-14~62-18,《遗集》:3-42)

汪义和(1138—1199年),字谦之,又字会之,"盖一名二字"。③"黟人,淳熙进士,知新建县,岁旱,白帅府曰,旱势特甚,已批放八分矣。帅怒其专,义和执愈坚,帅从之。守武冈,崇学校,增科举以化溪洞武健之习,官至侍御史兼侍讲。"④为朱子同辈讲友。《文集》有致其书信一通,《遗集》有两通,共三通。(乙类)(《文集》:64-54,《遗集》:3-22、3-23)

汪易直,事迹待考,为来书向朱子请教者。《文集》有致其书信二通。(丁类)(《文集》:60-18、60-19)

汪应辰(1118—1176年),初名洋,字圣锡,信州玉山人(江西),学者称玉山先生。勤于治学,博综诸家,学从胡安国、张九成,又为杨时二传弟子,学问具有深厚的理学渊源。绍兴五年中进士,任镇东军签判、秘书省

---

① 参见《万姓统谱》卷四四《王师愈》条。
② 参见《遗集》,第643—644页,《与庐陵后生》按语。
③ 参见《遗集》,第629页,《与汪会之书》按语。
④ 参见《江南通志》卷一四七《汪义和》条。

正字,官至吏部尚书,端明殿学士,死谥文定。政治上力主抗金,讲学注重修身养性,精于义理,著作有《玉山文集》。①《文集》有致其书信十六通,《遗集》有三通,共十九通。(甲类)(《文集》:24-11、24-18~24-20、24-22、30-1~30-11,《遗集》:2-7~2-9)

王遇(1142—1211年),字子合,一字子正,号东湖先生,漳州龙溪县(今属福建)人。历知州县,官至右司郎中。据各种文献记载,王遇曾从学于朱子、张栻、吕祖谦、薛季宣、陆九渊诸人。《语类》有问答数条,朱子赞其"纯笃"。②《文集》有致其书信十八通,《别集》有一通,《遗集》有二通,共二十一通。(丙类)(《文集》:49-1~49-18,《别集》:3-28,《遗集》:3-13,3-14)

王元石,即王介。

王运使,即王师愈。

王子充,陈荣捷言其事迹无可考,但据《语类》之问答,自属弟子无疑。③《文集》有致其书信一通。④(丙类)(《文集》:46-40)

王子合,即王遇。

王子俊,字才臣,一作材臣,"吉水人,尝从杨万里、周必大游,乃延誉于晦庵朱子,勉以博取约守之功,又书格斋二大字遗之。"⑤应属朱子弟子,《文集》有致其书信一通。(丙类)(《文集》:60-36)

汪子卿,事迹待考,《文集》有致其书信一通,据其中内容,此人比朱子年龄稍大,当为朱子平辈讲友。(乙类)(《文集》:54-53)

汪子文,事迹待考,为来书向朱子请教者。《文集》有致其书信一通。(丁类)(《文集》:50-46)

王倅,时任临江倅,事迹待考。《文集》有致其书信一通,论礼制。(戊

---

① 《朱熹大辞典》,第102页。
② 《朱子门人》,第39页。
③ 《朱子门人》,第35页。
④ 《朱子门人》,第35页。
⑤ 参见《江西通志》卷七六《王子俊》条。

类)(《文集》:29-11)

王佐,字宣子,山阴人。绍兴十八年进士第一,与朱子为同年。为秘书省校书郎,与秦桧子秦熺交恶,被黜。桧死,起为尚书吏部员外郎,历知州府,官至户部尚书。① 《续集》有致其书信四通。(乙类)(《续集》:5-3~5-6)

魏诚之,魏元履之从弟②,事迹待考。《别集》有致其书信一通。(乙类)(《别集》:4-8)

魏掞之(1116—1173年),字子实,建州建阳人,初字元履。自幼有大志,师胡宪,与朱子游,为朱子讲友。筑室读书,人称艮斋先生。以布衣入见,极陈当世之务,上嘉纳之,不半岁归,居家谨丧祭,重礼法,依古社仓法请官米以贷民,敛散如常,民赖以济。病革,戒其子毋以僧巫俗礼,以书召朱子至,委以后事而诀,卒年五十八。后上思其直谅,将召用之,大臣言已死,乃赠直秘阁。朱子平日趣向与掞之同,乾道中,朱子亦被召,将行,闻掞之去国,乃止。③《文集》有致其书信八通,《别集》有五通,共十三通。(乙类)(《文集》:24-8、24-9、24-13、24-14、24-16、39-52~39-54,《别集》:1-5~1-9)

魏应仲,建宁(今属福建)人,魏掞之元履之子,《语类》无记载,《文集》有致其书信一通。陈荣捷以为其为朱子门人证据不足。④ 然观朱子致其父及其本人之书信,魏应仲曾在朱子门下受教,视其为朱子弟子并非无故。(丙类)(《文集》:39-55)

魏元履,即魏掞之。

文叔,即胡璟。

吴必大,字伯丰,兴国军(今属湖北)人,官至吉水丞,因权臣指朱子为伪学,遂致仕。早年师事张栻、吕祖谦,晚年师事朱子。《语类》有其戊申、

---

① 参见《大清一统志》卷二二七《王佐》条。
② 参见《文集》卷八三《跋魏元履墓表》。
③ 参见《宋史》卷四百五十九《魏掞之传》。
④ 《朱子门人》,第250—251页。

己酉所闻二百余条,大半为解说《论语》经义,另有问答五六十条,题目甚多。朱子对其期望甚高,但遗憾其早亡。《文集》有致其书信二十四通。①(丙类)(《文集》:52-1~52-24)

吴伯丰,即吴必大。

吴伯起,陆象山之门人,无明显证据为朱子弟子,但曾来书向朱子请教。《文集》35-20《与刘子澄》论吴氏之资质,45-32《答廖子晦》论其不愿对移"愤郁成疾而死"事。《文集》有致其书信二通。(丁类)(《文集》:45-6、45-7)

吴德夫,即吴猎。

吴斗南,即吴人杰。

吴耕老,括苍人,事迹待考朱子称之为"予友括苍吴君耕老"②,故或为朱子讲友。《文集》有致其书信一通。(乙类)(《文集》:40-10)

吴公济,即吴楫。

吴晦叔,即吴翌。

吴楫,字公济,崇安人。幼自雄其才,谓功名可立取。绍兴末试乡省不第,遂主盟林壑,绝心仕进,为朱子讲友,朱子遣子师事之。③《文集》有致其书信一通。(乙类)(《文集》:43-20)

吴猎(1143—1213年),字德夫,学者称畏斋先生,谥文定,潭州醴陵县(今属湖南)人,历任知县、监察御史、侍郎、知府。据《宋史》卷三九七其本传,吴氏初从张栻,后又从学于朱子。《语类》有责备之语一条,《文集》有致其书信一通。④(丙类)(《文集》:45-16)

吴茂实,即吴英。

吴南,字宜之,《语类》有问答三处,故为弟子无疑,《文集》有致其书信

---

① 《朱子门人》,第57页。
② 参见《文集》卷九十一《陈师德墓志铭》。
③ 参见《闽中理学渊源考》卷二十《主簿吴公济先生楫》。
④ 《朱子门人》,第65页。

五通。① (丙类)(《文集》:54-61~54-65)

吴玭,字仲玭,抚州临川县(今属江西)人。《语类》无记载,《文集》有致其书信一通,陈荣捷据此书以为其既非弟子又非讲友。② 为来书向朱子请教者。(丁类)(《文集》:59-35)

吴人杰,字斗南,淳熙年间进士,历任县令、国子学录,有著作多种。各种文献多以其为朱子门人,陈荣捷据朱子致其书信定为平辈讲友,且未见面。③《文集》有致其书信四通。(乙类)(《文集》:59-36~59-39)

吴绍古,安仁人,从学于陆九渊,④无明显证据为朱子弟子,为来书向朱子请教者。《文集》有致其书信一通,多批评语。(丁类)(《文集》:55-47)。

吴申,事迹无可考,《语类》无记载,《文集》有致其书信一通,陈荣捷据此书以为其既非弟子又非讲友。⑤ 为来书向朱子请教者。(丁类)(《文集》:56-36)

吴深父,事迹待考,为来书请教者。《文集》有致其书信一通。(丁类)(《文集》:64-51)

吴生,即吴绍古。⑥《四部丛刊》本《文集》,56-36《答吴申》,目录作《答吴生申》,则吴申亦曾被称为"吴生"。然据陈来考证,此两书作年相差十余年,⑦内容亦毫不相关,故应非一人。

吴唐卿,名无可考,唐卿其字也,泉州南安县(今属福建)人,曾伴朱子游落星寺。陈荣捷以为其既非讲友亦非弟子。⑧ 但据陈氏所引之材料,唐卿当为晚辈且曾来书求教者。《别集》有致叶永卿、吴唐卿、周得之、李深

---

① 《朱子门人》,第59页。
② 《朱子门人》,第60页。
③ 《朱子门人》,第56—57页。
④ 参见《朱熹年谱长编》,第1083页。
⑤ 《朱子门人》,第57—58页。
⑥ 参见《朱熹年谱长编》,第1083页。
⑦ 参见《朱子书信编年考证》,第205、358页。
⑧ 《朱子门人》,第61页。

子书信十二通。(丁类)(《别集》:6-70~6-81)

吴益,为茂才,事迹待考。《文集》有致其书信一通,言辞免事。(戊类)(《文集》:29-10)

吴尉,事迹待考,乃来书请教者。《文集》有致其书信三通。(丁类)(《文集》:64-25~64-27)

吴翌,字晦叔,建宁府建阳县(今属福建)人,事迹无可考,但曾来书向朱子请教。《语类》无问答,《文集》有致其书信十三通。[①](丁类)(《文集》:42-7~42-19)

吴宜之,即吴南。

吴英,字茂实,邵武军邵武县(今属福建)人,绍兴三十年进士。《语类》无问答,陈荣捷据《文集》中材料以为其关系在师友之间,勉强可谓之为门人。《文集》有致其书信二通。[②](丙类)(《文集》:44-43、44-44)

吴元士,事迹待考,为来书向朱子请教者。《文集》有致其书信一通。(丁类)(《文集》:63-30)

吴仲玭,即吴玭。

X

奚仲渊,事迹待考,为来书向朱子请教者。《文集》有致其书信一通。(丁类)(《文集》:62-30)

项安世,字平父,号平庵,江陵府江陵县(今属湖北)人。淳熙二年进士,累官至校书郎,宁宗以内批逐朱子,安世上书留之,不报。党禁起,以伪党罢,后起知鄂州,转湖南运判,未至官因台劾罢职,嘉定元年卒,著有《周易玩辞》等。往来于朱陆之间,陈荣捷据《宋史》其本传,以为其非朱子

---

① 《朱子门人》,第62—63页。
② 《朱子门人》,第60页。

弟子,但曾来书问学。《文集》有致其书信九通。①（丁类）(《文集》:29 - 33、54 - 7～54 - 14)

向伯元,即向浯。

项平父,即项安世。

向浯,字伯元,一作字子源,向子諲仲子,"常从胡五峰游,端重有父风,倅邵阳,未几即挂冠归。"②刘清之卒时,"为书以别向浯、彭龟年,赋二诗以别朱子、杨万里"。③ 与朱子当为平辈讲友,《别集》有致其书信十七通。(乙类)(《别集》:1 - 11～1 - 14,4 - 10～4 - 22)

谢成之,事迹待考,为来书求教者,《文集》有致其书信一通。(丁类)(《文集》:58 - 6)

谢与权,事迹待考,为来书请教者。《文集》有致其书信一通,据语气其为朱子同辈。(乙类)(《文集》:64 - 42)

星子诸县,姓名、事迹待考。《文集》有致其书信一通,论赈济事。(戊类)(《文集》:26 - 31)

熊梦兆,字世卿,自号拙逸子,南昌军建昌县(今属江西)人。隐居不仕,受学于朱子,《文集》有致其书信一通。④（丙类)(《文集》:55 - 46)

徐崇父,即徐侨。

徐赓,字载叔,陆游称之为"余之友信安徐赓"⑤,故徐氏与朱子亦当为讲友。《文集》有致其书信二通。(乙类)(《文集》:56 - 11、56 - 12)

徐浩,字志伯,事迹待考,为来书向朱子请教者。《文集》有致其书信一通。(丁类)(《文集》:58 - 44)

许进之,名里未考,《文集》有致其书信一通,陈荣捷据此定其为朱子

---

① 《朱子门人》,第 172 页。
② 参见《江西通志》卷七三《向浯》条。
③ 参见《宋史》卷三七《刘清之传》。
④ 《朱子门人》,第 199—200 页。
⑤ 参见《渭南文集》卷三十《留夫人墓志铭》。

弟子。①（丙类）(《文集》：64－35)

徐景光，事迹待考，为来书请教者。《文集》有致其书信一通。（丁类）(《文集》：64－50)

许景阳，即许子春。

徐居甫，即徐寓。

徐居厚，即徐元德。

许平仲，即许衍。

徐侨，字崇父，号毅斋，谥文清，婺州义务县（今属浙江）人，绍熙十四年进士，官至工部侍郎，尝请从祀周程张朱，宁宗如其请。初从学于吕祖谦之门人，后登朱子之门。《语类》无问答，《文集》有致其书信一通。②（丙类）(《文集》：60－40)

许升，一名升之，字顺之，号存斋，泉州同安县（今属福建）人。从学于朱子甚早，朱子颇称道之，"顺之"之字即朱子为其所取。1185 年卒，朱子为其作祭文。《文集》有致其书信二十七通。③（丙类）(《文集》：39－10～39－36)

许生，即许中应。

许顺之，即许升。

徐斯远，即徐文卿。

徐文卿，字斯远，信州玉山县（今属江西）人。《语类》无问答，陈荣捷据《文集》中相关记载，认为其虽曾从学于朱子，但"从学术与感情两面观之，可知其必非朱子之得意门生"。《文集》有致其书信三通。④（丙类）(《文集》：54－66～54－68)

徐诩(1123—1188 年)，字元美，建州浦城人，号东野居士。绍兴间第

---

① 《朱子门人》，第 137 页。
② 《朱子门人》，第 123 页。
③ 《朱子门人》，第 136—137 页。
④ 《朱子门人》，第 120 页。

进士,除监察御史,后外任,历知州府,以除直徽猷阁移温陵道改漕江东卒。所至之政,必先学校。笃于宗亲,周恤中表。嗜学,尤邃于经,熟于史学,著作颇丰。① 与朱子为平辈讲友,《文集》有致其书信一通。(乙类)(《文集》:38-47)

许衍,字平仲,一字平子,同安人。慷慨喜言事,隆兴二年以太学生伏阙上书,士论是之。乾道八年上舍登第。尝进《本论》二十篇,言四民利害,又曾深究汀、漳、泉经界,朱子颇称誉之。通判建宁府,未赴,卒。②《遗集》有致其书信一通,赞其经界之说。(戊类)(《遗集》:2-6)

徐彦章,彦章为字,名无可考,从学于朱子,《语类》有问答数条,《文集》有致其书信四通。③(丙类)(《文集》:54-70～54-73)

徐逸,号抱独子,少与朱子为友,朱子尝托其作谢恩表。④《遗集》有致其书信一通。(乙类)(《遗集》:2-39)

徐应龙,字允叔,浦城人,淳熙二年进士,累官至刑部尚书兼侍讲,转吏部尚书,以焕章阁学士奉祠,卒谥文肃。吕祖俭言事忤韩侂胄,谪死高安,应龙为之经纪其丧,且为文诔之,有劝之避祸者,应龙曰:"吕君吾所敬,虽缘此获谴,亦所愿也。"朱子贻书赞之。⑤ 无明显证据为朱子弟子,《遗集》有致其书信一通。(丁类)(《遗集》:3-41)

徐寓,字居甫,号盘州叟,温州永嘉(今属浙江)人。绍熙三年朱子延郡士八人入漳州州学,徐氏即在其中。为朱子晚年弟子,从学朱子甚密。《语类》载其庚戌以后所闻三百余条,并有朱子训谕之语十一则。《文集》有致其书信二通。⑥(丙类)(《文集》:58-42、58-43)

徐元德,字居厚,曾与陈君举合著《周礼制度菁华》。⑦ 与朱子为讲友,

---

① 参见《诚斋集》卷一二五《朝议大夫直徽猷阁江东运判徐公墓志铭》。
② 参见《遗集》,第571页,《答许平仲》按语。
③ 《朱子门人》,第121页。
④ 参见《遗集》,第597页,《与徐逸书》按语。
⑤ 参见《宋史》卷三九五本传。
⑥ 《朱子门人》,第122页。
⑦ 《朱子语类》卷八六。

《文集》有致其书信一通。(乙类)(《文集》:56-17)

徐元敏,即徐诩。

徐元聘,同安人,名不详,孝宗隆兴以前即从学于朱子。号芸斋,朱子曾为其作《芸斋记》。[1]《文集》有致其书信二通。(丙类)(《文集》:39-38、39-39)

徐允叔,即徐应龙。

徐载叔,即徐赓。

徐昭然,字子融,信州铅山县(今属江西)人,从学于朱子,朱子颇称道之,曾欲请其执教家塾。《语类》有问答,《文集》有致其书信四通。[2](丙类)(《文集》:58-23~58-26)

徐志伯,即徐浩。

许中应,绍熙中为鄂州州学教授,建藏书阁,因蔡元定请朱子作记,朱子遂为之作《鄂州州学稽古阁记》[3]。据《记》中内容,其非朱子门人,但曾来书问学。《文集》有致其书信一通。(丁类)(《文集》:60-9)

许子春,字景阳,泉州同安县(今属福建)人,从学于朱子,师生感情甚厚,先朱子卒,朱子颇伤之。《语类》无问答,《文集》有致其书信一通。[4](丙类)(《文集》:53-32)

徐子融,即徐昭然。

薛季宣(1134—1173年),字士龙,号艮斋,永嘉(今属浙江)人,历知州县。程颐再传弟子,永嘉学派创始人,为学注重事功,与朱子、吕祖谦多有交往论学。注重史地之学,卓然自成一家,有著作多种。[5]《文集》有致其书信二通。(乙类)(《文集》:38-25、38-26)

薛士龙,即薛季宣。

---

[1] 参见《闽中理学渊源考》卷十八《徐先生元聘》。
[2] 《朱子门人》,第121页。
[3] 《文集》卷八十。
[4] 《朱子门人》,第136页。
[5] 《朱熹大辞典》,第98—99页。

学者,事迹待考,《遗集》有致其书信二通,原载于《陆象山年谱》中。(丁类)(《遗集》:3-2、3-3)

Y

颜伯奇昆仲,即颜楀、颜招。

颜漕,福建漕官,事迹待考,《文集》有致其书信二通,言荒情及辞免事。(戊类)(《文集》:26-39、26-40)

颜度,字鲁子,颜子五十三世孙,"居昆山,以文章政事名一时。""孝宗时度每出一言,不动如山,因以如山白号。"①朱子与之友善,《文集》有致其书信二通。(乙类)(《文集》:37-45、37-46)

颜鲁子,即颜度。

颜招,与颜楀为兄弟,其一字伯奇。事迹待考,为来书请教于朱子者。《文集》有致其兄弟书信一通。(丙类)(《文集》:60-11)

严士敦,字居厚,《文集》卷九有《题严居厚溪庄图》,卷八三有《题严居厚与马庄甫唱和诗轴》,并有致其书信一通,据诸文内容其当为朱子弟子。(丙类)(《文集》:45-10)

严时亨,即严世文。

颜师鲁,字几圣,龙溪人,绍兴中进士,累官监察御史,遇事进言无所阿挠,擢国子祭酒,规约率以身先。迁吏部尚书兼侍讲,后以龙图阁直学士两知泉州,泉人德之,塑像以祀,卒谥定肃。②《文集》有致其书信四通,论政事。(戊类)(《文集》:26-9～26-12)

严世文,字时亨,临江军新喻县(今属江西)人。隐居不仕,师事朱子,《文集》有致其书信三通。(丙类)(《文集》:61-15～61-17)

颜提举,即颜师鲁。

---

① 参见《万姓统谱》卷二六《颜度》条。
② 参见《万姓统谱》卷二六《颜师鲁》条。

彦修少府,即刘子羽。

颜梧,与颜招为兄弟,其一字伯奇。事迹待考,为来书请教于朱子者。《文集》有致其兄弟书信一通。(丙类)(《文集》:60-11)

颜铸,字子寿,永嘉人,绍熙元年进士。[①]《文集》有致其书信一通,据之其曾当面向朱子请教,视之为弟子可也。(丙类)(《文集》:58-13)

颜子坚,与陆象山门人为讲友,后出家,象山以为"非吾人矣"[②]。《文集》有致其书信一通。无明显证据为朱子弟子,为来书向朱子请教者。(丁类)(《文集》:55-45)

颜子寿,即颜铸。

杨伯起,朱子知南康时与朱子相识,朱子称其学有渊源。[③] 似与朱子为平辈讲友,《别集》有致其书信四通。(乙类)(《别集》:6-66～6-69)

杨长孺,字伯子,别号东山潜夫,谥文忠,吉州庐陵县(今属江西)人。杨万里长子,从学于朱子,《语类》有记其甲寅面见朱子请教一条甚详。[④]《遗集》有致其书信一通。(丙类)(《遗集》:3-35)

杨大法,字元范,婺州武义县(今属浙江)人。淳熙二年进士,曾为南康军教授,后历任国子祭酒、兵部侍郎、以集英殿修撰知镇江府。[⑤] 名列"庆元伪党"内,无明显证据为朱子弟子,但曾来书请教。《文集》有致其书信二通,《遗集》有一通,共三通。(丁类)(《文集》:26-5、50-1,《遗集》:2-27)

杨道夫,字仲思,建宁府浦城(今属福建)人。受学于朱子,《语类》载其己酉以后所闻一百六十余条,问答一百余条。《文集》有致其书信四通。[⑥](丙类)(《文集》:58-2～58-5)

---

① 参见《浙江通志》卷一二六《颜铸》条。
② 参见《象山集》卷十《与詹子南》。
③ 参见《文集》卷八一《跋徐诚叟赠杨伯起诗》。
④ 《朱子门人》,第186—187页。
⑤ 参见《经义考》卷三二《杨氏易说》条。
⑥ 《朱子门人》,第188页。

杨德仲，即杨篆。

杨迪，字简卿，事迹待考。为来书向朱子请教者，《文集》有致其书信一通。(丁类)(《文集》：54-59)

杨方，字子直，号淡轩老叟，汀州长汀县（今属福建）人，隆兴元年进士，官至广西提刑。性廉介刚直，伪学禁兴，尝坐朱子党罢居闭户读书。从学于朱子几五十年，时间之长，恐诸生中无出其右。常与朱子意见背驰，朱子对其期望甚厚，然终不免失望，陈荣捷称之为"朱子最不得意之门生"。《语类》载其庚寅所闻二百余条，并有朱子训谕语六条。①《文集》有致其书信六通。(丙类)(《文集》：29-32、45-17～45-21)

杨楫(1142—1213年)，字通老，学者称悦堂先生，福州长溪县（今属福建）人，累官司农寺簿，除国子博士，寻出湖南提刑、江西运判。从学于朱子，《语类》有其所录十余条，并有朱子训谕语三则。②《遗集》有致其书信一通。(丙类)(《遗集》：3-33)

杨简卿，即杨迪。

杨教授，即杨大法。

杨履正，字子顺，泉州晋江县（今属福建）人。从学于朱子，后广收门徒。《语类》有问答两条，《文集》有致其书信五通。③(丙类)(《文集》：59-29～59-33)

杨深父，事迹待考，朱子有《跋杨深父家藏东坡帖》④，《文集》有致其书信二通，答其问学，当为朱子弟子。(丙类)(《文集》：54-51、54-52)

杨璹，一名复，字志仁，学者称信斋先生，福州长溪县（今属福建）人。从朱子游，亦曾从学于黄榦。《语类》有问答三条，《文集》有致其书信二通。⑤(丙类)(《文集》：58-21、58-22)

---

① 《朱子门人》，第184—185页。
② 《朱子门人》，第188页。
③ 《朱子门人》，第189—190页。
④ 在《文集》卷八三。
⑤ 《朱子门人》，第187—188页。

杨宋卿,事迹待考,为来书求教者。《文集》有致其书信一通。(丁类)(《文集》:39-5)

杨廷秀,即杨万里。

杨通老,即杨楫。

杨万里(1124—1206年),字廷秀,号诚斋,吉州吉水(今属江西)人,绍兴进士,官至秘书监,刚直敢言,不得重用。善诗,与尤袤、范成大、陆游并称南宋四大家。通经学及性理之学,有《诚斋易传》等著作多种。[①] 与朱子交好,《文集》有致其书信一通,《遗集》有三通,共四通。(乙类)(《文集》:38-32,《遗集》:3-34、3-38、3-39)

杨元范,即杨大法。

杨至,字至之,蔡元定之婿,泉州晋江(今属福建)人。从学于朱子,使朱子之学大行于泉州,学者称杨氏等人为清源别派。《语类》载其癸丑、甲寅所闻四十余条,并有问答五十余条及朱子训谕语八条。[②]《文集》有致其书信二通。(丙类)(《文集》:55-4、55-5)

杨至仁,即杨璹。

杨至之,即杨至。

杨篆,字德仲,自号松斋,庆元府慈溪县(今属浙江)人,杨庭显之子,杨简之兄,朱子称其"文雅洒然"。[③] 无明显证据为朱子弟子,但曾来书向朱子请教,《遗集》有致其书信一通。(丁类)(《遗集》:2-34)

杨仲思,即杨道夫。

杨子顺,即杨履正。

姚棶,事迹待考,为来书请教者。《文集》有致其书信一通。(丁类)(《文集》:64-46)

杨子直,即杨方。

[①] 《中国历史大辞典》,第1346页。
[②] 《朱子门人》,第186页。
[③] 参见《遗集》,第594—595页,《杨德仲贡士柬》按语。

叶仁父,事迹待考,为来书向朱子请教者。《文集》有致其书信二通。(丁类)(《文集》:63-14、63-15)

叶適(1150—1223年),字正则,学者称水心先生,温州永嘉县(今属浙江)人,淳熙五年进士,历任太常博士,代理工部、兵部、吏部侍郎等职,官至保文阁待制。为永嘉学派代表人物,其学术在南宋后期有较大的影响力。与朱子为讲友,所论多与朱子不合,但林栗弹劾朱子,叶氏能挺身辩诬。① 《文集》有致其书信四通。(乙类)(《文集》:56-13~56-16)

叶味道,初名贺孙,字味道,后以字为名,更字知道,学者称西山先生,温州永嘉(今属浙江)人。嘉定十三年进士,官至秘书著作左郎,卒谥文修。从学于朱子,与陈埴共同促进了朱子之学在永嘉的传播。《语类》载其辛亥以后所闻四百余条,并有问答一百余条及朱子训谕语十五条。《文集》有致其书信四通。②(丙类)(《文集》:58-38~58-41)

叶彦忠,事迹待考,《续集》有致其书信三通,据其内容为朱子弟子。③(丙类)(《续集》:8-10~8-12)

叶永卿,事迹无可考,为来书向朱子请教者。④《文集》有致其书信一通,《别集》有致叶永卿、吴唐卿、周得之、李深子书信十二通,共十三通。(丁类)(《文集》:52-39,《别集》:6-70~6-81)

叶正则,即叶適。

佚名,《文集》中有未说明通信对象书信两通,一为29-38《乞给由子与纳税户条目》,一为68-8《答社坛说》。《答社坛说》为致刘清之。⑤

应仁仲,即应恕。

应恕,字仁仲,号艮斋,处州丽水县(今属浙江)人。事迹待考,为来书向

---

① 《朱熹大辞典》,第100—101页。
② 《朱子门人》,第193—194页。
③ 参见《闽中理学渊源考》卷十七《陈彦忠先生士直》按语。
④ 《朱子门人》,第192页。
⑤ 参见《朱熹年谱长编》,第787页。

朱子问学者。《文集》有致其书信六通。①（丁类）（《文集》：54-17～54-22）

游九言，字诚之，号默斋，谥文清，建宁府建阳县（今属福建）人，历知县州，充宣抚参谋官卒。先后从学于张栻与朱子，《文集》有致其书信三通。陈荣捷定其为讲友，不足据。②（丙类）（《文集》：45-3～45-5）

尤袤（1124—1194年），字延之，自号遂初居士，常州无锡（今属江苏）人。绍兴十八年进士，官至礼部尚书。立朝敢言，守法不阿。有诗名，与杨万里、范成大、陆游并称南宋四大家。又为当时著名的藏书家，有《遂初堂书目》。③ 与朱子多有来往，《文集》有致其书信四通，《续集》有八通，共十二通。（乙类）（《文集》：27-22、27-23、37-22、37-23，《续集》：5-23～5-30）

尤尚书，即尤袤。

尤提举，即尤袤。

尤延之，即尤袤。

余大雅，字正叔，信州上饶县（今属江西）人，余大猷之兄，官至广西经略。多次拜访朱子，《语类》载其戊戌以后所闻语录一百五十余条，以《论语》《孟子》《周易》经义为多，并有问答二三十条，不限一目，另有训谕语十二条，故为弟子无疑。《文集》有致其书信三通。④（丙类）（《文集》：59-66～59-68）

余大猷，字方叔，余大雅之弟，信州上饶县（今属江西）人，兄弟同游于朱子之门。《语类》有问答数则。⑤《文集》有致其书信一通。（丙类）（《文集》：59-69）

余范，字彝孙，福州古田县（今属福建）人，《文集》有致其书信一通，据此书陈荣捷以为足以定其为朱子门人。⑥（丙类）（《文集》：60-53）

---

① 《朱子门人》，第244页。
② 《朱子门人》，第165页。
③ 《中国历史大辞典》，第421页。
④ 《朱子门人》，第53—54条。
⑤ 《朱子门人》，第54页。
⑥ 《朱子门人》，第56页。

余方叔，即余大猷。

余国秀，即余宋杰。

余景思，即余元一。

虞士朋，即虞太中。

俞寿翁，即俞廷椿。

余宋杰，字国秀，南康军建昌县（今属江西）人，从学于朱子，《语类》有问答数条，论修身治心之方，《文集》有致其书信两通，另有致其与李敬子书信一通，共三通。①（丙类）（《文集》：62-43～62-45）

虞太中，字士朋，历知县州，皆有惠政，嘉定间除知循州改知南康军，官至朝散大夫。②《续集》6-12 言"此间虞士朋"，《文集》有致其书信二通，答其问学，当为朱子弟子。（丙类）（《文集》：45-1、45-2）

俞廷椿，字寿翁，抚州临川县（今属江西）人，乾道八年进士，历任知县。从学于陆象山，《语类》无记载，陈荣捷以为既非朱子弟子，亦非讲友。③《文集》有致其书信一通，《续集》有致其书信三通，共四通。陈氏未考《续集》三书，此人当属来书向朱子问学者。（丁类）（《文集》：54-16《续集》：7-17～7-19）

余彝孙，即余范。

余隅，字占之，号克斋，福州古田县（今属福建）人，据《文集》中相关资料，其为朱子高弟，朱子与其师生之情甚殷。《文集》有致其书信四通。④（丙类）（《文集》：50-21～50-24）

余元一，字景思，兴化军仙游县（今属福建）人，黄榦之妹婿，因黄榦而得以从学于朱子，淳熙五年进士，官至池州通判，有政声。《语类》有问答一条。⑤《续集》有致其书信二通，《别集》有一通，共四通。（丙类）（《续

---

① 《朱子门人》，第55页。
② 参《万姓统谱》卷九《虞太中》条。
③ 《朱子门人》，第109页。
④ 《朱子门人》，第55页。
⑤ 《朱子门人》，第54页。

集》：7-21~7-23,《别集》：5-40)

余占之,即余隅。

余正甫,亦作正父,以字行,名无可考。从朱子学,《语类》有问答十余处,皆有关丧祭之礼,《文集》往复书信亦有有关丧礼祭礼者,是其为礼之专家而为朱子所重视。[①]《文集》有致其书信五通。(丙类)(《文集》：63-25~63-29)

余正叔,即余大雅。

袁机仲,即袁枢。

袁枢(1131—1205年),字机仲,建宁府建安县(今属福建)人,隆兴元年进士,历任国史院编修官、国子祭酒、知江陵府等。自创体例,编《通鉴纪事本末》,为中国第一部本末体史书。[②]朱子与其为平辈讲友,《文集》有致其书信十二通。(乙类)(《文集》：26-3、38-1~38-11)

袁寺丞,即袁枢。

岳霖,相州人,岳飞次子,淳熙二年知钦州,交趾入贡,使者毁驿舍,霖封剑示其都监曰,若不葺而行,当以军法相待,使者惧,缮而后行。绍熙二年迁知广州。[③]《遗集》有致其书信一通,似与朱子为平辈讲友。(乙类)(《遗集》：2-52)

Z

宰相,即王淮。[④]

曾祕,字泰之,同安人,乾道五年进士,为朱子讲友。[⑤]《文集》有致其书信一通。(乙类)(《文集》：56-10)

[①] 《朱子门人》,第54—55页。
[②] 《中国历史大辞典》,第2366页。
[③] 参见《广东通志》卷三九《岳霖》条。
[④] 参见《朱熹年谱长编》,第710页。
[⑤] 参见《闽中理学渊源录》卷十八《郡守曾泰之先生祕》。

曾光祖，即曾兴宗。

曾极，字景建，号云巢，抚州临川县（今属江西）人，其父为陆九龄门人。① 无明显证据为朱子弟子，但曾来书请教。《文集》有致其书信七通，《续集》有一通，共八通。（丁类）（《文集》：61-23～61-29，《续集》：7-20）

曾集，字致虚，曾任南康太守，吕祖谦之内弟②，当为朱子讲友。朱子曾为其作《壮节亭记》《冰玉堂记》③，《文集》有致其书信二通。（乙类）（《文集》：46-12、46-13）

曾季狸，字裘父，自号艇斋。举进士不第，师事韩子苍、吕居仁，又与朱子、张南轩书问往复。南轩被召，季狸戒其不当谈兵。张孝祥、刘珙荐于朝，皆谢不起，吕东莱、张南轩、汪应辰数称其学，善诗文，陆游序其集，极称道之。④《文集》有致其书信三通。（乙类）（《文集》：38-20～38-22）

曾节夫，即曾搏。

曾景建，即曾极。

曾裘父，即曾季狸。

曾三异（1156—1236年），字无疑，自号云巢，临江军新淦县（今属江西）人，曾任太社令。曾三聘之弟，兄弟皆从学于朱子，《文集》有致其书信六通。陈荣捷定其为讲友，不足据。⑤（丙类）（《文集》：60-26～60-31）

曾泰之，即曾祕。

曾无疑，即曾三异。

曾无择，事迹待考，为来书请教者。《文集》有致其书信一通。（丁类）（《文集》：60-25）

曾兴宗（1146—1212年），字光祖，号唯庵，赣州宁都县（今属江西）人。以推官致仕，厌科举，不远千里受业于朱子之门，师事朱子甚笃，《语

---

① 《朱子门人》，第163—164页。
② 参见《文集》卷八三《跋吕伯恭书说》。
③ 《文集》卷八十。
④ 参见《两宋名贤小集》卷一二五《艇斋小集》条。
⑤ 《朱子门人》，第162页。

类》有问答数条、朱子训谕语五条。《文集》有致其书信五通。①（丙类）（《文集》：61-18～61-22）

曾择之，即曾祖道。

曾致虚，即曾集。

曾祖道，字择之，吉州庐陵县（今属江西）人，先后从学于刘子澄、陆九渊、朱子。《语类》载其丁巳所闻一百余条，并有问答数十处。《文集》有致其书信四通。②（丙类）（《文集》：60-32～60-35）

曾㮒，字节夫，从学于张栻③，无明显证据为朱子弟子，但曾来书向朱子请教。《文集》有致其书信一通。（丁类）（《文集》：46-7）

詹观，字尚宾，事迹无可考。《语类》无记载，《别集》有致其书信一通，陈荣捷以此定其为朱子弟子。④（丙类）（《别集》：5-28）

詹兼善，事迹待考，为来书请教者。《文集》有致其书信一通，乃答其问学。（丁类）（《文集》：46-11）

詹尚宾，即詹观。

詹帅，即詹仪之，字体仁。

詹体仁（1143—1206年），字元善，建宁府浦城（今属福建）人，历任博士、少卿、太府卿，官至直龙图阁知福州。从学于朱子，《语类》有问答数条。⑤初名张体仁，后复本姓，改今名。⑥《文集》有致其书信四通。（丙类）（《文集》：28-7、46-20～46-22）

詹体仁，书题中之詹体仁指詹仪之，字体仁。

詹仪之，字体仁，建宁府遂安县（今属浙江）人，绍兴二十一年进士，官至礼部侍郎，知静江府。先后从学于吕祖谦、朱子，《文集》有致其书信六

---

① 《朱子门人》，第164页。
② 《朱子门人》，第163页。
③ 参见《南轩集》卷十二，张栻为曾氏所作《拙斋记》。
④ 《朱子门人》，第197页。
⑤ 《朱子门人》，第196—197页。
⑥ 参见《夷坚志》卷七《张元善水厄》。

通。①（丙类）(《文集》：27-14～27-17、38-31,《遗集》：2-49)

詹元善,即詹体仁,字元善。

詹子厚,事迹待考,为来书向朱子请教者,《文集》有致其书信二通。(丁类)(《文集》：56-8、56-9)

张定叟,即张构。

长儿,即朱塾。

章季思,即章康。

张敬夫,即张栻。

张敬之,即张显父。

章康(1167—1245年),字季思,号雪崖,平江府吴县(今属江苏)人,安贫乐道,人称之曰聘君。从学于朱子,《文集》有致其书信一通。②（丙类）(《文集》：60-10)

章茂献,即章颖。

张孟远,吕祖谦称其为"吾同年友",并赞其"横厉超轶,绝出无辈""论议明隽,闳达舌端"。③故与朱子亦当为平辈讲友,《续集》有致其书信四通。(乙类)(《续集》：6-17～6-19、6-20)

张洽(1161—1237年),字元德,以主一名斋,谥文宪,临江军清江县(今属江西)人,少颖异,于书无所不读,历知州县,官至直秘阁主管建康崇禧观,有政声。从学于朱子,有经史著作多种。曾拒任白鹿洞书院长,因此职为"先师之职"。《语类》载其丁未、癸丑所闻三十余条,并有问答数条。《文集》有致其书信九通。④（丙类）(《文集》：62-1～62-9)

张钦夫,即张栻。

张仁叔,即张毅。

---

① 《朱子门人》,第196页。
② 《朱子门人》,第134页。
③ 参见《东莱集》外集卷五《送张孟远序》。
④ 《朱子门人》,第130—131页。

张杓,字定叟,张栻之弟,绵竹(今属四川)人,以父荫通判严州,历知州府,俱以能称。进端明殿学士知建康府,乞祠,卒。"杓天分高爽,吏材敏给,遇事不凝滞,多随宜变通,所至以治办称,南渡以来,论京尹者,以杓为首。"①与朱子为平辈讲友,《文集》有致其书信二通。(乙类)(《文集》:27-18、29-34)

张栻(1133—1180年),字敬夫,一字钦夫,号南轩,绵竹人(今属四川),"东南三贤"之一。胡宏学生,胡宏之后湖湘学派的领袖,以父张钧荫补右承郎,先后知严州、袁州、静江、江陵诸州府,在朝曾充侍讲,后进直宝文阁、右文殿修撰。创建城南书院,主教岳麓书院,所到之处讲学授徒,声名极一时之盛,卒谥宣。曾就中和、已发未发、察识存养等问题与朱子反复论辩。编次二程《粹言》,作序并刊印胡宏《知言》,著作有《南轩易说》《论语孟子说》等,其诗文由朱子编定为《张南轩先生文集》。②朱子对其学问评价很高,谓"其学之所就""足以名于一世",视为一代大儒。③《文集》有致其书信五十四通,《遗集》有三通,共五十七通。(乙类)(《文集》:24-25、25-1~25-4、30-12~30-21、31-1~31-21、32-1~32-18,《遗集》:2-12、2-14、2-16)

章侍郎,即章颖。

张显父,字敬之,南剑州顺昌县(今属福建)人。从学于朱子,《语类》载其问答数条。④《文集》有致其书信二通。(丙类)(《文集》:58-47、58-48)

张毅,字仁叔,事迹待考,为来书向朱子请教者。《文集》有致其书信一通,答其问目。(丁类)(《文集》:58-1)

章颖(1141—1218年),字茂献,临江军(今属江西)人。以兼经中乡荐,孝宗即位,应诏上万言书,礼部奏名第一,累官至兵部侍郎。宁宗时因

---

① 参见《大清一统志》卷三一三《张杓》条。
② 《朱熹大辞典》,第98页。
③ 参见《宋明理学史》上,第318页。
④ 《朱子门人》,第131—132页。

忤韩侂胄罢官,韩死,复出,累迁礼部尚书。晚年奉祠家居。① 与朱子为平辈讲友,《续集》有致其书信六通,《别集》有二通,共八通。(乙类)(《续集》:5-17~5-22,《别集》:2-10、2-11)

张元德,即张洽。

张元善,即詹体仁,字元善。

长子受之,即朱塾。

张子颜,字几仲,循王浚之子,寓居平江,乾道中以敷文阁待制知信州,淳熙中移知绍兴,除显谟阁直学士,与祠,再知镇江府,奏蠲丹阳夫役,民甚德之。②《文集》有致其书信三通,论赈济诸事。(戊类)(《文集》:26-26、26-27、26-30)

赵昌甫,即赵蕃。

赵焯,字景昭,闽县人,乾道八年进士。③ 曾当面向朱子请教,朱子颇称道之,④《续集》有致其书信一通,当属弟子。(丙类)(《续集》:8-17)

赵丞相,即赵汝愚。

赵崇宪(1160—1219年),字履常,余州余干县(今属江西)人。丞相赵汝愚长子,历任江西常平、广西经略安抚等,能守家法,所至有惠政。陈荣捷以为无明显证据为朱子之门人,为晚辈而来书向朱子请教者。《文集》有致其书信一通。⑤(丁类)(《文集》:56-18)

赵都运,即赵善誉。

赵蕃(1143—1229年),字昌甫,学者称章泉先生,谥文节。先后从学于刘清之及朱子,《语类》有问答一则。历任太和县簿、辰州司理参军,刘清之非罪去官,蕃即丐祠从归,士林誉之。善诗,为当时学道而工诗者之翘楚。又曾从学于叶适,无所得。陈荣捷以为其乃朱子讲友,不足据。

---

① 《中国历史大辞典》,第 2748 页。
② 参见《姑苏志》卷五七《张子颜》条。
③ 参见《淳熙三山志》卷三十《赵焯》条。
④ 参见《文集》34—38《答吕伯恭》。
⑤ 《朱子门人》,第 207 页。

《文集》有致其书信一通,《续集》有五通,共六通。① (丙类)(《文集》：54 - 69,《续集》：6 - 1～6 - 5)

赵恭父,即赵师郏。

赵几道,即赵师渊。

赵景昭,即赵焯。

赵郎中,赵忠简公鼎之后人,求朱子为其作《赵忠简公行状》,朱子未许。《语类》述此事时称此人为"赵公子弟",②显非弟子。《文集》有致其书信一通。(丁类)(《文集》：64 - 28)

赵履常,即赵崇宪。

赵民表,事迹待考,为来书请教者。《文集》有致其书信一通。(丁类)(《文集》：64 - 41)

赵讷斋,即赵师渊。

赵然道,即赵师雍。

赵汝愚(1140—1196年),字子直,饶州余干(今属江西)人,宋宗室,乾道年间进士。光宗绍熙五年与韩侂胄拥立宁宗,官至右丞相。后被韩氏倾轧,出知福州,又贬永州,途经衡州时暴卒。为学注重经世致用,极力褒扬程朱理学,与朱子交往密切。庆元党禁起,列为党人之首。③《文集》有致其书信十五通,《遗集》有二通,共十七通。(乙类)(《文集》：27 - 1～27 - 3、27 - 6、27 - 7、28 - 13、28 - 16、28 - 17、28 - 26、29 - 1～29 - 4、29 - 16、29 - 17,《遗集》：3 - 24、3 - 25)

赵善誉(1143—1189年),字静之,宗室子,宋太宗之后人。幼敏慧力学,乾道五年试礼部第一,初调昌国簿摄邑事,有谦名,历任两浙运干,湖北常平茶盐提举,移潼川路提刑转运判官等。乞祠归,处一室,以图书自

---

① 《朱子门人》,第209页。
② 《朱子语类》卷一三〇《问赵忠简行状》条。
③ 《中国历史大辞典》,第2071页。

娱,无疾而卒。多所著述,郭雍、朱子尝取其易说。① 与朱子为平辈讲友,《文集》有致其书信二通,《续集》有二通,共四通。(乙类)(《文集》:38-12、38-13,《续集》:5-7、5-8)

赵善佐,字佐卿,宗室子,邵武军邵武县(今属福建)人,淳熙十二年进士,历知各州。从学于张栻及朱子,《文集》有致其书信一通。陈荣捷以为其与朱子无师生关系,其说不可据。②(丙类)(《文集》:43-21)

赵尚书,即赵汝愚。

赵师葳,一名师晳,字咏道,宋宗室燕王后人,赵师渊之从弟,朱子之孙婿。与其兄赵师雍俱兼师象山与朱子,《语类》无问答,《文集》有致其书信一通。③(丙类)(《文集》:59-76)

赵师郂,字恭父,台州天台县(今属浙江)人,绍熙元年进士,官至嘉兴府判官。从学于朱子,《语类》有问答数条。④《文集》有致其书信六通。(丙类)(《文集》:59-70~59-75)

赵师夏,字致道,号远庵,宋宗室燕王后人,赵师渊、赵师游之弟,台州黄岩县(今属浙江)人,朱子孙婿,绍熙元年进士,官至朝奉大夫,善政甚多。从学于朱子,《语类》有问答两则,《文集》有致其书信三通。⑤(丙类)(《文集》:59-77~59-79)

赵师雍,字然道,宋宗室燕王后人,赵师渊之从弟,淳熙十四年进士,受教于朱子、陆象山之门。或谓其与胡纮、傅伯寿同属"考亭叛徒",陈荣捷以为此非持平之论,其与朱子仅是意见不合。《文集》有致其书信一通。⑥(丙类)(《文集》:55-48)

赵师渊,字几道,号讷斋,宋宗室燕王后人,台州黄岩县(今属浙江)

---

① 参见《宋史》卷二四七本传。
② 《朱子门人》,第207—208页。
③ 《朱子门人》,第206页。
④ 《朱子门人》,第203页。
⑤ 《朱子门人》,第203—204页。
⑥ 《朱子门人》,第204—205页。

人,乾道八年进士,历官推官、通判、司农太常寺卿等,每不合而去。早登朱子之门,后引诸弟及诸从弟从学于朱子。助朱子编纂《资治通鉴纲目》,《语类》有问答两则。[1]《文集》有致其书信两通,《遗集》有八通,共十通。(丙类)(《文集》:54-54、54-55,《遗集》:3-51~3-58)

赵帅,即赵汝愚。

赵提举,即赵善誉。

赵尉,即赵垩。

赵雄(1129—1193年),字温叔,资州(今属四川)人。隆兴元年进士,极论恢复,为孝宗所赏识,使金,不辱使命,人称道之。累官至参知政事,进右丞相。光宗即位,进卫国公,出帅湖北,卒于判隆兴府任上。[2]《文集》有致其书信四通,《遗集》有一通,共五通,论政事。(戊类)(26-13~26-17,《遗集》:2-24)

赵垩,时任剡尉,朱子曾为其作《跋赵中丞行实》[3],赵中丞乃其祖。无明显证据为朱子弟子,为来书请教者。《文集》有致其书信一通。(丁类)(《文集》:64-29)

赵彦肃,字子钦,学者称复斋先生,严州建德县(今属浙江)人,乾道初年进士,官至宁海军节推。私淑陆象山。[4]《文集》有致其书信七通,《别集》有一通,共八通。无明显证据为朱子弟子,但曾来书向朱子请教。(丁类)(《文集》:56-1~56-7,《别集》:4-32)

赵咏道,即赵师葳。

赵宰,时为崇安宰,事迹待考,为来书请教者。《文集》有致其书信一通。(丁类)(《文集》:64-24)

赵致道,即赵师夏。

赵子钦,即赵彦肃。

---

[1] 《朱子门人》,第205—206页。
[2] 《中国历史大辞典》,第2064页。
[3] 《文集》卷八三。
[4] 《朱子门人》,第202页。

赵子直,即赵汝愚。

赵佐卿,即赵善佐。

折宪,即折知常。

折知常,与刘玒同为范如圭之婿,①无明显证据为朱子弟子,但曾来书请教,《文集》有致其书信一通。(丁类)(《续集》:8-1)

折子明,朱子曾至其家观贴②,朱子门人赵蕃称"折子明丈"③,当为朱子平辈讲友。《文集》有致其书信一通。(乙类)(《文集》:60-22)

郑伯熊,字景望,永嘉人,谥文肃。"德行夙成,经学尤邃。"绍兴十五年登第,历任黄岩尉、婺州司户。隆兴初召试正字,除太常博士,后除吏部侍郎兼太子侍读,宗正少卿,以直龙图阁知宁国府。"绍兴末,伊洛之学稍息,学者复于伯熊得之。"与薛季宣齐名,有著作多种,"前辈楷模及时人美恶,凡涉理道者毕载,由是永嘉之学宗郑氏。"④与朱子为平辈讲友,《文集》有致其书信四通。(乙类)(《文集》:37-18～37-21)

郑参政,即郑侨。

郑艮,事迹待考,《文集》有致其书信一通,乃答其问目。书中可见其与朱子门人林獒一之为讲友,故亦当为朱子弟子。(丙类)(《文集》:58-51)

郑鉴,"字自明,连江人。乾道间补太学生,淳熙初释褐,除太学正,入对,孝宗深嘉之,除校书郎迁著作郎权郎官,后出知台州。卒,朱文公祭之文有云,伟哉自明,凛乎有古争臣之风,求之近臣则,措之邹陈之间而无怍者也。"⑤《文集》有致其书信一通。(乙类)(《文集》:25-22)

郑景明,即郑昭先。

郑景实,即郑栗。

郑景望,即郑伯熊。

---

① 参见《文集》卷八九《直秘阁赠朝议大夫范公神道碑》。
② 参见《文集》卷八四《跋旧石本乐毅论》。
③ 参见《乾道稿淳熙稿》,卷七《留别折子明丈二首》。
④ 参见《万姓统谱》卷一〇七《郑伯熊》条。
⑤ 参见《闽中理学渊源考》卷十七《著作郎郑自明先生鉴》。

郑可学(1152—1212年),字子上,号持斋,兴化军莆田县(今属福建)人。累举进士不第,从学于朱子,朱子极看重,为朱门高弟,诸公名人皆欲招致而不可得。善诗,因朱子告诫,故不多作。《语类》载其辛亥所闻四百余条,并有问答语及训谕语若干条,内容范围极广。① 《文集》有致其书信十七通,《遗集》有一通,共十八通。(丙类)(《文集》:56-40~56-56,《遗集》:3-15)

郑栗,字景实,事迹待考,为来书请教者。《续集》有致其书信一通。(丁类)(《续集》:6-11)

郑侨,字惠叔,少有大志,乾道五年进士第一,累官至参知政事,知枢密院事。宁宗时以观文殿大学士致仕,卒。"侨孝友端重,简淡无欲,平生所为,皆有常度故令名大节为世所重,受知三朝,见称忠赏。"②《文集》有致其书信二通,《别集》有一通,共三通。(乙类)(《文集》:29-23、29-24,《别集》:3-5)

郑尚书,即郑侨。

郑昭先,字景明,号日湖,谥文靖,福州闽县(今属福建)人。淳熙十四年进士,官至参知政事、进右丞相。从学于朱子,《语类》有问答一条,《别集》有致其书信四通。③(丙类)(《别集》:5-5~5-8)

郑仲礼,《文集》有致其书信二通,据之可见其与张栻及朱子为讲友。(乙类)(《文集》:50-19、50-20)

郑自明,即郑鉴。

郑子上,即郑可学。

郑□□,即郑艮。

志南上人,与朱子交游密切,能诗,朱子颇称道之。④《别集》《遗集》各有致其书信二通,共四通。然《遗集》二书实即《别集》二书,详略不同尔,束氏

---

① 《朱子门人》,第236—237页。
② 参见《万姓统谱》卷一〇七《郑侨》条。
③ 《朱子门人》,第238—239页。
④ 参见《文集》卷八一《跋南上人诗》。

编《遗集》已注明。①（乙类）（《别集》：5-29、5-30，《遗集》：2-58、2-59）

执政，《文集》有致其书信三通，言政事。其中26-13为致赵雄，余二书对象姓名、事迹待考。（戊类）（《文集》：26-13、26-32、29-6）

钟户部，即钟世明。②

钟世明，绍兴二十五年十一月至次年三月间任尚书右司员外郎，兼权户部侍郎，时朱子有致其书信一通，论经总制钱事。朱松之友，朱子少时即与其相识，绍兴十八年朱子中进士，钟氏亦为考官之一。③（戊类）（《文集》：24-1）

周必大（1126—1204年），字子充，又字弘道，自号平园老叟，吉州庐陵（今属江西）人。绍兴年间进士，孝宗时官至枢密使、丞相。光宗时封益国公，后遭弹劾，出判潭州，宁宗初，以少傅致仕。工文词，好学术，著作颇富。④ 与朱子多有往来，《文集》有致其书信十二通。（乙类）（《文集》：26-33~26-36、27-20、27-24、27-26、28-1、28-5、38-14~38-16）

周参政，即周必大。

周丞相，即周必大。

周纯仁，即周朴。

周得之，事迹无可考，陈荣捷以为既非弟子亦非门人。⑤ 为来书向朱子请教者，《别集》有致叶永卿、吴唐卿、周得之、李深子书信十二通。（丁类）（《别集》：6-70~6-81）

周介，字叔谨，初姓叶，字公瑾。处州丽水（今属浙江）人。先后从学于吕祖谦及朱子，《语类》录其问答两条，陈荣捷根据《文集》中相关材料指出朱子对其优缺点均有评价。⑥《文集》有致其书信五通。（丙类）（《文集》：54-23~54-27）

---

① 参见《遗集》第612页《与志南上人二贴》按语。
② 参见《朱熹年谱长编》第200页。
③ 参见《朱熹年谱长编》第202—203页。
④ 《中国历史大辞典》，第1899—1900页。
⑤ 《朱子门人》，第92页。
⑥ 《朱子门人》，第89页。

周浚,字深父,朱子为其作《周深父更名序》①,论其名之含义。《文集》有致其书信一通,答其问目。当为朱子弟子。(丙类)(《文集》:63-31)

周谟(1141—1202年),字舜弼,南昌军建昌县(今属江西)人,据各种文献记载,周氏师事朱子甚笃。朱子生前,其曾多次远途往学,朱子殁后,坚守不变。《语类》载其己亥以后所闻二百余条,包含较广,其本人问答六七则,则全关性理之学。《文集》有致其书信十通。②(丙类)(《文集》:50-48～50-57)

周南,"字南仲,平江人,年十六游学吴下,视时人业科举,心陋之,从叶适讲学",绍熙元年进士,庆元中入伪学党。"开禧三年,召试馆职。南对策诋权要,言者劾南罢之,卒于家。"③《文集》有致其书信四通。无明显证据为朱子弟子,但曾来书请教。(丁类)(《文集》:60-4～60-7)

周南仲,即周南。

周朴,字纯仁,《语类》有其问答一条,《文集》有致其书信两通,陈荣捷言事迹无可考,据朱子书信断定其为朱子弟子。④(丙类)(《文集》:60-2、60-3)

周叔谨,即周介。

周舜弼,即周谟。

周益公,即周必大。

朱岑,庐陵人,与朱浒为兄弟,与周必大交好。⑤ 无明显证据为朱子弟子,但曾来书请教。《文集》有致其书信一通。(丁类)(《文集》:64-52)

朱飞卿,名不可考,飞卿乃其字,漳州(今属福建)人,《语类》载其问答数条,自属弟子无疑。《文集》有致其书信一通。⑥(丙类)(《文集》:56-39)

---

① 《文集》卷七六。
② 《朱子门人》,第94—95页。
③ 参见《宋史》卷三九三《周南传》。
④ 《朱子门人》,第94页。
⑤ 参见《文忠集》卷一六九《泛舟游山录》。
⑥ 《朱子门人》,第48页。

诸葛千能,字诚之,绍兴府会稽县(今属浙江)人,淳熙年间中进士,曾任嘉兴主簿。从学于陆象山及朱子,有调停之意。《语类》有问答数则,《文集》有致其书信两通。①(丙类)(《文集》:54-5、54-6)

诸葛诚之,即诸葛千能。

朱鲁叔,兴化军仙游县(今属福建)人,曾受教于刘子澄,《语类》有问答一条,陈荣捷据《文集》中相关记载,以为朱子与其相知不厚,友辈关系为多,师生关系为少,但仍应列入朱子弟子之列。②《文集》有致其书信一通,《别集》有二通,共三通。(丙类)(《文集》:46-14,《别集》:5-9、5-39)

朱朋孙,事迹待考,为来书向朱子问学者,《文集》有致其书信一通。(丁类)(《文集》:60-1)

祝汝玉,即祝禹圭。

朱塾(1153—1191年),字受之,文公长子,官奉直大夫湖广总领。朱子遣之就学于吕祖谦,朱子与吕氏书,常以塾不解事为虑,然其受教于吕氏后颇有进益。先朱子亡,朱子有《题嗣子诗卷》,并志其圹,所言均极悲切。《续集》《别集》各有致其书信一通,共二通。③(丙类)(《续集》:8-23,《别集》:2-39)

朱填,字和父,排行六十,朱熹之子,朱子之侄。《遗集》有致其书信一通。(丁类)(《遗集》:3-45)

祝禹圭,自汝玉,信安郡信安县(今属浙江)人,淳熙年间知休宁。陈荣捷据朱子称呼,定其为平辈讲友。《别集》有致其书信一通。④(乙类)(《别集》:2-4)

朱在,字敬之,一字叔敬,朱子季子。"既受教家庭,又从黄榦学"。历知军州以至工部侍郎。《语类》有问答四五十条,多关于《四书》各题目。⑤《遗集》有致其书信一通。(丙类)(《遗集》:2-53)

---

① 《朱子门人》,第242—243页。
② 《朱子门人》,第49页。
③ 《朱子门人》,第48页。
④ 《朱子门人》,第124页。
⑤ 《朱子门人》,第46—47页。

祝直清,婺源中山人,朱子外大父祝确之孙,故朱子称之为"贤表"。曾举茂才,知无锡。①《遗集》有致其书信一通。(乙类)(《遗集》:2-11)

朱子绎,事迹待考,为来书向朱子请教者。《文集》有致其书信一通。(丁类)(《文集》:54-36)

卓周佐,事迹待考,为来书向朱子请教者。《文集》有致其书信一通。(丁类)(《文集》:64-30)

子在,即朱在。

本传略引用书目:

1. 朱杰人等主编:《朱子全书》,上海古籍出版社、安徽教育出版社2010年版。
2. 中国历史大辞典编纂委员会编:《中国历史大辞典》,上海辞书出版社2000年版。
3. 陈荣捷:《朱子门人》,华东师范大学出版社2007年版。
4. 张立文主编:《朱熹大辞典》,上海辞书出版社2013年版。
5. 侯外庐等主编:《宋明理学史》,人民出版社1984年版。
6. 脱脱等编:《宋史》,中华书局1985年版。
7. 吕祖谦:《吕东莱文集》,中华书局1985年版。
8. 陆九渊:《陆九渊集》,中华书局1980年版。
9. 楼钥:《攻媿集》,四部丛刊本。
10. 叶適:《水心集》,四部丛刊本。
11. 杨万里:《诚斋集》,四部丛刊本。
12. 袁燮:《絜斋集》,文渊阁四库全书本。
13. 陆游:《渭南文集》,四部丛刊本。
14. 张栻:《南轩集》,《朱子全书外编》本。

---

① 参见《遗集》,第575页,《与祝直清书》按语。

15. 周必大：《文忠集》，文渊阁四库全书本。
16. 赵蕃：《乾道稿淳熙稿》，文渊阁四库全书本。
17. 李心传：《建炎杂记》，文渊阁四库全书本。
18. 洪迈：《夷坚志》，文渊阁四库全书本。
19. 刘壎：《隐居通议》，文渊阁四库全书本。
20. 刘宰：《漫塘集》，文渊阁四库全书本。
21. 陈世隆：《两宋名贤小集》，文渊阁四库全书本。
22. 吴师道：《敬乡录》，文渊阁四库全书本。
23. 佚名：《南宋馆阁续录》，文渊阁四库全书本。
24. 程敏政：《新安文献志》，文渊阁四库全书本。
25. 凌迪知：《万姓统谱》，文渊阁四库全书本。
26. 毛德琦：《白鹿书院志》，续修四库全书本。
27. 朱彝尊：《经义考》，文渊阁四库全书本。
28. 李清馥：《闽中理学渊源考》，文渊阁四库全书本。
29. 万斯同：《儒林宗派》，文渊阁四库全书本。
30. 梁克家：《淳熙三山志》，文渊阁四库全书本。
31. 徐硕：《至元嘉禾志》，文渊阁四库全书本。
32. 李贤等：《明一统志》，文渊阁四库全书本。
33. 和珅等：《大清一统志》，文渊阁四库全书本。
34. 王鏊：《姑苏志》，文渊阁四库全书本。
35. 郝玉麟等：《福建通志》，文渊阁四库全书本。
36. 谢旻等：《江西通志》，文渊阁四库全书本。
37. 嵇曾筠等：《浙江通志》，文渊阁四库全书本。
38. 郝玉麟等：《广东通志》，文渊阁四库全书本。
39. 束景南：《朱子大传》，福建教育出版社1992年版。
40. 束景南：《朱熹年谱长编》，华东师范大学出版社2001年版。
41. 陈来：《朱子书信编年考证》，生活·读书·新知三联书店2007年版。

致各通信对象书信数量表

说明：

一、《朱子全书》共收录朱子书信2 570通(参见附录1)，这些书信共有495个通信对象(人物传略见附录2)，另外有致"或人"14通，致"学者"2通，致"某人"6通。

二、朱子有致颜栢、颜椅兄弟，致罗辟、罗问兄弟，致杜仁仲、杜良仲兄弟，致李敬子、余国秀书信各一通，有致叶永卿、吴唐卿、周得之、李深子书信12通，本表分别统计。因此以本表所列计算书信数量为2 611通，扣除重复计算的41通，正合2 570之数。

三、书信数量按从少到多排序，通信对象按汉语拼音排序。

书信数量	通　信　对　象	对象数量总计
1通	白鹿长贰　边恢世　蔡权郡　曹駧　曹元可　陈伯坚　陈漕　陈建宁　陈亢礼　陈葵　陈秘监　陈弥作　陈蕡　陈齐仲　陈谦　陈守　陈宋霖　陈颐刚　陈址　陈知柔　程成甫　程珙　程先　程绚　程永奇　池从周　戴迈　道谦　丁仲澄　杜煜　段钧　范叔应　方大壮　方禾　方平叔　方芹之　傅诚子　傅定　符国瑞　符叙　甘叔怀　高松　高宗商　耿秉　龚伯善　龚惟微　何巨元　何倅　胡大壮　胡宽夫　湖南诸公　胡元衡　黄度　黄幾先　黄景申　黄冕仲　黄洽　黄维之　黄中　黄祖舜　季光弼　建宁诸司　江端伯　江史　钱佃　江西张漕　江彦谋　康文虎　康仲颖　李椿　李次张　李端甫　李燔　黎季忱　李亢宗　李吕　李如圭　李师愈　李橺　李巽卿　李彦中　李泳　李元翰　李缯　李壮祖　梁克家　林光朝　林恪　林鲁山　林鼐　林湜　林易简　林振　林质　刘漕　刘朝弼　刘砥　刘榘　刘子羽　卢彦德　罗县尉　吕佺　吕胜己　吕竦　毛舜卿　孟猷　潘履孙　潘植　潘時　彭凤仪　庆国卓夫人　丘子野　沈度　沈有开　时沄　舒璘　宋南强　宋之润　宋之汪　孙枝　汤镇　滕诚夫　汪伯虞　汪楚材　汪次山　王介　王洽　汪清卿　汪圣可	210人

265

续　表

书信数量	通　信　对　象	对象数量总计
1通	王时敏　王十朋　王子充　王子俊　汪子卿　汪子文　王倅　魏诚之　魏应仲　吴耕老　吴楫　吴猎　吴批　吴绍古　吴申　吴深父　吴益　吴元士　奚仲渊　谢成之　谢与权　星子诸縣　熊梦兆　徐浩　许进之　徐景光　徐侨　徐诩　许衍　徐逸　徐应龙　徐元德　许中应　许子春　颜招　严士敦　颜椅　颜铸　颜子坚　杨长孺　杨迪　杨楫　杨宋卿　杨篆　姚棶　佚名　余大猷　余范　岳霖　曾祕　曾无择　曾撙　詹观　詹兼善　章康　张毅　赵焯　赵崇宪　赵郎中　赵民表　赵善佐　赵师蒇　赵师雍　赵塈　赵宰　折知常　折子明　郑艮　郑鉴　郑栗　钟世明　周浚　朱岑　朱飞卿　朱朋孙　朱壎　祝禹圭　朱在　祝直清　朱子绎　卓周佐	210人
2通	包定　包扬　曹建　常浚孙　陈定　陈刚　陈巩　陈公亮　陈景思　陈梦良　陈埴　邓絅　丁硕　都昌县学诸生　杜贯道　杜游　度正　方壬　冯椅　符初　甘节　郭叔云　韩元吉　胡璟　皇甫倜　黄樵仲　江明　金朋说　李谌　李友直　李周翰　林补　林充之　林大春　林峦　刘定夫　刘叔文　刘学古　刘仲升　楼钥　陆九龄　卢提干　罗辟　罗问　吕道一　吕绍先　欧阳光祖　芮烨　石斗文　石宗昭　孙自任　滕仲宜　汪大度　王淮　王铅　汪莘　汪易直　吴伯起　吴英　徐虞　徐寓　徐元聘　薛季宣　学者　颜漕　颜度　杨深父　杨璹　杨至　叶仁父　虞太中　曾集　詹子厚　张杓　张显父　郑仲礼　执政　周朴　诸葛千能　朱塾	80人
3通	包逊　包约　陈超宗　程大昌　范仲黼　郭德麟　郭逍遥　胡宪　胡泳　晏渊　黄孝恭　黄寅　廖俣　林㮤　林栗　林蘁　刘君房　陆九韶　陆游　毛朋寿　欧阳谦之　潘柄　史浩　王钦之　汪义和　吴尉　徐文卿　严世文　杨大法　叶彦忠　游九言　余大雅　余宋杰　曾季狸　张子颜　赵师夏　郑侨　朱鲁叔	39人

续　表

书信数量	通　信　对　象	对象数量总计
4通	陈傅良　窦从周　范如圭　冯允中　傅梦泉　傅自得 龚茂良　胡大原　黄铢　李埜　连嵩卿　梁璟　林枅 林学蒙　邵叔义　王阮　王佐　吴人杰　徐彦章　徐昭然 颜师鲁　杨伯起　杨道夫　杨万里　叶适　叶味道 俞廷椿　余隅　余元一　曾祖道　詹体仁　张孟远 赵善誉　郑伯熊　郑昭先　志南上人　周南	37人
5通	郭津　黄㦛　姜大中　柯翰　李方子　李唐咨　路苃 某人　潘景宪　潘友端　潘友文　彭龟年　饶幹　任希夷 沈焕　吴南　杨履正　余正甫　曾兴宗　赵雄　周介	21人
6通	曹晋叔　陈淳　陈孔硕　崔嘉彦　杜知仁　胡实　李孝述 马大同　孙自修　汪德辅　王岷　杨方　应恕　曾三异 詹仪之　赵蕃　赵师郲	17人
7通	蔡沈　郭雍　皇甫斌　李辉　李相祖　李宗思　宋之源 苏溱　滕琪　万人杰　王师愈	11人
8通	辅广　黄东　江泳　刘孟容　罗博文　丘𪩘　王蔺　曾极 章颖　赵彦肃	10人
9通	李壁　潘友恭　任行甫　田澹　项安世　张洽	6人
10通	董铢　方耒　潘景愈　孙应时　赵师渊　周谟	6人
11通	储用　林至　刘琪　潘时举	4人
12通	程迥　李深子　林成季　刘炳　石墪　滕璘　王力行 吴唐卿　尤袤　袁枢　周必大　周得之	12人
13通	江默　陆九渊　魏掞之　吴翌　叶永卿	5人
14通	范念德　或人　李闳祖　刘玶　刘允迪	5人
15通	方谊　胡大时　黄䇾	3人

267

续 表

书信数量	通　信　对　象	对象数量总计
16通	陈旦　陈亮　陈文蔚	3人
17通	蔡渊　向浯　赵汝愚	3人
18通	陈俊卿　郑可学	2人
19通	李侗　留正　汪应辰	3人
20通	程端蒙　巩丰　廖德明	3人
21通	刘光祖　王遇	2人
24通	刘清之　吴必大	2人
25通	方士繇　刘黼	2人
27通	刘崇之　许升	2人
28通	程洵	1人
30通	刘爚	1人
33通	何镐	1人
52通	吕祖俭	1人
53通	黄灏	1人
54通	林用中	1人
57通	张栻	1人
109通	吕祖谦	1人
110通	黄榦	1人
162通	蔡元定	1人

后　记

本书是我出版的第一部学术专著,与很多学者不同,这并不是我的博士论文,而是我为撰写博士论文做的一些准备工作。当时我还真的问过导师,要不就用这些内容做博士论文吧？导师认为不太合适,我也就老老实实地去写我的朱子心性论了。论文写出来,答辩通过,还拿到了学院的优秀,可我越看越觉得价值不大。那篇博士论文里讲的东西,别人差不多都讲过,我也就是找到了一个还算新颖的角度而已。倒是这本书研究的问题、整理的资料,前辈学者们大多忽视,强调一下还是有意义的。不为人重视也情有可原,因为实在有些普通和浅显,不过我仍然觉得,朱子花了那么大力气,说了这许多,自有其不可泯灭之处。而占本书篇幅近三分之一的《朱子通信对象传略》,更是我用了很多功夫才写定的。所以博士论文压在箱底,先把这部稿子拿出来就教于方家。

我求学于导师李祥俊教授多年,是老师较早的一批硕士生和第二批博士生,在老师手里拿到了北师大的哲学硕士和博士学位。投入李师门下是我的荣幸,师恩难忘,师恩亦难报,只可惜我努力不够,有辱师门,毕业之后恍惚多年,没做出什么好的成果来,非常惭愧。本书出版之前,也不敢拿去请老师赐序,只能在这后记里表达对老师的感激。老师对我了解至深,"大路小径"的教诲直指要害,我此生难忘。自今而后,定当收拾心神,重整旗鼓,尽力作为。希望下部著作出版的时候,有底气去向老师索序。

感谢中共上海市委党校相关部门和领导的支持,尤其是哲学教研部主任陈胜云教授的帮助,让我有机会出版这部著作。感谢上海社会科学院出版社细致而高效的工作。

最后要感谢我至爱的家人。父亲和母亲已经在另外一个世界里相会,我特别想念他们。妻子和女儿是我现在工作和生活的动力源泉,愿我不负她们的期待。

朱叶楠

2022 年 3 月

图书在版编目(CIP)数据

朱子的学术交流方法论自觉：基于朱子书信的考察 / 朱叶楠著 .— 上海：上海社会科学院出版社，2022
ISBN 978-7-5520-3923-8

Ⅰ.①朱… Ⅱ.①朱… Ⅲ.①朱熹(1130-1200)—学术交流—研究　Ⅳ.①B244.75

中国版本图书馆 CIP 数据核字(2022)第 136082 号

朱子的学术交流方法论自觉——基于朱子书信的考察

著　　者：	朱叶楠
责任编辑：	张钦瑜
封面设计：	黄婧昉
出版发行：	上海社会科学院出版社
	上海顺昌路 622 号　邮编 200025
	电话总机 021-63315947　销售热线 021-53063735
	http://www.sassp.cn　E-mail:sassp@sassp.cn
排　　版：	南京展望文化发展有限公司
印　　刷：	上海颛辉印刷厂有限公司
开　　本：	710 毫米×1010 毫米　1/16
印　　张：	17.5
字　　数：	240 千
版　　次：	2022 年 9 月第 1 版　2022 年 9 月第 1 次印刷

ISBN 978-7-5520-3923-8/B·318　　　　　　定价：78.00 元

版权所有　翻印必究